国家卫生健康委员会"十四五"规划教材

全国中等卫生职业教育"十四五"规划教材

供药剂、制药技术应用专业用

医药市场营销技术

第2版

主　编　王顺庆

副主编　林　菁　端木晶

编　者　（以姓氏笔画为序）

王顺庆（山东省莱阳卫生学校）

王维康（山东省青岛第二卫生学校）

李　楠（辽宁省本溪市化学工业学校）

张晓鹰（赣南卫生健康职业学院）

张清华（山东省青岛卫生学校）

陈俊国（四川卫生康复职业学院）

林　菁（海南省第三卫生学校）

贾莺燕（长治卫生学校）

席　芳（郑州卫生健康职业学院）

端木晶（哈尔滨市卫生学校）

魏婷婷（山东省济宁卫生学校）

人民卫生出版社

·北京·

图书在版编目（CIP）数据

医药市场营销技术 / 王顺庆主编 . —2 版 . —北京：人民卫生出版社，2022.7（2025.10重印）

ISBN 978-7-117-33225-5

I.①医…　Ⅱ.①王…　Ⅲ.①药品 —市场营销学 —医学院校 —教材　Ⅳ.①F763

中国版本图书馆 CIP 数据核字（2022）第 101536 号

| 人卫智网 | www.ipmph.com | 医学教育、学术、考试、健康，购书智慧智能综合服务平台 |
| 人卫官网 | www.pmph.com | 人卫官方资讯发布平台 |

医药市场营销技术

Yiyao Shichang Yingxiao Jishu

第 2 版

主　　编：王顺庆
出版发行：人民卫生出版社（中继线 010-59780011）
地　　址：北京市朝阳区潘家园南里 19 号
邮　　编：100021
E - mail：pmph @ pmph.com
购书热线：010-59787592　010-59787584　010-65264830
印　　刷：北京华联印刷有限公司
经　　销：新华书店
开　　本：850×1168　1/16　　印张：21.5
字　　数：407 千字
版　　次：2015 年 5 月第 1 版　　2022 年 7 月第 2 版
印　　次：2025 年 10 月第 8 次印刷
标准书号：ISBN 978-7-117-33225-5
定　　价：59.00 元
打击盗版举报电话：010-59787491　E-mail：WQ @ pmph.com
质量问题联系电话：010-59787234　E-mail：zhiliang @ pmph.com
数字融合服务电话：4001118166　E-mail：zengzhi @ pmph.com

出版说明

为全面贯彻党的十九大和全国职业教育大会会议精神，落实《国家职业教育改革实施方案》《国务院办公厅关于加快医学教育创新发展的指导意见》等文件精神，更好地服务于现代卫生职业教育快速发展，满足卫生事业改革发展对医药卫生职业人才的需求，人民卫生出版社在全国卫生职业教育教学指导委员会的指导下，经过广泛的调研论证，全面启动了全国中等卫生职业教育药剂、制药技术应用专业第二轮规划教材的修订工作。

本轮教材围绕人才培养目标，遵循卫生职业教育教学规律，符合中等职业学校学生的认知特点，实现知识、能力和正确价值观培养的有机结合，体现中等卫生职业教育教学改革的先进理念，适应专业建设、课程建设、教学模式与方法改革创新等方面的需要，激发学生的学习兴趣和创新潜能。

本轮教材具有以下特点：

1. **坚持传承与创新，强化教材先进性** 教材修订继续坚持"三基""五性""三特定"原则，基本知识与理论以"必需、够用"为度，强调基本技能的培养；同时适应中等卫生职业教育的需要，吸收行业发展的新知识、新技术、新方法，反映学科的新进展，对接职业标准和岗位要求，丰富实践教学内容，保证教材的先进性。

2. **坚持立德树人，突出课程思政** 本套教材按照《习近平新时代中国特色社会主义思想进课程教材指南》要求，坚持立德树人、德技并修、育训结合，坚持正确价值导向，突出体现卫生职业教育领域课程思政的实践成果，培养学生的劳模精神、劳动精神、工匠精神，将中华优秀传统文化、革命文化、社会主义先进文化有机融入教材，发挥教材启智增慧的作用，引导学生刻苦学习、全面发展。

3. **依据教学标准，强调教学实用性** 本套教材依据专业教学标准，以人才培养目标为导向，以职业技能培养为根本，设置了"学习目标""情境导入""知识链接""案例分析""思考题"等模块，更加符合中等职业学校学生的学习习惯，有利于学生建立对工作岗位的认识，体现中等卫生职业教育的特色，将专业精神、职业精神和工匠精神融入教材内容，充分体现教材的实用性。

4. 坚持理论与实践相结合，推进纸数融合建设 本套教材融传授知识、培养能力、提高素质为一体，重视培养学生的创新、获取信息及终身学习的能力，突出教材的实践性。在修订完善纸质教材内容的同时，同步建设了多样化的数字化教学资源，通过在纸质教材中添加二维码的方式，"无缝隙"地链接视频、微课、图片、PPT、自测题及文档等富媒体资源，激发学生的学习热情，满足学生自主性的学习要求。

众多教学经验丰富的专家教授以严谨负责的态度参与了本套教材的修订工作，各参编院校对编写工作的顺利开展给予了大力支持，在此对相关单位与各位编者表示诚挚的感谢！教材出版后，各位教师、学生在使用过程中，如发现问题请反馈给我们（renweiyaoxue@163.com），以便及时更正和修订完善。

人民卫生出版社

2022 年 4 月

前　言

　　《医药市场营销技术》（第2版）的修订以《国务院关于实施健康中国行动的意见》《国家职业教育改革实施方案》《关于加快医学教育创新发展的指导意见》等文件精神为指导思想，以服务健康中国建设对高素质技术技能人才培养需求和中等卫生职业教育高质量发展新需要、提升职业教育人才培养质量为目标，坚持"三基""五性""三特定"的基本原则，坚持立德树人，突出"课程思政"；依据教学标准，突出质量为先；注重整体优化，突出课程特性；理论与实践相结合，突出融合教材建设。按"需用为准，够用为度、实用为先"的原则优化教材的内容和结构，打造具有鲜明职业特色的教材。

　　本次教材修订主要突出以下几个方面：

　　第一，教材内容选取侧重医药市场营销知识的实用性，以技能培养为目标，突出专业性，使学生在掌握相应的理论知识和实践技能以后，能够较好地运用到工作岗位上。

　　第二，教材中案例分析贴近医药营销实际，强化培养学生认识、分析、解决医药营销问题的技能。案例凸显思政元素，让学生认识到树立社会责任感和具备一定的职业道德才能更好地为人民健康服务，并且认识到自己未来走入职场中并不是简单的售药者，而是"医养健康"产业的建设者。

　　第三，教材形式栏目有"情境导入""知识链接""案例分析""课堂活动""思考题"，借助真实的工作情境开启知识内容学习，通过形式多样的栏目内容较好地激发和促进学生学习积极性。

　　第四，"纸数"资源融合，教材同步建设以纸质教材内容为核心的多样化数字资源，数字资源主体为多套自测题和教学课件，从广度、深度拓展纸质教材内容。

　　参加本教材编写的人员有王顺庆（第一章）、端木晶（第二章）、魏婷婷（第三章）、张清华（第四章）、王维康（第五章）、张晓鹰（第六章）、李楠（第七章）、陈俊国（第八章）、贾莺燕、林菁（第九章、第十一章）、席芳（第十章）。全书由王顺庆负责统稿。

在本教材的编写过程中，我们得到了各位编者所在学校的大力支持，在此谨致谢意！本次修订参考和借鉴了有关医药营销方面的大量书籍和研究成果，在此一并向为我国医药卫生教育事业作出贡献的同仁表示衷心感谢！

由于编写时间仓促，编者水平有限，难免有错误和不妥之处，敬请广大读者不吝赐教，提出宝贵意见，以便本教材再版时能够得到完善。

编　者

2022年3月

目 录

第一篇

**医药市场营销技术的
基本理论** 001

第一章　绪论 003
第一节　市场与医药市场 004
　　一、市场 004
　　二、医药市场 006
第二节　市场营销与医药市场营销 007
　　一、市场营销 007
　　二、医药市场营销 007
第三节　医药市场营销观念 009
　　一、传统营销观念 010
　　二、现代营销观念 011
　　三、营销观念的新进展 013

第二章　医药市场营销环境 020
第一节　概述 021
　　一、医药市场营销环境的
　　　　概念及特点 021
　　二、医药市场营销环境的
　　　　分类 022
第二节　医药市场营销的宏观环境 022
　　一、人口环境 022

　　二、经济环境 026
　　三、政治法律环境 027
　　四、科学技术环境 029
　　五、自然环境 029
　　六、社会文化环境 030
第三节　医药市场营销的微观环境 032
　　一、医药企业内部环境 032
　　二、医药供应商 034
　　三、医药营销中介 035
　　四、竞争者 036
　　五、顾客 036
　　六、公众 037

第三章　医药市场购买者行为分析 041
第一节　医药消费者购买行为分析 042
　　一、医药消费者市场的概念
　　　　及特点 042
　　二、医药消费者购买行为的
　　　　类型 044
　　三、影响医药消费者购买
　　　　行为的主要因素 047
　　四、医药消费者购买决策
　　　　内容 051
　　五、医药消费者购买决策
　　　　过程 053

第二节　医药组织市场购买行为分析　054
　一、医药组织市场的概念及
　　　类型　054
　二、医药组织市场的特点　055
　三、影响医药组织购买
　　　行为的因素　056
　四、医药组织购买行为的
　　　参与者　057
　五、医药组织的购买行为　059

第四章　医药市场调查　066
第一节　概述　067
　一、医药市场调查的概念与
　　　作用　067
　二、医药市场调查的类型　068
　三、医药市场调查的内容　070
第二节　医药市场调查的方法及
　　　工作流程　071
　一、医药市场调查的方法　071
　二、医药市场调查的工作
　　　流程　073
第三节　医药市场调查问卷的设计　075
　一、调查问卷的概念及结构　075
　二、调查问卷的设计原则　076
　三、调查问卷的常用题型　076
　四、调查问卷的设计流程　078
　五、调查问卷设计的注意
　　　事项　080
第四节　医药市场调查报告　082
　一、医药市场调查报告的
　　　主体结构　082
　二、撰写调查报告的要求　085

第五章　医药市场细分、目标市场
　　　和定位　090
第一节　医药市场细分　091
　一、医药市场细分的概念　091
　二、医药市场细分的作用　091
　三、医药市场细分的原则
　　　和依据　093
　四、医药市场细分的方法
　　　和步骤　098
第二节　医药目标市场　100
　一、医药目标市场的概念　100
　二、医药目标市场选择的
　　　模式　100
　三、医药目标市场选择的
　　　策略　102
　四、影响医药目标市场策略
　　　选择的因素　104
第三节　医药市场定位　106
　一、医药市场定位的概念　106
　二、医药市场定位的方法　107
　三、医药市场定位的策略　108

第二篇

医药市场营销技术的基本策略

113

第六章　医药产品产品策略　115
第一节　医药产品整体概念　116
　一、产品整体概念　116

二、医药产品整体概念的
含义 116

第二节 医药产品生命周期策略 118
一、医药产品生命周期的
概念 118
二、医药产品生命周期
各阶段的特点 120
三、医药产品生命周期
各阶段的营销策略 121

第三节 医药产品组合策略 126
一、医药产品组合及其
相关概念 126
二、医药产品组合策略的
类型 128

第四节 医药产品品牌策略 131
一、品牌的内涵 131
二、品牌的作用 133
三、医药产品品牌策略的
类型 134

第五节 医药产品包装策略 137
一、包装的概念 137
二、包装的作用 137
三、医药产品包装的分类 138
四、医药产品包装策略的
类型 138

第七章 医药产品价格策略 143
第一节 概述 144
一、医药产品价格体系 144
二、医药产品价格构成 145
三、我国医药产品的定价
方式 146
四、影响医药产品价格的因素 148

第二节 医药产品定价方法 155
一、成本导向定价法 156
二、需求导向定价法 159
三、竞争导向定价法 160

第三节 医药产品定价策略 161
一、新产品定价策略 161
二、折扣让价策略 163
三、差别定价策略 164
四、心理定价策略 165
五、药品组合定价策略 166
六、医药产品价格调整策略 167

第八章 医药产品分销渠道策略 171
第一节 概述 172
一、医药产品分销渠道的
概念 172
二、医药产品分销渠道的
特点与作用 172
三、医药产品分销渠道的
类型 173
四、医药产品分销渠道模式 175
五、我国医药产品分销渠道
的现状及发展趋势 177

第二节 医药产品分销渠道的选择 179
一、影响医药产品分销渠道
的主要因素 179
二、医药产品分销渠道的
选择流程 180

第三节 医药产品分销渠道的管理 182
一、医药产品分销渠道成员的
选择 183
二、分销渠道成员培训 184
三、分销渠道成员激励 184

四、分销渠道冲突与窜货
管理 185
五、分销渠道成员的评估与
调整 188

第九章 医药产品促销策略 192
第一节 医药产品促销与促销组合 193
一、医药产品促销 193
二、医药产品促销组合及
影响因素 194
第二节 医药产品广告 198
一、医药产品广告的概念及
特点 198
二、医药产品广告媒体及其
选择 200
三、医药产品广告的原则 201
四、医药产品广告的管理 202
第三节 医药企业公共关系 205
一、医药企业公共关系的
概念与特点 205
二、医药企业公共关系的
类型与作用 207
第四节 医药产品营业推广 210
一、医药产品营业推广概念
与特点 210
二、医药产品营业推广的
目标与方式 211
三、医药产品营业推广方案
的制订与实施 215
第五节 医药产品人员推销 217
一、医药产品人员推销的
概念与特点 217

二、医药产品推销人员的
素质和能力要求 218
三、医药产品人员推销的
方式与步骤 220
四、医药产品推销人员的管理 223

第三篇
医药市场营销技术的岗位运用
229

第十章 医药终端市场营销 231
第一节 概述 232
一、终端市场的概念和意义 232
二、医药产品终端市场分类 232
第二节 医院终端医药市场 233
一、医院客户类型分析 233
二、医院医药营销的特点 236
三、医院医药营销的模式 238
第三节 药店终端医药市场 242
一、药店终端营销的概念与
特点 242
二、药店终端市场建设与
管理 243
三、药店终端市场促销 246
四、药店终端营销服务技巧 247
五、药店终端市场的发展
趋势 251
第四节 第三终端医药市场 253
一、概述 253

二、第三终端医药市场的
建设与管理 254
三、第三终端医药市场的
营销模式 255

第十一章 医药市场网络营销 260
第一节 医药市场网络营销的概述 261
一、网络营销的概念和特点 261
二、医药市场网络营销的
内容与发展 264
第二节 医药市场网络营销的运行
及管理 268
一、医药市场网络营销的
运行 268
二、医药市场网络营销的
相关法规和政策 276
第三节 医药市场网络营销的现状
及趋势 279
一、医药市场网络营销的
发展现状 279
二、医药市场网络营销面临
的困境 282

三、医药市场网络营销未来
发展的趋势 283

实 训 292
实训一 医药市场营销环境分析 292
实训二 药店消费者购买行为分析 294
实训三 药店消费者需求的市场
调查 296
实训四 医药产品在细分后目标
市场中的定位分析 298
实训五 医药产品生命周期的分析
及包装策略的运用演练 300
实训六 医药产品定价方法演练 301
实训七 为某医药企业的新药品进行
定价 303
实训八 医药产品分销渠道设计演练 305
实训九 医药产品促销演练 307
实训十 销售终端拜访技巧 309

参考文献 310

医药市场营销技术课程标准 311

第一篇

医药市场营销技术的
基本理论

第一章
绪 论

学习目标

- 掌握　医药市场的概念和特点；医药市场营销的概念和特点。
- 熟悉　医药市场营销的研究内容和学习方法。
- 了解　医药市场的分类和医药市场营销观念的发展。

情境导入

情境描述：

　　新学期医药市场营销的第一课，老师在课堂上请同学们讲一讲他们是怎样理解"医药市场营销"的，同学们开始议论纷纷。小李说："医药市场营销就是在药店卖药。"小张说："医药市场营销就是引导顾客多到自己的药店买药。"小赵说："医药市场营销就是尽量把医药产品推销给顾客。"……老师说："按照你们的理解，医药市场营销就是让顾客尽可能多地购买医药产品？这样的营销就是成功的营销？"同学们都默不作声。难道医药市场营销是这样的吗？

学前导语：

　　以上案例中同学们的理解是错误的。面对竞争日益激烈的医药市场，特别是连锁药店的激烈竞争，只有懂得营销、会营销才能在医药市场中立于不败之地，医药市场营销是特殊的营销，需要把药学服务放在首要位置去进行营销，要以服务于人民的健康为目的去进行营销。本章的内容，将带领同学们熟悉医药市场的基本概念和特点，掌握医药市场营销要点，懂得现代医药市场营销的新理念，真正为人民的健康保驾护航。

第一节　市场与医药市场

一、市场

（一）市场的含义

自从有商品生产和商品交换以来，就有了与之相应的市场，市场在人类历史上已经存在了几千年，也被赋予了多种含义。早期的市场指的是买卖双方聚集和进行交易的场所，是一个时间上、地理上和空间上的概念。随着经济和社会的发展，交换渗透到社会生活的各个方面，在现代经济学中，市场是指所有卖方和买方实现商品让渡的交换关系的总和。市场包括供给和需求两个相互联系、相互制约的方面，是两者的统一体。

在市场营销学中，市场的内涵与以上两个市场的含义不同，它是从卖方的立场着眼于买方行为来理解"市场"的。从营销学观点看，"市场是某种商品所具有的现实和潜在的购买者的需求的总和"。如某企业欲生产中成药，就要考虑消费者需要什么样的中成药，需要量是多少，定价多少，消费者能否接受等问题。这些问题有了答案，才意味着潜在的市场已经形成。

（二）市场的构成

市场一般包含3个要素：人口、购买欲望、购买力。公式表示如下：

$$市场 = 人口 + 购买欲望 + 购买力 \qquad 式（1-1）$$

人口是构成市场的基本要素；购买欲望是购买力得以实现的必不可少的条件；购买力是构成市场的物质基础。市场三要素是相互制约、缺一不可的，只有三者有机结合起来，才能构成现实的市场。缺少购买力或购买欲望，只能是潜在的市场。

> **❷ 课堂问答**
> 请同学们运用生活中实例说明市场的3个基本要素是怎样相互制约、缺一不可的。

（三）市场的分类及特征

市场可以按不同的研究目的，从不同的角度进行多种多样的分类。现代营销学分析市场是以购买者的需求和动机为基础的，主要分为消费者市场和组织市场。组织市场又可以分为生产者市场、中间商市场、非营利性组织市场等。

1. **消费者市场**　消费者市场是市场总体结构中的主体，市场广阔，购买者多而分散，购买的商品都是个人和家庭生活所需的商品。消费者市场有以下特点。

（1）市场广阔、购买人数多而分散：凡是有人的地方，就需要消费品，可以说，全社会的人口都是消费资料的购买者。同时，消费品的购买次数多，交易频繁，每次购买数量较少。

（2）需求差异性大：由于消费者涉及面广，他们在性别、年龄、职业、受教育程度、宗教信仰、民族、生活习惯、兴趣爱好等方面各不相同，由此决定了他们对消费品的需求各不相同。例如，人们喝水，可以用玻璃杯、瓷杯或者不锈钢杯等，不同的人往往有不同的选择。

（3）需求是有层次的：人们的需求层次一般是，先购买衣、食、住、行等生存资料，以满足低层次的基本生活需要，然后才会考虑购买享受资料和发展资料，以满足高层次的社会交往和精神生活的需要；首先在"量"上满足消费需要，然后才会考虑从"质"上满足消费需要。

（4）需求在不断变化：随着社会经济的发展和消费者收入水平的提高，消费者的消费心理、消费观念和消费水平在不断变化，消费需求也在不断变化。另外，消费者的需求还容易受时尚的影响而发生变化。

（5）属非专业性购买，需求可诱导：消费者一般缺乏专门的商品知识和市场知识，在购买商品时，往往容易受企业广告宣传、推销方式、商品包装和服务水平等的影响。因此，企业可以通过实施各种营销措施，引导和调节消费者的需求。

2. 组织市场　组织市场是指为进一步生产、维持机构运作或再销售给其他消费者而购买产品或服务的各种组织所形成的市场。这些组织既包括以营利为目的的工商企业，也包括各种非营利组织，如政府部门、学校、医院、社会团体等。根据市场中的购买者不同，组织市场又可划分为生产者市场、中间商市场和非营利性组织市场3种。与消费者市场相比，组织市场的需求和购买行为有着显著的不同。首先，组织购买者的购买目的复杂多样。例如，生产者购买产品和服务是为了制造产品、创造利润；中间商购买产品是为了将其转售以获取利润；政府机构购买产品是用于行使政府职能，为社会公众服务。其次，组织不仅购买大量消费资料，如家具、家电、交通工具等，而且购买大量生产资料，如原材料、机器设备、办公用品等。再次，参与组织购买决策的人更多，尤其是一些重要的购买决策，如购买大型设备，而且这些参与者多是某方面的专家。所以，组织的购买行为更为理性。

二、医药市场

（一）医药市场的含义

医药市场是指个人和组织对某种医药产品现实和潜在需求的总和。即在一定的时间、地点对某种医药产品的消费。医药市场体现了医药产品买方、卖方及医药产品中介之间的关系；还体现了医药产品在流通过程中，涉及的一切机构、部门与产品买卖双方之间的关系。

（二）医药市场的特点

1. 医药市场的特殊性　医药产品是不同于一般商品的特殊商品，因为它是关系到人们的健康和生命安全的一种产品，所以医药市场要受到国家药品监督管理部门的特殊管理和约束。

2. 产品供应的及时性　疾病产生的突发性和治疗的迫切性，决定了患者对产品需求有很强的时效性。

3. 市场需求的不稳定性　一方面，个体差异及疾病临床表现的复杂性，使医药产品的需求出现不稳定性。另一方面，疾病的发生有一定的突发性，会使相关的医药产品在一定时期、一定地区范围内需求量增加，呈现一定的波动性。

4. 市场消费的被动性　我国绝大多数医药产品消费是被动性消费，很多消费者缺乏一定的医药产品知识，因此在购买非处方药的过程中，很大程度上依赖医药产品广告，或听从医师、药师的指导性建议，然后决定自己的用药。而对于处方药，则只能完全听从医师的指导。

（三）医药市场的分类

医药市场根据不同标准分类，可以分为多种类型的市场。大致可以有以下几种分类。

1. 按照药品分类管理制度的要求，可分为处方药市场和非处方药市场。

2. 按照医药市场客体组成，可分为消费者市场、生产者市场、中间商市场和政府市场。

3. 按照医药产品类别，可分为中药材市场、化学合成药市场、生物技术药市场、医疗器械市场等。

第二节　市场营销与医药市场营销

一、市场营销

西方学者从不同的角度及发展的观点对市场营销下了定义。有些学者从宏观角度对市场营销下定义，他们把市场营销看作一种社会经济活动过程；还有些学者从微观角度对市场营销下定义，他们认为市场营销活动是在产品生产结束时开始的，经过一系列经营销售活动，商品转到用户手中就结束。所以，企业的营销活动仅局限于流通领域的狭窄范围，不考虑包括营销调研、分销广告等整个经营销售的全过程。美国市场营销协会对市场营销的定义更加完整和全面：市场营销是对思想、产品及劳务进行设计、定价、促销及分销的计划和实施的过程，从而产生满足个人和组织目标的交换。

二、医药市场营销

（一）医药市场营销的含义

医药市场营销是个人和医药组织通过与他人交换医药产品和服务以满足自身需求的一种社会管理过程。它是市场营销中一种特殊的营销，主要可以从以下4个方面理解医药市场营销的含义。

1. 医药市场营销的主体包括一切面向市场的个人和医药组织　现代市场营销的主体包括一切面向市场的个人和组织，既包括面向市场的工商企业等营利性组织，也包括学校、医院等非营利性组织，还包括一些通过交换获取产品和服务的个人。医药组织包括医药生产企业、医药经营企业和医疗机构。

2. 医药市场营销的客体是医药产品和服务　医药市场营销强调的不仅是产品的交换，还包括产品相关服务的交换。

3. 医药市场的核心是交换　医药市场的交换过程是一个满足双方需求的过程，是一个主动、积极寻找机会，满足双方需求的过程，同时也是一个创造价值的过程。只有通过交换，才能产生营销活动。

4. 医药市场营销的最终目的是满足人们治疗疾病和提高生命质量的需要　医药市场营销要从人们的疾病和健康需要出发，去开发自己的医药产品，来最大限度地满足人们的需求和自身利益，从而达到双赢的目的。

（二）医药市场营销的特点

1. 医药市场营销要遵守相关的法律法规　法律法规是医药市场营销活动的重要

环境，必须严格遵守。医药市场营销要遵守《中华人民共和国药品管理法》（简称《药品管理法》）、《中华人民共和国药品管理法实施条例》（简称《药品管理法实施条例》）、《医疗器械监督管理条例》等相关法律法规。药品生产、经营管理、特殊药品管理、药品医疗器械广告管理等都有明确规定。

2. **营销人员专业化** 医药市场营销人员应具备医学、药学专业知识；掌握一定的医药市场营销知识；熟知营销产品的适应证、用法用量、配伍禁忌、不良反应等基本知识；了解医药行业的实际情况和相关医药法规。

3. **医药市场营销终端多元化、复杂化** 医药市场营销一般有3类终端：①医院；②药店；③包括城镇社区服务站、街道医院、职工医院、乡镇卫生院、村卫生室等在内的第三终端市场。农村市场已成为第三终端的主战场。另外，随着互联网的快速发展，医药电商正在酝酿着市场发展的大暴发，有些知名电商不仅为药品电子商务打开了局面，也让很多药品零售企业看到了药品网上零售的巨大潜力。

（三）医药市场营销的研究内容

医药市场营销与一般市场营销研究的对象是一致的，即企业的营销活动及其规律性，基本理论都是相似的，但医药市场营销在阐述市场营销原理、方法、策略时，应结合医药行业特色和生产经营的实践。医药市场营销研究内容是对医药企业营销活动经验的总结和概括，并阐明一系列概念、原理及方法。本书以医药市场经营企业的营销活动及其发展规律作为研究对象，探讨医药市场经营企业怎样满足市场需求，实现其营销目标。具体包括医药市场营销环境分析、市场调查分析、市场细分及目标市场定位分析、市场四大营销策略分析等。

🔗 **知识链接**

四大营销策略

4P营销理论被归结为4个基本策略的组合，即产品（product）、价格（price）、渠道（place）、促销（promotion）。由于这4个词的英文首字母都是"p"，再加上策略（strategy），所以四大营销策略简称"4PS"。

（四）医药市场营销的学习方法

医药流通是医药市场营销主要的研究内容，随着医疗制度改革的深化，医药营销渠道的各个环节发生了显著的变化。医院在医药促销活动中的重要程度在逐渐减弱，而社会的零售药店已成为重要的销售终端，医药产品的销售渠道由单一化向多渠道和宽渠道信息化发展。医药市场的一系列发展，决定了我们要用科学、全面的方法去学习医药市场营销。

1. 系统全面学习法　医药市场营销系统主要是由两个相互影响、相互作用的卖方和买方组成的统一体。卖方进行市场营销决策时，应把自己的周围环境和市场营销活动过程看作一个系统，统筹兼顾医药市场营销系统中的各个相互影响、相互作用的组成部分，做到密切结合、协同一致，从而制订正确的营销策略，提高营销绩效。

2. 遵循医药市场的传统研究法　医药市场的传统研究法包括医药产品研究法和医药市场机构研究法。医药产品研究法是指分别对各种类型及各种产品的市场营销的分析和研究，通过分析可以找出营销中的具体产品存在的问题，可以全面地做好医药产品的营销。但是这种方法较复杂。医药市场机构研究法是指对营销渠道中各种类型的机构或组织进行研究，如各种医药产品的生产者、医药产品的中间商等。

3. 坚持唯物辩证法、结合案例分析法学习　辩证唯物主义和历史唯物主义正确地揭示了人类社会的本质和发展规律，一切从实际出发是唯物主义的根本要求。我们要用马克思主义哲学唯物辩证法的观点，采取"具体问题具体分析"的方法来解决和处理问题，这是唯物辩证法的实质和核心，也是我们学习营销技术在实践应用中必需的基本理论知识。在实际工作中我们一定要坚持唯物辩证法，结合营销案例，理解营销理论的运用技巧，灵活机动地应用到实践中去，防止形而上学、照抄照搬的理论化营销。

第三节　医药市场营销观念

医药市场营销观念是企业对医药市场营销的根本看法、思维方式和行为准则的高度概括，反映了企业经营管理者以及全体员工的经营思想。医药市场营销观念也是人们在医药市场营销实践活动中，随着经济发展及市场演变而逐步形成的。医药市场营销观念是企业一切经营活动的出发点，它支配着企业营销实践的各个方面。企业的营销观念不同，其营销活动的方式、范围、目标、效果也会迥然不同。因此，营销观念对企业市场营销的兴衰成败具有决定性的意义。市场营销观念经历了以下不同的发展阶段。

一、传统营销观念

传统营销观念即生产导向的市场营销观念，是在卖方市场和从卖方市场向买方市场转变过程中形成的观念。它的基本特征是"以产定销"，即企业生产什么就卖什么，生产多少就卖多少，是一种以生产为导向的经营观念，企业经营的重点是生产，首先考虑的是自身擅长生产什么。生产导向的市场营销观念主要表现形式有生产观念、产品观念和推销观念。

1. 生产观念 生产观念是20世纪初期美国企业普遍奉行的营销理念。生产观念可以概括为企业能生产什么产品，就销售什么产品。在这种观念的指导下，企业经营的重点是努力提高生产效率、增加产量、降低成本，生产出让消费者买得到和买得起的产品。企业的一切经营活动以生产为中心，即"以产定销"。

生产观念是在卖方市场条件下产生的。当时生产效率不高，商品供不应求，而市场需求却较为旺盛。为此，企业只要扩大生产、提高产量并降低成本，就可以获得巨额利润，而无须考虑产品销路。

2. 产品观念 产品观念与生产观念两者在本质上是一样的。产品观念认为：消费者喜好那些质量好、价格合理的产品，企业无须大力推销。所谓"皇帝的女儿不愁嫁""好酒不怕巷子深"正是这种观念的具体体现。

产品观念的产生和被奉行的社会背景是：市场已开始由卖方市场向买方市场转变，人们的生活水平已有较大程度的提高，消费者已不再仅仅满足于产品的基本功能，而开始追求产品在功能、质量和特点等方面的差异性。因此，如何能在上述方面为消费者提供更优质的产品就成了企业的当务之急。

"营销近视症"

　　"营销近视症"是著名的市场营销专家、美国哈佛大学西奥多·莱维特（Theodore Levitt）在1960年提出的一个理论。"营销近视症"就是不适当地把主要精力放在产品上或技术上，而不是放在市场需要（消费需要）上，其结果导致企业丧失市场，失去竞争力。"营销近视症"的具体表现是：① 自认为只要生产出最好的产品，就不怕顾客不上门；② 只注重技术的开发，而忽略消费需求的变化；③ 只注重内部经营管理水平，而不注重外部市场环境和竞争等。

　　3. 推销观念　推销观念认为：一方面，消费者购买具有惰性，不会足量购买某种产品；另一方面，追逐消费者的产品太多，消费者不会足量购买本企业的产品。因此，企业必须大力开展推销和促销活动。

　　推销观念产生于资本主义经济由卖方市场向买方市场的过渡阶段。20世纪20年代末，西方国家的市场形势发生了重大变化，特别是1929年开始的资本主义世界经济大危机，使许多产品供过于求，销路困难，竞争激烈，企业担心的不是生产问题，而是销路问题。于是推销技术受到了企业的重视，推销观念便成为企业经营的主要指导思想。推销观念认为仅有优良的产品和低廉的成本不一定会本能地吸引顾客，必须通过对顾客的宣传和推销，才能促使顾客对产品的理解和接受，注重通过各种推销手段来刺激购买，解决产品销路，并从中获取利润。推销观念表现为"我卖什么，顾客就买什么"，因此，企业必须积极推销和大力促销，以刺激消费者大量购买企业产品。现在有些企业在产品过剩时，经常奉行推销观念。

　　这种继续以生产为中心，同时加强产品推销工作的营销观念，仍属"以产定销"的经营思想范畴。推销观念与前两种观念不同的是：推销观念是以推销为重心，通过开拓市场、扩大销售来获利。

二、现代营销观念

　　需求导向的市场营销观念是在买方市场形成后产生的。它的基本特征是"以销定产"，即市场需要什么，企业就生产什么。这是一种以消费者为导向（市场导向）的经营观念，其产生、发展的经济社会背景表现在：① 商品经济高度发展，买方市场全面形成；② 市场竞争日趋激烈；③ 无污染、低耗能的绿色产品成为世界消费市场的主流等。需求导向的市场营销观念与传统生产导向的营销观念有较大的不同（表1-1）。需求导向的市场营销观念可分为现代市场营销观念和社会市场营销观念。

表 1-1 传统生产导向营销观念与现代需求导向营销观念的差异

	传统生产导向营销观念	现代需求导向营销观念
经营出发点	企业自身利益	顾客需求
经营的重点	重点在企业内部，中心是产品	重点在企业外部，中心是顾客需求
经营的方法	注重产品生产或推销	整体营销，综合运用多种方法
经营的目的	通过增加生产或扩大销售获取利润	通过满足顾客需求获取利润
经营的导向	视产品为中心，以生产为导向	视顾客为中心，以顾客需求为导向

1. 现代市场营销观念　20世纪50年代以来，随着文化生活水平迅速提高，发达国家的消费者购买能力日益增强。从这一时期开始，才是真正意义上的商品供过于求，买方处于主导地位的买方市场最终形成。在这种市场状态下，市场竞争空前激烈，促使企业经营者认识到，必须要把考虑问题的逻辑顺序颠倒过来，即不是从既有的生产出发，向顾客推销已经生产出来的产品，而应该从分析和研究市场需求出发，比竞争者更有效地生产和销售顾客需要的产品。也就是说，企业的一切行为都应以消费者需要为出发点，又以满足消费者需要为归宿，企业的一切活动都应围绕着怎样满足消费者的需求和欲望展开，这样就形成了一种新的观念——现代市场营销观念。

现代市场营销观念是一种以消费者的需要和欲望为导向的经营哲学，它以整体营销手段取得顾客的满意，从而实现企业的长远利益。这种经营思想表现为"顾客需要什么，我就卖什么""顾客永远是对的""顾客至上"等。

2. 社会市场营销观念　20世纪70年代以来，随着社会经济环境的不断变化，人们认识到，单纯强调市场营销观念可能会忽视满足当前消费需要与全社会的整体利益和长远利益之间的矛盾，从而导致资源浪费、环境恶化、危害人类健康等诸多弊端。例如，餐饮业大量使用的一次性餐具和饮料业大量使用的一次性包装，固然迎合了消费者对方便、卫生的需要，但也造成资源的极大浪费，而且由于其中多数不能被有效处理，严重污染了生态环境。基于上述原因，有人提出，单纯的市场营销观念不能解决消费者需要与消费者整体利益和社会长远利益的冲突，企业应树立一种超越市场营销观念的新观念——社会市场营销观念。

社会市场营销观念是以社会利益为导向的，这种观念认为，企业应以维护和促进全社会的利益与发展为最高目标，企业的生产经营不仅要满足消费者的需要和愿望，而且要有利于社会的整体利益和长远利益。要将消费者需要、社会利益和企业盈利三方面统一起来，求得三者利益的共同实现。这种营销观念只是现代市场营销观念的扩展，在本质上并没有大的突破。

三、营销观念的新进展

随着社会不断进步，经济不断发展，人们的生活水平有了很大的提高，对医药产品的需求也日益丰富多彩。为了满足人们不同的需求，争夺市场，医药产品的种类不断推出，营销手段不断变化。为了适应营销实践的要求，逐步孕育出了一系列新的营销理念和方法。

（一）整合营销观念

1. 整合营销的概念　当今的医药企业中，包括营销部门在内的各职能部门活动日益专门化，从而导致各业务部门、各职能部门之间的独立性、目标不一致性，其结果是降低了企业绩效、影响了竞争力等，由此，出现了整合营销的概念。整合营销是指一种通过对各种营销工具和手段的系统化结合，根据环境进行实时的动态修正，使交换双方在交互中实现价值增值的营销理念与方法。整合营销的中心思想是：通过企业与消费者的沟通，以满足消费者需要的价值为取向，确定企业统一的促销策略，协调使用各种不同的传播手段，发挥不同传播工具的优势，从而使企业的促销宣传实现低成本策略化与高强冲击力的要求，形成促销高潮，树立产品品牌在消费者心中的地位，建立长期关系，达到双赢。

2. 整合营销的基本思路　第一，以整合为中心。以整合为中心是指以消费者为中心，把企业所有资源综合利用，实现医药企业的高度一体化营销。包括整合营销过程、整合营销方式以及营销管理，也包括企业内外的商流、物流及信息流的整合。第二，重视统一协调。医药企业要重视企业内部各环节、各部门的协调一致，同时也强调内部环境与外部环境协调。第三，系统化统一管理。整体配置企业所有资源，企业中各部门和各岗位，以及总公司、子公司，产品供应商与经销商及相关合作伙伴协调行动，形成统一竞争优势。

整合营销的层次

整合营销包含两个层次：一是水平整合，二是垂直整合。

水平整合包括三个方面：信息内容的整合，传播工具的整合，传播要素资源的整合。

垂直整合包括三个方面：市场定位的整合，传播目标的整合，品牌形象的整合。

案例分析

案例：

经过两季活动的沉淀，某歌唱大赛在医药行业中大放光彩。2021年，国内某药企继续发力，携手某自媒体平台，成功将该歌唱大赛变成C端的品牌推广活动。截至2021年10月，该歌唱大赛获得6.3亿的播放量，覆盖连锁药店500家、药店13万家，参与活动的会员顾客达到2万人次。从产品定位到场景细分，全面升级；从连锁合作到大众传媒，全盘覆盖；从B端延伸到C端，逐步实现BC端一体化，该药企持续将某药品打造为同类产品的标杆。（B端是商家、企业级等大客户，C端是个人用户）

分析：

该药企C端发力，整合营销，成就品类标杆。企业充分利用现代娱乐平台整合各部门力量全力进行品牌推广活动，通过大众喜欢的歌唱大赛，拉近与大众的距离，从而引导大众多关注企业及其产品，较好地做到了品牌推广。

（二）整体营销观念

1992年，市场营销学界的权威菲利普·科特勒提出了跨世纪的市场营销新观念——整体营销观念。他认为，从长远利益出发，公司的市场营销活动应囊括构成其内、外部环境的所有重要行为者，即供应商、分销商、最终顾客、职员、财务公司、政府、同盟者、竞争者、传媒工作者、一般大众。

（三）关系营销观念

1. 关系营销的概念　关系营销又称为顾问式营销，1985年，美国著名的营销学家巴巴拉·本德·杰克逊指出：企业在盈利的基础上，要建立、维持和促进与顾客和其他伙伴之间的关系，以实现参与各方的目标，从而形成一种兼顾各方利益的长期关系。关系营销把营销活动看作一个企业与消费者、供应商、分销商、竞争者、政府机构、社区、金融机构、企业内部员工及其他公众互动的过程。

2. 关系营销的本质 关系营销的本质是综合反映企业在营销过程中符合社会发展要求的指导思想和经营理念。主要表现在以下方面。

（1）重视信誉，客户至上：企业在营销过程中高度重视声誉和形象，重视形象的投资、管理与塑造，将树立和维护良好的声誉与形象作为企业重要的战略目标，将了解顾客、顺应顾客、满足顾客、服务顾客作为重要而根本的营销管理原则。

（2）双向沟通，共享信息：通过双向沟通，企业可以充分了解市场、用户的基本要求，从而使自己的产品或服务更好地满足消费者的需要；市场和用户甚至社会也可以清晰而具体地掌握企业的所作所为，从而对其施加各种影响或决定自己的消费行为。良好的信息传播通道，可以使企业和用户之间产生相互信任、理解、支持与合作的融洽关系，进而又反过来增加企业在市场上的综合竞争力。

（3）互惠互利，协同合作：关系营销认为买卖双方的关系应该是在交往与合作的过程中共同获益、共同发展，将平等互利作为处理各种关系的行为准则，认为凡是有损于自己关系对象的行为最终必将损害自己。因此，维护双方的利益成了一个长远的利益。也只有互惠互利的关系才是最稳定、最可靠的关系。

（4）统筹兼顾，综合协调：现代社会，企业与社会环境之间的关系越来越复杂，政治、经济、行政、个人、团体等外部力量对企业的目标与发展，均有着越来越强的影响和约束力。因此，企业只有通过开展各种社会活动，统一协调各方利害关系，才能使组织目标与社会需要相一致，近期利益与长远利益相统一，内部关系与外部关系相协调。

案例分析

案例：

基于对骨病市场前景及产品的分析，2020年起，长春人民药业集团对藤黄健骨丸进行了二次产品定位，将目光聚焦骨质疏松治疗领域。同时，与吉林大学白求恩第一医院专家团队开展临床合作，佐证产品在骨质疏松领域的疗效；联合吉林省骨质疏松委员会、吉林大学白求恩第一医院、各大药房等举办多场"人民健康万里行"义诊活动，科普骨病常识，向患者免费发放藤黄健骨丸。通过一系列的公益活动走进社区，帮助患者减轻病痛，同时实现了产品的推广。藤黄健骨丸连续多年销量攀升，年销售额近1亿元，增长率达到40%。

分析：

关系营销的出现为企业的市场行为准则增加了一种新选择，是现代医药企业在竞争日益加剧的市场环境中为求得长期生存和稳定发展所做出的必然选择。通过公益活动让公众更加深入地了解本企业及其产品，实现企业与公众的良性互动，从而与公众建立起良好的合作伙伴关系。

（四）事件营销观念

指企业通过策划、组织和利用具有新闻价值、社会影响以及名人效应的人物或事件，吸引媒体、社会团体和消费者的兴趣与关注，以求提高企业或产品的知名度、美誉度，树立良好的品牌形象，并最终促成产品或服务销售的手段和方式。简单地说，事件营销就是通过把握新闻的规律，制造具有新闻价值的事件，并通过具体的操作，让这一新闻事件得以传播，从而达到广告的效果。20世纪90年代后期，互联网的飞速发展给事件营销带来了巨大契机。通过网络，一个事件或者一个话题可以更轻松地进行传播和引起关注，成功的事件营销案例开始大量出现。

（五）绿色营销观念

绿色营销观念是指企业在营销活动中，要顺应时代可持续发展战略的要求，注重地球生态环境保护，促进经济与生态环境协调发展，以实现企业利益、消费者利益、社会利益及生态环境利益的协调统一。绿色营销是一种以满足消费者和经营者的共同利益为目的，以保护生态环境为宗旨的市场营销模式。

⊙ **案例分析**

案例：

某公司作为全球知名的跨国公司，不仅在生产环节注重技术创新以减少污染和能耗，而且还积极推广实施绿色实验室等项目，致力于打造绿色的生产环境，同时建设绿色环保的医院等，将环保元素真正融入产品品牌特色中。在产品质量方面，该公司每个月都会对公司的生产环境及人员进行严密的卫生测试及持续趋势监控，以确保产品符合严格的卫生标准。

分析：

该公司长期关注人们健康和参与社会公益事业。在注重企业效益的同时，致力于打造绿色生产环境并推行绿色营销观念，在人们心目中树立了良好的形象。

（六）学术营销观念

1. **学术营销的概念**　学术营销就是要以处方药产品特性和临床价值为核心，提炼富有竞争力的产品卖点，通过多渠道与目标受众沟通，实现客户价值最大化，实现产品推广销售，并最终实现品牌忠诚的营销模式。

2. 学术营销的特点和活动形式　注重长期效应，目标是持久盈利，方式以推拉结合，注重短期销售和品牌效应的积累，更在乎整合性。摒弃了过去追求短期速效，以带金销售、人员推动为主，缺乏系统性的营销模式。

学术营销活动形式主要有媒体性学术活动、会议性学术活动、人员学术活动、临床学术活动等。

（七）网络营销观念

1. 网络营销的概念　网络营销指企业或者营销者基于互联网、移动互联网平台，利用信息技术与软件工具的功能来实现营销，以达到一定营销目的的新型营销活动。简单来说，网络营销就是以互联网为主要手段进行的，为达到一定的营销目的而进行的营销活动。网络营销产生于20世纪90年代，网络营销是伴随着互联网技术的产生与发展而出现和发展起来的，可以很好地利用互联网进行市场开拓、产品创新、定价促销、宣传推广等活动。

2. 网络营销的特点　随着互联网影响力的进一步扩大，人们对网络营销的理解进一步加深，以及越来越多网络营销推广案例取得成功，人们已经开始意识到网络营销的诸多优点，并越来越多地选择通过网络来进行营销推广。网络营销不只是一种手段，也是一种信息化社会的新文化，引导媒体进入一个新的模式。网络营销的最大特点是高技术性、全球性、高效性。网络营销已成为营销中必不可少的营销手段。

3. 网络营销的分类　网络营销的分类较复杂，大体可以分为以下类型：搜索引擎营销、数据库营销、信息发布、网上商店、在线咨询、在线客服、网上订单、网络品牌等类型。

●···· 章末小结 ····

1. 市场三要素是人口、购买欲望、购买力。
2. 医药市场的特点是医药市场的特殊性、产品供应的及时性、市场需求的不稳定性、市场消费的被动性。
3. 医药市场营销的特点有，医药市场营销要遵守相关的法律法规，营销人员专业化，医药市场营销终端多元化、复杂化。
4. 医药市场营销观念进展是从传统营销观念发展到现代营销观念，并逐步孕育出了一系列新营销理念。

一、 简述题

1. 简述市场三要素。

2. 医药市场营销的概念及特点是什么？

3. 简述医药市场营销观念是如何发展的。

二、 案例讨论

数字化医疗行业迎接新"拐点"

从2015年开始，国务院、国家卫生行政部门等陆续发布互联网医疗的大政方针。同时，伴随着智能手机的普及和通信技术的进步，数字化医疗一度热度空前。之后，随着政策的变动，数字化医疗曲折向前发展。到了2019年，预约挂号、检查结果查询、复诊续方、非处方药和处方药购买以及健康和慢病管理等服务已能广泛在线上开展，数字化医疗布局日臻完善。

2020年，数字化医疗大显身手。例如，医学专家利用5G技术远程控制超声机器人，为患者进行超声检查；以"微医互联网+总医院"的形式为全国百姓提供免费咨询和问诊服务。

数字化医疗行业的快速发展，首先得益于政府的鼓励及重视。在"医改"不断深化和"互联网+"双重推动下，数字化医疗服务范畴进一步扩大，加速了"医疗""医药""医保"在线上的"三医联动"。

为了顺应政策倡导和产业推广，线上提供互联网诊疗和互联网医院服务的公立医院，从2019年底以前的170家迅速增至2020年5月的1 000余家；与此同时，线上平台注册医师也突破了100万人，且医师在线上非常活跃。大数据显示，至2020年5月共有5 000多位专家参与了线上直播，总计时长突破7 000小时，全国共有约3万名医师参与线上义诊，为约122万人次提供了便捷的线上服务。

作为医疗行业发展的重要力量，药品和医疗器械企业也正持续升级数字化战略并提升能力建设，通过线上渠道进行品牌宣传和市场营销。消费医疗类的产品开始从"泛娱乐"内容中建立产品与健康场景的关联，提升品牌认知；同时通过与相关领域"KOL"合作进行健康话题传播，利用社交分享、社群讨论影响受众对产品选择正逐渐成为主流。

从消费者端观察，截至2019年底，中国数字化医疗用户规模已接近移动互联网总用户数的七成，达到6.2亿人。大数据显示，2019年底—2020年初，用户对数字化医疗话题关注度较之前平均关注度增长超过11倍。目前，用户对于数字化医疗的整体关注仍保持较高的水平。

患者旅程场景渗透率提升，未来潜力可期

消费者的数字化医疗旅程可分为了解信息、远程问诊、线上购药、疾病管理四大主要场景。其中，了解信息已超过六成渗透率，疾病管理则不足一成。用户在不同场景中的主要诉求以及被满足程度会对渗透率有较大影响：互联网的"海量信息"和多样化的传播途径吸引了多数用户通过线上了解医疗健康相关信息；远程问诊的便利性和灵活性满足了轻急症患者"节省时间、图方便"的需求；医药电商更多满足了消费者对保健品、非处方药和家用医疗器械的购买需求，处方药占比较少；线上疾病管理的认知度和效果暂时难以取代线下渠道，尚有诸多未满足的需求。

数字化医疗旅程关键起点

报告显示，63%的消费者从线上了解保健养生、疾病诊疗等相关信息。在多元渠道中，社交平台与搜索引擎成为核心。高达50%的消费者通过微信公众号主动关注信息，朋友圈与微信群分别为39%与29%的渗透率，显示出社交平台对消费者初期影响的重要性。

"线上购药"以保健品与医疗器械为主，更看重品牌与知名度

线上购药渗透率目前已达到31%，以西药类滋补保健品和家用医疗器械等非处方药类为主，分别占比47%和44%；处方药（如抗高血压药、降血脂药）占比较低，仅为14%。同时，品牌知名度与口碑依旧是影响消费者线上购药选择的重要因素。

讨论：

1. 近年来，医药营销观念是如何变化的？

2. 当前药店医药市场营销应如何变化才能跟上数字化医疗的新发展？

3. 品牌曝光、产品教育和药品售卖三重营销目标是如何助力医药产品实现线上线下协同推广的？

第二章
医药市场营销环境

学习目标

- 掌握　医药市场营销环境的宏观环境、微观环境的各种因素。
- 熟悉　医药市场营销环境的含义、特征及分类。
- 了解　宏观、微观环境各因素对医药市场营销活动的影响。

情境导入

情境描述：

　　今天是小刘进入某医药企业工作的第一天，刚毕业就能够进入这家知名医药企业上班，他很高兴，也很珍惜。早上8：00准时到市场部杜经理办公室报到，由于杜经理要赶赴外地处理急事，他简单安排了一下工作："小刘，你刚到公司，对各方面情况还不熟悉，这周你先去熟悉一下市场环境，我回来后听你汇报。"对杜经理安排的一周的工作，小刘感到有些困惑，一时不知该如何入手。

学前导语：

　　医药营销人员在从事营销活动前，必须要先了解医药市场营销环境。杜经理安排小刘先去熟悉市场环境，就是要他明白：医药产品的生产和销售都离不开特定的环境，医药企业必须重视医药营销环境的分析和研究，扬长避短，制订有效的医药市场营销策略，实现经营目标。作为从事医药营销工作的人员要正确认识企业及其与医药市场营销环境之间的关系，及时、准确地把握营销环境动态，并时刻为应付环境变化做好应有的准备。本章将带领大家学习医药市场营销环境的相关知识。

第一节　概述

任何一家医药企业都不能脱离市场环境因素单独存在。医药企业要想在变化的市场中取得好的经济效益和社会效益，就必须对市场营销环境作出正确的分析与判断。医药市场营销环境分析是每一个医药企业市场营销活动的立足点和根本前提。

一、医药市场营销环境的概念及特点

（一）医药市场营销环境的概念

医药市场营销环境，是指在医药营销活动之外，直接或间接地影响和制约医药企业市场营销活动的各种内外部因素和社会力量的总和，它是影响医药企业生存和发展的各种内外部条件。

（二）医药市场营销环境的特点

医药市场营销环境具有客观性、差异性、相关性、动态性、不可控性和可影响性等特点。

1. 客观性　医药市场营销环境的变化是客观存在的，不会凭借任何人的主观臆断而创造出一个仅有利于本医药企业的医药营销市场环境。

2. 差异性　医药市场营销环境的各种影响因素的影响作用是不同的，影响方式也不同，即使是同一种外界环境因素作用于不同地点，或者是同一地点的不同企业，也存在着差异。

3. 相关性　医药市场营销环境的各种因素之间相互影响、相互制约，某一因素的变化，常常会带动其他因素的相互变化，形成新的营销环境。

4. 动态性　医药市场营销环境是动态的，它始终处于不断变化的过程中，同时，营销环境的变化也是社会发展的标志。

5. 不可控性　医药市场营销环境中的各种宏观环境（如政治法律环境、自然环境、社会文化环境等）的存在和变化是企业无法控制的。

6. 可影响性　医药企业可以在变化的环境中寻找自己的新机会，通过对内部环境要素的调整与控制，在一定的条件下，运用自己的经营资源去影响和改变外部环境施加于企业的制约，为医药企业创造一个更有利的活动空间。

二、医药市场营销环境的分类

医药市场营销环境是一个复杂的系统工程，它的内容既广泛又复杂，不同的因素对营销活动各个方面的影响和制约也不尽相同，它们相互作用、相互依赖。一般根据医药企业的营销活动与营销环境的紧密程度，它可以分为内部和外部环境或宏观和微观环境两个方面（图2-1）。

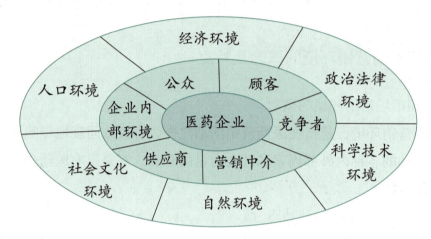

图2-1 医药市场营销环境的分类

1. **微观环境** 医药市场营销微观环境是指与医药组织紧密相连，直接影响其营销能力的各种参与者。这些参与者包括医药企业的供应商、营销中介、顾客、竞争者以及社会公众和影响营销管理决策的企业内部各个部门。

2. **宏观环境** 医药市场营销宏观环境是以微观环境为媒介间接影响医药企业营销活动的社会约束力量构成。包括人口环境、经济环境、政治法律环境、技术环境、自然环境和社会文化环境。

总之，微观环境和宏观环境并非并列关系，而是微观环境受制于宏观环境，宏观环境通过微观环境对企业发挥作用。

第二节　医药市场营销的宏观环境

一、人口环境

人口是构成市场的第一位因素，人口数量、结构、分布等都会对市场格局产生影响，而人口因素又是企业不能够控制的。所以，医药企业必须重视对人口环境的研究和分析，以便随时根据医药市场人口的变化趋势灵活调整营销策略。

（一）人口数量和增长率

一个国家或地区的人口数量的多少，是衡量市场规模和发展潜力的重要因素，对企业市场营销活动有着重要的影响。人口数量直接决定市场的潜在容量，人口越多，市场规模就越大。

人口增长率是指一个国家或地区人口出生率与死亡率的差值，它反映了一个国家或地区人口增长速度的快慢。2020年，我国大陆人口总量为14.118亿人，约占全球总人口的18%。比2010年人口总量增加了7 206万人，比2010年增长了5.38%，年均增长率为0.53%。平均增长率略低于上一个10年0.57%。图2-2显示了我国七次人口数量普查的情况。

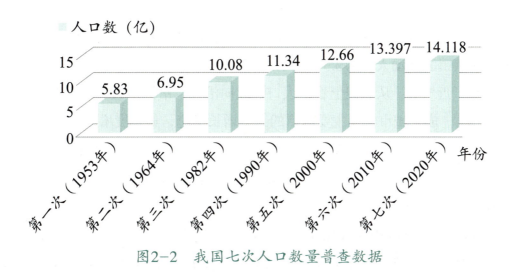

图2-2　我国七次人口数量普查数据

🔗 **知识链接** ....

人口普查

人口普查就是在国家统一规定的时间内，按照统一的方法、统一的项目、统一的调查表和统一的标准时间，对全国人口普遍地、逐户逐人地进行的一次性调查登记。普查的重点是了解各地人口发展变化、性别比例、受教育程度等。全国人口普查属于国情调查，是当今世界各国广泛采用的搜集人口资料的一种最基本的科学方法，是提供全国人口数据的主要来源。

（二）人口地理分布和区间流动

人口地理分布是指人口在居住地区的疏密状况，由于地理条件以及经济发展程度等多方面因素影响，人口的分布绝对不会是均匀的。它对企业营销活动的影响表现在两个方面：一是直接影响着各个地区市场需求量的大小；二是影响着购买对象和需求结构。

2020年统计显示我国人口地理分布为：东部地区人口占39.93%，中部地区占25.83%，西部地区占27.12%，东北地区占6.98%。与2010年相比，东部地区人口所占比重上升了2.15个百分点，中部地区下降了0.79个百分点，西部地区上升了0.22个百分点，东北地区下降了1.20个百分点。人口向经济发达区域、城市群进一步集聚。

> **课堂问答**
> 我国中部地区是指哪里，主要包括哪些城市，这些城市有什么特点？

随着经济的活跃和发展，人口的区域流动性也越来越大。有关统计显示，2020年我国流向城镇的流动人口为3.31亿人，占整个流动人口的88.12%，与2010年相比，10年间增长了近70%。从流向上看，人口持续向沿江、沿海地区和内地城区集聚，长三角、珠三角、成渝城市群等主要城市的人口增长迅速，集聚度增大。

现阶段，我国城市人口密度大，消费水平较高，是医药市场营销的主要对象，但同时也不能忽略农村人口的医药消费市场，应该开发物美价廉的医药商品以满足广阔的农村医药市场。

（三）人口自然构成和社会构成

人口自然构成包括人口的年龄结构、性别比例等；人口社会构成包括人口的受教育程度、职业状况、民族构成等。人口构成状况一方面会影响购买对象和购买力大小，另一方面会影响消费档次和购买行为。因此，企业在制订营销策略时，必须分析和研究人口的构成状况。

1. **人口的年龄结构** 是指一定时期的不同年龄层次，即指婴幼儿、儿童、青少年、成人和中老年人口所占的比例。2020年人口比例如图2-3。

2020年，我国大陆人口总量达到14.118亿人，其中0~14岁人口有2.53亿人，占全部人口的17.95%，15~59岁劳动年龄人口有8.9亿人，占全部人口的63.35%，60岁及以上的人口有2.6亿人，占全部人口的18.70%，其中65岁及以上的老年人占13.50%。与2010年相比，0~14岁人口比例上升了1.35个百分点，60岁以上人口比重上升了5.44个百分点，人口老龄化进程明显加快。人口老龄化的发展动向，对医药企业的市场营销活动会产生很大的影响。因此，研究如何开发儿童、老年人市场，会成为许多企业的研究课题和关注点。

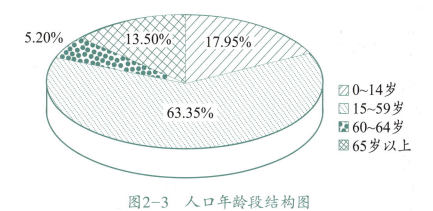

图2-3 人口年龄段结构图

2. **人口的性别结构** 不同的性别，不但需求不同，而且购买习惯与行为也有很大差别。如男性比重大的国家和地区，对男性用品的需求自然要大。在我国，在医药商品的购买过程中，女性所起的作用越来越重要。一方面，女性的生理特点决定了成年女性容易患妇科疾患，所以妇科用药和一些女性保健品成为了医药市场的重要产品；另一方面，随着公众养生保健知识的提升以及家庭经济水平的提高，家庭保健品的购买也成为医药市场重要的方面。

3. **人口的受教育程度** 随着我国经济的发展、国家对人口受教育程度的重视，我国各省人口的平均受教育年限不断提高，大学教育程度人口的比重普遍上升，文盲率大幅下降，这必将使医药市场的消费更加理性。图2-4和图2-5显示了我国七次人口普查十万人口拥有各种受教育人数及文盲率。

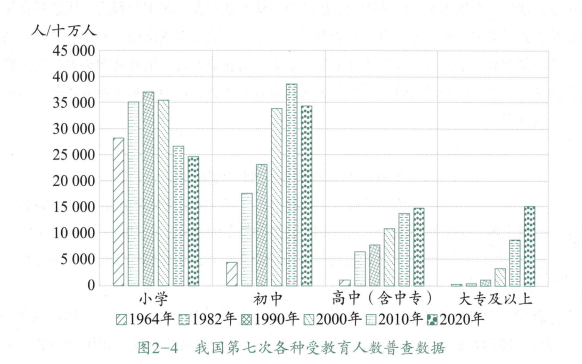

图2-4 我国第七次各种受教育人数普查数据

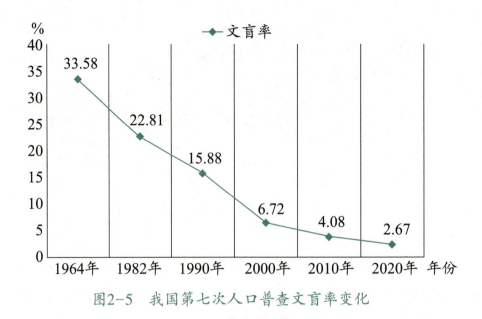

图2-5 我国第七次人口普查文盲率变化

总之，当前我国的人口环境有以下几个特点：①人口众多；②出生率有所增长；③人口流动性增大；④人口趋于老龄化；⑤出生缺陷、传染性疾病、精神疾病患者越来越多。这些特点无不对医药营销市场产生重大的影响。

二、经济环境

经济环境是指影响企业活动的各种经济因素，包括间接影响营销活动的经济环境因素，如经济发展水平、经济体制、地区与行业发展状况、城市化程度，还包括直接影响营销活动的经济环境因素，如消费者收入水平、消费者支出模式和消费结构、消费者的储蓄和信贷能力。在经济环境诸因素中，对企业而言，消费者购买力是最主要的因素。其中，消费者的收入水平是影响消费者购买力，从而影响企业市场营销的最重要的因素。

（一）消费者收入水平

1. 消费者收入　即消费者从各种来源所得到的全部收入。

2. 可供支配的收入　即从总收入中扣除个人直接负担的支出部分（如个人所得税、工会会费、各种保险等），即个人能够用于消费和储蓄的部分，它构成了实际购买力。

3. 可供任意支配的收入　即从可供支配的收入中再减去维持生活所必需的支出。

（二）消费者支出模式和消费结构

研究一个国家或者地区的总体消费模式时，往往利用恩格尔定律（恩格尔系数）来评价，即随着家庭收入的增加，用于温饱支出的比例将会下降，而用于服装、文化、娱乐、交通、保健、教育等的支出及储蓄比例将会上升。食物开支占总消费量的比重越大，恩格尔系数越大，生活水平越低；反之，食物开支所占比重越小，恩格尔系数越小，生活水平越高。

恩格尔系数的公式为：

$$恩格尔系数 = \frac{温饱支出}{家庭总支出} \qquad 式（2-1）$$

（三）消费者的储蓄和信贷能力

1. 消费者储蓄　消费者个人收入不可能全部花掉，有一部分会以各种形式储蓄起来，这是一种推迟了的、潜在的购买力。消费支出与储蓄之间互为增减关系。

2. 消费者信贷能力　消费者凭借信用先取得商品的使用权，然后按期归还贷款，以购买商品，即把将来的收入用于当前消费（提前消费）。随着社会的发展，消费观念的改变和消费手段的多元化，信贷对于当前的购买力而言，是一个增量因素。

市场不仅需要人口，而且还需要购买力。经济发展水平决定了人们的购买力和购买欲望。例如，发展中国家、中等发达国家和发达国家的购买力就存在较大的差别。因此，分析医药市场营销的经济环境，既要分析我国居民的收入水平等直接影响营销活动的经济环境因素，也要分析间接影响营销活动的经济环境因素。

三、政治法律环境

（一）政治环境

政治环境是指企业市场营销活动的外部政治形势、国家方针政策对市场营销活动带来的或可能带来的影响所构成的环境。政治环境包括国内政治环境和国际政治环境。政治局势、经济体制、方针政策等对医药企业营销有很大的影响，如在经济、政治体制改革之前，我国的医药企业可以说是政府的附属物，没有太多自主权。而在我国实行市场经济后，医药企业才真正成为独立的市场主体，自主经营、自负盈亏。

医药行业是一种特殊行业，它直接与人们的生命健康息息相关，所以政府对医药行业的宏观指导甚至管制就更加严格。虽然在2019年12月1日，国家取消了药品的《药品生产质量管理规范》（Good Manufacturing Practice，GMP）和《药品经营质量管理规范》（Good Supplying Practice，GSP）认证，但是加入了"上市许可持有人制度（Marketing Authorization Holder，MAH）"，同年，国家还提出了构建职业化专业化药品检查员队伍体系，药品生产、经销的飞行检查及医药行业专项检查的频率与力度都在不断增加，所以医药企业将面临更加严厉监管的新局面。另外，药品进入医院应该进行招标，药品经营场所必须实行药品分类摆放等规定都对医药企业营销产生着重要的影响。作为医药企业必须全面了解政府的方针、政策、法律法规，深入认真地学习和执行国家在医药行业的相关政策，这是影响和制约企业的经营活动和长远发展的重要因素。

（二）法律环境

对企业来说，法律是评判企业营销活动的准则。只有依法进行的各种营销活动，才能受到国家法律的有效保护。随着社会法治建设不断地完善、法律体系越来越完善，政府机构执法也越来越严格。目前，我国对于医药行业的法律法规主要有：2019年8月26日由第十三届全国人民代表大会常务委员会第十二次会议修订通过的《中华人民共和国药品管理法》，2019年12月1日起实施；2002年9月15日国务院颁布实施、并于2019年3月2日第二次修订的《中华人民共和国药品管理法实施条例》；国务院制定颁布的《麻醉药品管理办法》《精神药品管理办法》《中药品种保护条例》《野生药材资源保护管理条例》，以及原国家食品药品监督管理局颁布施行的局令如《药品注册管理办法》《进口药品管理办法》等。因此，不管医药企业在本国还是其他国家开展市场营销活动，都必须了解并遵守所在国家或政府颁布的有关经营、贸易、投资等方面的法律、法规。只有全面深入了解和严格遵守各项法律法规，才能保障自身的顺利发展。

🔗 知识链接

《中华人民共和国药品管理法》

《中华人民共和国药品管理法》（简称《药品管理法》）以药品监督管理为中心内容，深入论述了药品评审与质量检验、医疗器械监督管理、药品生产经营管理、药品使用与安全监督管理等内容，对医药卫生事业和发展具有科学的指导意义。

《药品管理法》于1984年9月20日第六届全国人民代表大会常务委员会第七次会议通过，自1985年7月1日起施行。2019年8月26日第十三届全国人民代表大会常务委员会第十二次会议第二次修订。《药品管理法》共包括十二章、一百五十五条内容。

◎ 案例分析

案例：

2012年，根据国家食品药品监督管理局消息，某市药品监督管理局发出通知，要求全市中药饮片经营、使用单位，停用8家中药饮片生产企业生产的中药饮片。停用原因是发现这8家中药饮片厂在中药材、中药饮片生产中有用化工色素染色增重、掺杂用假等问题。

分析：

医药企业经营应该遵守相关法律规定，否则将会受到相应处罚。

四、科学技术环境

科学技术环境是影响企业生产经营活动的外部科学技术因素。进入21世纪以来，科学技术日新月异，新科技革命蓬勃兴起，科学技术在现代生产中起着关键和主导的作用，不断创新的科学技术在给企业造成威胁的同时，也给企业带来了新的市场机会。

目前制药企业依靠制药设备的技术开发、创新药品生产工艺、研制新的药品生产流程，使药品生产成本大大降低、生产率水平大大提高，产品在市场的竞争力显著提高。与此同时，科学技术的发展，新原理、新工艺、新材料等不断涌现，使得产品更新换代速度加快，产品的市场寿命缩短。这就要求企业要不断地进行技术革新，加快药品的更新换代，以适应市场消费的需求。随着社会网络化、信息化的不断发展，医药商品在促销方式上也实现了现代化、多样化，应充分运用网络、电话、电视等多媒体、多渠道。科技的发展对消费者的购买行为也产生了巨大的影响，如网上购买医药产品、超市购药等。

五、自然环境

自然环境包括该地的自然资源、地形地貌和气候条件等。自然环境的发展变化会给医药企业造成一些"环境威胁"，或创造一些"市场机会"，所以医药企业要不断分析和认识自然环境变化的趋势，来避免自然环境带来的威胁，尽可能地抓住自然环境变化所带来的机会。自然环境对医药市场营销的影响主要表现在季节、地域、资源短缺、环境污染等方面。如感冒药销售的季节性、地方病用药的地域性。

案例分析

案例：

甘草是半干旱、耐盐碱野生植物，生长于沙漠戈壁与绿洲之间，20世纪50年代，中国甘草产区分布面积为320万~350万公顷（1公顷=10 000m²)，蕴藏量为400万~450万吨（1吨=1 000kg）。但由于近几年的滥采乱挖、大面积垦荒和自然因素的风蚀沙化，现在甘草较集中的分布面积仅为110万公顷，总储量只有20世纪50年代的1/5左右。中国野生甘草资源匮乏，目前已经在市场上供不应求，成为我国众多制药企业非常短缺的原材料之一。

分析：

由此可见，地形地貌的变化对医药企业营销有巨大影响。

---

② 课堂问答

请同学们结合现在的医药领域形式说一说，近两年医药行业受到了哪些影响。

六、社会文化环境

社会文化环境主要是指一个国家、地区或民族的传统文化，如价值观念、宗教信仰、风俗习惯、审美观等。

（一）价值观念

价值观念就是人们对社会生活中各种事物的态度和看法，是推动并指引一个人采取决定和行动的原则、标准。它是人们用于区别好坏、分辨是非极其重要的心理倾向，它具有相对的稳定性，不会轻易改变。价值观念是后天形成的，它是通过社会化培养起来的，家庭、学校及其他社会环境对个人价值观念的形成起着关键的作用。

由于人们的生活和教育经历不同，每个人的价值观念也有明显的差异。在不同的价值观念下形成的人际关系也会因文化不同而有所区别，这在国际市场营销活动中要特别重视。

（二）宗教信仰

宗教信仰是人类最古老的文化现象之一。基督教、伊斯兰教和佛教被称为世界三大宗教。不同的宗教信仰有着不同的文化，从而影响着人们认识事物的方式、价值观念和行为准则，进而影响着人们的消费行为，也会带来特殊的市场需求。市场营销领域有这样一种说法："初级营销做产品，中级营销做品牌，高级营销做文化，超级营销做宗教。"由此可见，宗教信仰因素对国际营销活动的影响不可小觑。例如，伊斯兰教徒禁食猪肉及与之有关的一切食品，禁止饮酒；印度教教徒把将牛当作神明；基督教则不能把动物的血作为食物等。对于此类知识，我们一定要尽可能多地了解，避免发生不必要的冲突。同时，我们也可以巧妙地利用宗教节日进行成功的营销。

课堂问答

请同学们说出自己所知道的有关宗教信仰方面的知识，并分析这些宗教信仰因素对营销活动有什么样的影响。

（三）风俗习惯

风俗习惯是人们根据自己的生活内容、生活方式和自然环境，在一定的社会物质生产条件下形成，并世代相传，成为约束人们思想和行为的规范，主要包括民族风俗、节日习俗、传统礼仪等。企业在进行营销活动时，应注重了解目标市场消费者在各方面的习俗、禁忌、避讳等，这是开展营销活动的前提。例如，某企业研发了一种治疗皮肤病的药剂，使用时要倒在澡盆或浴缸里浸泡，这种药剂在英国大获成功，而在法国却失败了，究其原因，是企业忽视了法国人只冲淋浴的习惯。中东和拉美地区的人们，人与人交往时喜欢离得很近，而美国人则认为应该有个人空间，两人交谈的合适距离应该是1.5~2.5m；在谈判中，美国人认为沉默即是反对，而日本人常利用这一点，少说话以赢得更多的好处。所以，不了解对方的习俗、忌讳，就很容易造成误会，从而影响营销的顺利开展。

案例分析

案例：

羚锐品牌借助重阳节和世界镇痛日两大时点，于2019年度进行了"二月二龙抬头颈椎病日""小羚羊儿童节关爱活动""防暑降温助力高考""重阳节暨羚锐舒适镇痛周"等多个全国性体验式营销活动，将羚锐的品牌理念"有关爱，没疼痛"落到实处。

分析：

羚锐品牌借助中国传统节日，如重阳节、二月二、儿童节等对自己的产品进行了成功的推广。

（四）审美观

审美观通常指人们对不同事物所产生的好坏、美丑、善恶的评价。它是在人类的社会实践中形成的，和政治、道德等其他意识形态有密切的关系。不同时代、不同文化和不同社会集团的人具有不同的审美观。审美观具有时代性、民族性和人类共同性，在阶级社会具有阶级性。企业在制订营销策略时，必须考虑不同文化背景下的消费者的审美观。

课堂问答

请举出一个案例来说明价值观念、宗教信仰、风俗习惯或审美观任何一个方面对医药市场营销的影响。

第三节 医药市场营销的微观环境

医药市场营销的微观环境是指对企业营销活动产生直接影响的一种营销环境，它包括营销部门所在的企业内部、供应商、营销中介、竞争者、顾客和公众等因素。一个企业能否成功地开展营销活动，不仅取决于其能否适应宏观环境的变化，适应和影响微观环境的变化也是非常重要的。

一、医药企业内部环境

面临相同的外部环境，不同企业的营销活动所取得的效果往往不一样，这是因为它们有着不同的内部环境要素。企业在制订营销计划和开展市场营销活动时，会受到企业内部其他部门如高层管理、财务、研发、采购、生产及人事等部门的影响，这些部门构成了企业内部环境。企业内这些部门的业务活动内容各有侧重、互相协作、相互关联，任何部门的市场决策都要考虑其他部门的业务情况，与其他部门进行协商合作，共同为企业的发展制订各项计划。同时，以上各部门作为一个医药企业的内部力量，还要在企业的高层管理部门的统一领导下开展各项工作。最高管理部门将制定企业的经营目标、任务、重大策略和政策等。因此，一个医药企业能否顺利开展各项营销活动，最高管理层的领导是否科学、内部各部门的分工是否合理、各部门间的合作是否和谐等，都是重要的影响因素。图2-6显示了医药市场企业的内部环境。

（一）医药企业的经营目标

医药企业是以盈利为目标的生产经营单位，它在为社会创造和提供物质财富、帮助人民防病治病的同时，也需要获得合理的利润，以保证其生存和扩大再生产的顺利进行。为实现这个目的，企业必须根据外部市场营销环境和企业内部的生产条件，确定每一个时期的企业经营目标。在进行具体营销活动时，必须紧紧围绕企业总的经营目标，统一部署、统一规划。医药企业可供选择的经营目标通常包括以下几种。

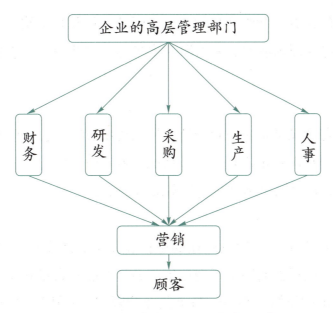

图2-6 医药市场企业内部环境

1. 投资报酬率 指一种产品、一条产品线或一个企业的投资额与其盈利额之比。投资报酬率的确定是一个比较复杂的过程，生产技术水平、生产成本与价格状况、产品供求与市场竞争、经营管理水平等都会对其产生重大影响。投资报酬率从理论上讲，其下限是银行利率，其上限不定，但也不能盲目追求其最大化，因为它还要受到平均利润率的制约。

2. 产品市场规模和销售增长率 指企业以扩大产品生产规模，增加本企业产品的市场占有率为其主导的经营目标。以不断提高产品质量、扩大新品种，在追求质量中求效益，以期长期占领市场，讲究长久效益为企业的经营目标。

3. 市场渗透目标 指在新产品上市、原来产品开拓新市场、为扩大市场占有率或迎接同行竞争挑战时所采取的企业经营目标。

企业经营目标是互相关联和互相促进的，相互之间并不矛盾，只不过是在不同的时期和不同的市场条件下，企业的经营目标和策略有所侧重而已。

（二）医药企业的生产经营能力

医药企业的生产经营能力是企业生产能力、技术能力和营销能力的综合反映，它是实施市场营销策略的具体执行者，是企业生存发展的主力军。无论多么远大宏伟的企业经营目标或营销计划，如果没有坚定有力的生产经营能力作后盾，那也只能是一纸空文。

生产能力是指生产产品的最大产量和转变生产产品的适应能力；技术能力包括企业新产品开发设计能力、生产技术装备和检测手段和员工的技术水平等；营销能力则是指企业营销机构的设置、营销网络的建立、营销人员及其素质状况、处理和协调营销关系的能力、产品市场占有率、销售服务水平等。这些因素都直接影响和制约企业的生存与发展。

（三）医药企业的财务状况

医药企业的财务状况是企业经营管理成果的集中反映，也是医药企业市场营销的重要内部条件。它包括医药企业经营资金状况、资产负债状况、资金盈利情况、产品盈利能力与水平等，这些都是制订企业经营决策的基础。

（四）医药企业的管理水平

医药企业的管理水平不仅影响企业的整体竞争力，还是市场营销顺利开展的保证。企业管理能力的高低强弱决定了企业生产经营产品的数量和品种的多少、销售地域的宽窄、销售队伍的规模大小等。当企业经营管理水平达不到全方位市场营销时，往往需采用收缩或代理代销式营销策略。否则，战线拉得太长、规模铺得过大、指标定得过高，反而会适得其反。

二、医药供应商

医药供应商是指那些向医药企业提供开展市场营销活动所需物资（如卫生材料、医疗器械、辅料等）与资金的企业或个人。医药企业的营销活动，包括供应、生产、销售各个不同环节，都需要大量的物资与资金作保证，因而需要许多部门或企业为之服务，为之供应所需的一切。医药企业的供应商通常由以下成员组成。

1. 资源供应商　他们生产医药企业所需要的机械设备、原材料、能源及零部件等生产资源，或者提供所需的资金，并把这些资源供应给企业。

2. 物资供应商　即物资经营部门，他们收购生产企业生产的各种物质资料，再提供给需要这些产品的医药企业。

3. 运输部门　他们把资源供应者生产的物资运送到物资供应商或购买物资的医药企业手中，也从物资供应商那里把物资运送给各个医药企业。

4. 便利供应部门　如保险公司、咨询机构等，他们为物资的供应提供各种方便条件，共同完成向医药企业提供物资与资金方面的任务。

供应商对企业的影响，主要体现在供货的稳定性、供货的价格变动、供货的质量水平等方面。而作为医药营销企业，则可以采取对供货商进行归类、实行供货商多样化的应对策略。

案例：

2006年，齐齐哈尔第二制药有限公司的"亮菌甲素"假药事件在中山大学附属第三医院造成9人死亡。事件起因是齐齐哈尔第二制药有限公司用"丙二醇"来代替生产亮菌甲素注射液的"二甘醇"，后通过合法的药物批发、合法的招标程序合法的进货途径被中山大学附属第三医院购入，直接静脉滴注进入64名无辜患者的身体里。

工业溶剂的"二甘醇"对人体的致死量是0.014~0.017mg/kg，60kg体重的人仅需要10mg就可致死。而该厂生产的假"亮菌甲素"注射液二甘醇含量达到325.9mg/ml，64名患者共使用了887支10mg规格的假"亮菌甲素"注射液，相当于129~2 000倍致死剂量的"二甘醇"。

经法院判决，对该企业进行如下处罚：没收查封扣押的假药；没收其违法所得238万元，并处罚货值金额5倍罚款1 682万元；吊销其"药品生产许可证"，撤销其129个药品批准文号，收回GMP认证证书。

分析：

药品原辅料采购是药品生产企业质量管理的源头，要保证企业药品的质量，首先就要把好药品原辅料采购这一关。为了保证所采购的原辅料的质量，就必须采取措施对医药供应商加以监控。

而药品是特殊的商品，其质量的优劣直接关系到患者的健康和生命安全。所以，身为医药行业的从业者，我们一定要保证药品的质量和安全性，对人们的生命和健康负责。

⋅⋅⋅

三、医药营销中介

医药营销中介是指协助医药企业，在促销、销售以及把产品送到最终购买者方面给医药企业提供帮助的那些机构，包括中间商、实体分配公司、营销服务机构和财务中间机构等。这些机构都是市场营销不可缺少的中间环节，大多数医药企业的营销活动都需要有它们的协助才能顺利进行。商品经济越发达，社会分工越细，这些中介机构的作用则越大。医药企业在营销过程中，必须处理好同这些中介机构的合作关系。常见医药营销中介有以下几种类型。

1. **经销商** 是协助医药企业寻找顾客或把产品卖给顾客的公司、企业、个人。一般可分为批发商和零售商两类。

2. **储运商** 是协助厂商储存货物并把货物从产地运送到目的地的组织。

3. 营销服务机构　主要有营销调查公司、广告公司、传媒机构、营销咨询公司和各种新兴的网络平台等，范围比较广泛。

4. 金融中介　包括银行、信贷公司、保险公司和其他协助融资或保障货物的购买与销售风险的公司。

四、竞争者

从本质上说，市场营销的根本任务就是要比竞争对手更好地满足企业、顾客、市场的需求，这就迫使企业不仅要了解顾客市场的要求，还要了解所在地竞争环境的特点。要想在竞争中取得胜利，关键就在于知己知彼、扬长避短，发挥自己的优势。

对营销有重要意义的划分是从消费者需求角度看，把医药企业的竞争者分为愿望竞争者、普通竞争者、产品形式竞争者和品牌竞争者。

1. 愿望竞争者　指提供不同产品以满足不同需求的竞争者，如生产药品的厂商可以将生产医疗器械、卫生材料等满足不同需求的厂商作为自己的竞争者，因此，如何使顾客首先购买药品、更多地消费药品是这种竞争的实质所在。

2. 普通竞争者　是指提供能够满足同一种需要的不同产品的竞争者。如生产青霉素的厂商可以将生产头孢氨苄的厂商作为自己的竞争对手。

3. 产品形式竞争者　是指生产同种产品但不同规格、型号、式样的竞争者，例如生产青霉素的公司可以认为其他青霉素生产厂商都是自己的竞争者。

4. 品牌竞争者　是指生产相同产品，并且规格、型号、样式也相同的竞争者，例如，生产青霉素的公司的主要竞争者是生产价格、规格、剂量、档次相似的青霉素产品的一些企业。

五、顾客

医药企业营销的微观环境中的最重要环境因素是顾客，即药品的购买者和使用者，也就是目标市场。顾客的范围十分广泛，按购买目的的不同，医药企业的营销人员应根据不同顾客的需要，提供不同的药品，并分析和掌握顾客的变化趋势，确定不同的营销策略。

医药企业生产的药品必须保证质量、有治疗效果且不良反应小，这样临床医师愿意采用且有患者使用，药品才能销售出去，医药企业再通过获得合法利润进行扩大再生产。因此，药品生产企业和药品经营企业必须认识到，患者的需求是企业生产经营活动的出发点。患者是企业的服务对象，企业的一切活动都必须紧紧围绕患者这一中心来展开。只有如此，企业才能真正遵照"患者至上""按需供应"的原则从事药品经营活动，真正树立"以患者为中心"的经营思想。把满足患者需要作为企业药品经营的唯一目的，才能在激烈的医药市场竞争中立于不败之地。顾客是企业服务的对象，是企业经营活动的出发点和归宿。顾客市场一般可以分为以下五种。

1. 消费者市场　即指为满足个人或家庭需要而购买商品和服务的市场。由于药品的特殊性，导致消费者在购买药品时聚焦在产品对其健康的益处，因而更注重功效和品牌，并且需求弹性比较小。

2. 生产者市场　指为赚取利润或达到其他目的而购买商品和服务来生产其他产品和服务的市场。

3. 中间商市场　指为利润而购买商品和服务以转售的市场。由于医药的特殊性，各国对医药经销商的运作、资格等往往都有较多的限制条件。

4. 政府市场　指为提供公共服务或将商品与服务转给需要的人而购买商品和服务的政府和非营利机构。

5. 国际市场　指国外买主，包括国外的消费者、生产者、中间商和政府等。

六、公众

公众是指对一个组织实现其目标的能力具有实际或潜在利害关系和影响力的一切团体和个人。公众既可以增强一个企业实现自己目标的能力，也可削弱这种能力。现代企业是一个开放的系统，它的经营活动必然与各方面发生联系，所以必须处理好与各类公众的关系。这就要求企业的所有员工，上至高层管理者，下至基层业务员、工人，都应对企业建立良好的公共关系负责。此外，信息也是一个因素。

企业的公众主要有金融公众、媒体公众、政府公众、群众公众、地方公众、一般群众和内部公众。

1. 金融公众　包括银行、投资公司、证券交易所以及保险公司等关心并可能影响企业获得资金能力的团体。

2. 媒体公众　又称新闻界公众，是指新闻传播机构及工作人员，如报社、杂志社、广播电台、电视台和记者。它是企业与公众联系的最主要渠道，也是企业最敏感、最重要的公众之一。

3. 政府公众　指政府各行政机构及其工作人员，即企业与政府沟通的具体对象。任何企业都必须接受政府的管理和制约，这是所有传播沟通对象中最具权威性的对象。

4. **群众公众**　指有可能影响企业营销活动开展的消费者组织、环境保护组织、少数民族组织及其他有影响力的公众团体。

5. **地方公众**　指企业所在地附近的居民群众、社团组织等。企业应该设立专门处理社团关系的专职人员，来参与企业营销活动。

6. **一般群众**　指企业在营销活动中所面临的其他具有实际的或者有潜在影响力的团体或个人。

7. **内部公众**　企业内部的员工，包括企业董事会、经理、管理人员以及员工等。

案例分析

案例：

2019年，为献礼祖国70周年华诞，芬必得策划了一个"借力大事件玩跨界合作营销"的案例。芬必得与中国国家图书馆和腾讯新闻合作，发起"梦想不为疼痛止步——我们都是追梦人"线上线下整合营销活动项目，活动包括由郎平、邓超等公众人物讲述梦想的《巅峰问答——追梦人》栏目、全国梦想征集活动、门店路演、店内主题陈列等，将消费者的情感做了联结，塑造了芬必得的核心品牌价值，集结出版了《我们都是追梦人》纪念册，并永久保存在中国国家图书馆。

分析：

芬必得通过电视台、杂志社等多种媒体公众推广自己的品牌，与消费者的情感做了联结，加深消费者对自己品牌的忠诚度。

• ···· 章末小结

1. 医药市场营销环境是指在医药营销活动之外，直接或间接地影响和制约医药企业市场营销活动的各种内外部因素和社会力量的总和。

2. 医药市场营销环境具有客观性、差异性、相关性、动态性、不可控性和可影响性的特点。

3. 医药市场营销环境分为宏观环境和微观环境。

4. 医药市场营销的宏观环境包括人口环境、经济环境、政治法律环境、科学技术环境、自然环境、社会文化环境。

5. 医药市场营销的微观环境包括医药企业内部因素、医药供应商、医药营销中介、竞争者、顾客、公众。

思考题

一、 简述题

1. 什么是医药市场营销环境，具有什么特点？
2. 医药市场营销宏观环境分为几个方面，各自包括哪些影响因素？
3. 医药市场营销微观环境分为几个方面，各自包括哪些影响因素？

二、 案例讨论

"天有不测风云"

2000年年底，在中国一帆风顺的中美史克公司遇到了"红灯"。"早一粒，晚一粒"的康泰克广告曾是国人耳熟能详的医药广告，而康泰克也因为服用频率低、治疗效果好而成为许多人感冒时的首选药物。该公司的拳头产品之一康泰克，年销售量超过6亿元人民币。2000年11月，国家药品监督管理局下发通知：根据国家药品不良反应中心提供的现有统计资料及有关资料显示，服用含PPA的药物制剂后容易出现如心律失常、高血压、过敏、急性肾衰、失眠等症状，并依据此结论发出了停用通知。立即停止含有PPA的药品的生产、销售、流通和使用（PPA是盐酸苯丙醇胺的英文缩写，是一种血管黏膜收缩和中枢神经系统的兴奋药，在治疗感冒的非处方类药品成分中最为常见）。一些消费者平时较常用的感冒药因为含PPA而成为禁药。

这次名列"暂停使用"名单的有15种药品，但大家只记住了康泰克。当时，几乎所有报纸的重要版面都在谴责PPA，有的报道甚至还特指康泰克。一时间，PPA等同于康泰克，而康泰克又等同于中美史克。强大的舆论压力，似乎很快要断送葛兰素史克在中国的前途。据初步估计，事件中美史克的直接损失高达6亿元人民币。

在这危机的时刻，中美史克的管理层果断拍板，必须遵守中国政策和法律。当明确的禁令下达时，中美史克当即停止向各地发售含有PPA的康泰克，同时回收滞留在渠道和终端的药品。各种应对措施出台了：组织新闻恳谈会，正面回应媒体的各种疑问，阐述中美史克的立场，申明事情的来龙去脉和处理办法，对不同的人群做出允诺。通过媒体，将中美史克的声音传达到各个群体中去。开通超过20条24小时咨询电话，处理各种来电，听取各种疑问甚至指责。公司让康泰克生产线的工人在家休息2周，并承诺不会因为PPA事件让任何一位员工下岗，2周休假回来以后，这些员工被安排到了新岗位继续工作。公司以书面函件的形式向商业客户、医院、医师、护士解释整个突发事件，希望合作客户帮助中美史克度过危机时期，希望他们继续支持公司其他产品的销售、使用和流通，而回收发生的各种费用，则一律由中美史克来承担。大量的药品包装已经拆散，负责回收的人员需要一一核对，剔除假冒伪劣药品，然后重新打包，运输。全国范围的回收整整持续了半年事件。

在完成了全国范围的回收工作后，中美史克随后进行对康泰克重回市场的调查，内容涉及此次PPA事件康泰克品牌在消费者心目中是否受到损害？能不能重回市场？消费者的接受程度如何？有危机也有机会，危机中蕴藏着机会。由于正确的处理和不断的努力，消费者对康泰克品牌仍怀有情结，因此，"新药"重返市场时仍取名康泰克，但加上一个"新"字。

2001年9月4日，一种不含PPA的复方盐酸伪麻黄碱缓释胶囊（新康泰克）带着新包装重新上市。PPA事件后289天，中美史克公司将复方盐酸伪麻黄碱缓释胶囊（新康泰克）产品推向市场，1周内仅在广东一地便获得高达40万盒的订单，重新在感冒药品牌知名度方面居前列。

讨论：

1　本案例的中美史克公司遇到了哪些环境因素的变化？

2.　中美史克公司采取了哪些相应对策？

3.　你从本案例中受到什么启发？

第三章
医药市场购买者行为分析

学习目标

- 掌握　医药消费者购买行为的类型、影响因素、购买决策内容以及购买决策过程。
- 熟悉　医药组织的购买行为、参与者和影响因素。
- 了解　医药消费者市场、医药组织市场的概念和特点。

情境导入

情境描述：

　　小李是药剂专业毕业的应届生，目前在一家医药连锁公司做药品销售工作。一天，店里来了一位年轻女顾客，小李连忙上前询问是否需要帮助，顾客的表情显得局促不安，小李怕错过顾客表达的信息，故紧紧跟随顾客左右。顾客转了一圈就走了。小李觉得很奇怪。随后又来了一位老年顾客，到店后指明购买常用的止咳糖浆。店里的该品牌止咳糖浆已经缺货，于是小李给顾客推荐了其他止咳药物。老年顾客听了介绍后，没有购买就走了。

学前导语：

　　顾客是销售人员的衣食父母，小李不了解顾客的购买类型，没能为顾客提供最适合的服务、最大程度地满足顾客的消费需求，从而使顾客流失，并错过了销售机会。本章我们将对医药消费者的购买行为进行分析，有利于针对性地制订有效的市场营销策略，提高同学们药品营销的职业技能，树立以顾客为中心的服务理念。

第一节　医药消费者购买行为分析

一、医药消费者市场的概念及特点

医药消费者市场是指个人或家庭为了满足其维护健康、预防疾病、治疗疾病等需要，而购买医药商品及相关服务所形成的市场。药品消费者市场是医药商品的终端市场，并影响着其他市场的需求，其特点有以下几方面。

1. 多样性　由于消费者个体上的差异，不同消费者对医药商品的需求千差万别，同一消费者在不同时间、不同情况下，对医药商品的需求也具有多元化的特征。例如，在购买感冒药时由于用药的个体差异性，消费者对不同成分、不同厂家的感冒药敏感度不同，在关注疗效的前提下，会选择对自己治疗效果明显的感冒药；同一个消费者，在风寒感冒或风热感冒的情况下，也会选择不同类型的感冒药。

2. 广泛性　药品作为治疗、预防疾病的特殊商品，是很多人的生活必需品，我国人口基数庞大，药品消费者市场购买者数量多、购买范围广，从城市到乡村、从国内到国外，消费者市场无处不在。

3. 替代性　有些医药商品之间存在着此消彼长的关系，一种产品的销售会限制另一种产品的销售，互为替代品。例如，在治疗咽喉肿痛的中成药口含片市场，金嗓子喉片、西瓜霜润喉片、复方草珊瑚含片销量平稳，竞争格局清晰，销量变化主要来自这3个品牌的此消彼长。也有些药品需要配伍使用，为互补品，销售过程中可以互相促进。

4. 季节性　不同季节气候环境会对人体产生不同的影响，引发季节性疾病，从而导致用药需求呈现出明显的季节性变化。例如，春冬之交是上呼吸道疾病的易发季节，此时治疗上呼吸道疾病的药物需求量大，销量增加。

5. 特殊性　医药商品是特殊的商品，其特殊性表现在作用的双重性、专用性、质量的重要性、时效的限时性、等级的一致性和管理的科学性。消费者在选择医药商品时更重视药品的安全性。医药消费者具有非专业性，在药品的选择上会受到医药专业人员影响，如处方药物选择主要受医师的影响，非处方药物选择也会受到执业药师、药品销售人员等的影响。针对医药商品的特殊性应采取恰当、有效的经营和监督管理模式，严格控制医药商品市场的准入原则，防止无证经营、制售假冒伪劣产品等情况的出现，保障人民生命健康安全。

案例：

山东省药品监督管理局药品质量抽检通告（2021年第3期）

2021年第22号

为加强药品质量监管，保障公众用药安全，依据省药监局年度抽检工作计划，省局对药品生产、经营、使用单位进行了药品质量抽查检验，现将抽检发现的不符合规定的药品情况通告如下：

一、经核查确认，标示4家生产企业的4个品种共4批次药品，经抽检不符合标准规定。

二、相关药品监管部门对不符合规定产品已采取查封、扣押、暂停销售、产品召回等控制措施，并依据相关法律法规对有关生产企业（配制单位）、被抽样单位依法严肃查处，查处情况可查询山东省药品监督管理局或相关市市场监督管理局网站。

三、对不符合规定产品及相应生产经营企业、单位，相关药品监管部门要加强监管，督促其查明问题原因，制定落实整改措施，切实消除风险隐患。

特此通告。

山东省药品监督管理局

2021年12月16日

分析：

国家药品监督管理局和各省、自治区、直辖市有计划地对药品的生产、经营、使用等环节进行监测，抽取的药品按照《中国药典》（2020年版）的相关规定进行检测并后续跟进落实。对医药商品实施严格有效的监管，关系到广大消费者的用药安全，也关系到公众生命健康权益的维护和保障，这些都是由医药商品的特殊性所决定的。彰显了各级药品监管部门坚决落实习近平总书记关于药品安全"四个最严"要求、保障群众用药安全的政治责任和坚定决心坚守药品质量安全底线，严厉打击违法违规行为，切实保障人民群众用药安全有效。

6. **发展性**　随着社会经济的发展，人们生活水平提高，自我保健意识提升，国家基本医疗保障体系的建设，我国的人均医药商品消费水平大幅提高，对医药商品的消费需求，在数量上和质量上，都在不断发展。医药消费者市场规模不断壮大，为医药相关企业的发展提供了新的机遇和挑战。

二、医药消费者购买行为的类型

医药消费者购买行为是指消费者为满足个人和家庭维护健康、防治疾病的需要而购买医药商品及相关服务的活动，包括产生需求、做出决策、实施购买等过程。消费者的购买行为复杂多样，受到多重因素的影响，根据消费者购买态度进行划分，可划分为以下七种类型（如图3-1）。

图3-1　消费者购买行为类型

（一）习惯型

此类消费者，由于对某种医药商品或某家医药企业的信赖、偏爱，而产生经常的购买行为。因为经常购买和使用，他们对这些医药商品十分熟悉，体验较深，再次购买时往往不再花费时间进行比较选择，注意力稳定、集中，一般不会轻易改变其固有的购买方式。营销者应该以优惠的价格、强有力的宣传、良好的质量来扩大自己产品的影响力，使其成为消费者偏爱、习惯购买的医药商品。

（二）理智型

此类消费者在每次购买之前会对所购的医药商品进行认真的思考和仔细的比较，其购买目标明确，购买时很少受他人因素影响，比较理智，不轻易相信广告、宣传、承诺、促销方式以及售货人员的介绍，主要靠医药商品的质量和疗效进行选择。营销者不应过多推荐其他品种的产品，以免引起反感，而应以准确的导购服务为主。

（三）经济型

此类消费者在购买医药商品时，特别重视价格，对价格的反应特别敏感，喜欢购买价钱低、效果也不错的商品，对"降价""促销""优惠"等低价促销最感兴趣。营销者应该推荐一些经济实惠的药品，或进行各类低价促销活动，满足此类消费者的购买需求。

◎ 案例分析 ··

案例：

一顾客走到柜台前，对店员礼貌地说："麻烦您，拿几盒感冒药给我看一下。"营业员拿出几种药品："我们的感冒药有很多种，不知道您要看哪一种？"顾客："便宜的就行。"店员拿出一些低价位的感冒药摆在柜台上，说道："这几种药价格虽然便宜，但疗效很好。"顾客看了看，又说："好的，不过有没有好一点儿的？价格不要太贵……"店员又拿出一些："这几种是进口的，价格也较高，您看这种如何？"

分析：

通过和顾客的交谈，可以初步判断该顾客属于经济型消费者，比较重视价格。店员在销售药品的过程中，需要注意措辞，避免出现"便宜""低廉"等字眼，此时可以说："这些药品是您需要的价位。"，并根据患者感冒症状，选择经济实惠的药品进行重点讲解促成交易。

（四）冲动型

此类消费者容易受医药商品的外观、包装、商标或药品销售人员的推荐、其他顾客的立场等外界因素的刺激而产生购买行为。他们的购买决策一般是以主观感觉为主，从个人的兴趣或情绪出发，喜欢包装或设计新颖、时尚的医药商品，购买时不愿做反复的选择比较。营销者可采取临时减价、独特包装、现场表演、商品展销会等策略促成消费者的冲动购买。

（五）疑虑型

此类消费者具有内倾性的心理特征，购买时小心谨慎和疑虑重重。购买医药商品时一般会需要较多的时间。购买前常常是"三思而后行"，购买时又会犹豫不决而中断购买，购买后还会疑心是否上当受骗。营销者对这类消费者需要热情服务，耐心介绍产品，以促使其购买行为发生。

案例分析

案例：

一顾客在柜台前挑选皮肤药品询问店员："请问达克宁（硝酸咪康唑乳膏）与皮炎平（复方醋酸地塞米松乳膏）哪一种药膏更好一些？"店员询问顾客："能先说一下您的症状吗？这两个药品没有好坏之分。"顾客回答："周末我们出去野餐，回来后皮肤有些发痒发红。"店员回答："夏季是各种皮肤病高发季节，各种皮肤病的病因是不同的，达克宁治疗真菌性的癣症效果比较好，如我们俗称的脚气；皮炎平是一种激素药物，治疗一些由于过敏引起的疾病，如湿疹、皮炎。根据您的病症，选择皮炎平更好。"顾客："那就那皮炎平吧，可是我看皮炎平又分为红色装和绿色装，这两个有什么区别，哪个更好？"店员耐心的解答："这两款皮炎平都是糖皮质激素类药物，红色装适用于过敏、皮炎，止痒速度快，涂感清凉；绿色装是透明膏体，温和，适用于面部以及小儿湿疹。您的情况拿红色装更合适。"顾客满意地说："好的。"店员继续进行了用药指导说明。

分析：

店员在药品销售的过程中，根据顾客的病症，利用自身专业知识，提供了准确贴心的服务。面对顾客的疑虑，耐心地介绍药品，赢得了顾客的肯定，促成了消费者的购买行为。作为药学服务人员，在扎实自身专业知识的前提下，谨记"以顾客为中心"的服务宗旨，不断提高药学专业素养。

（六）感情型

此类消费者的购买多属于情感反应，往往以丰富的联想力衡量购买医药商品的意义。购买时注意力容易转移，兴趣容易变换，对医药商品的品牌、包装、颜色、剂型等要素都较重视，以是否符合自己的感情色彩作为购买的主要依据。营销者应尽可能注重产品的包装、品质、特征及柜台陈列等，以符合其感情需求，并提供热情的咨询和适当的推荐服务。

◎ 案例分析

案例：

某医药连锁公司开业三周年纪念活动时，特别订制了家庭小药箱等小礼品，送给每位购药的顾客。另外还印制了一些感谢函连同家庭小药箱一起寄给持有该店会员卡的顾客。三周年纪念期间，药店同步向附近小区居民提供免费测量血压、血糖的服务。纪念日活动很快成为人们街头巷尾议论的话题，药店门庭若市，销售量剧增。

分析：

该医药连锁公司采用情感促销法，通过提供免费的健康服务和赠送温馨的小礼物，在纪念日活动期间恰如其分地发达了对所有会员和到店顾客的关爱，引起消费者的情感共鸣，使消费者对药店产生了好感，紧密连接了顾客和公司的关系，既维护了老客源，又顺利开发了新客源。

（七）躲闪型

此类消费者由于患有一些难以启齿的疾病或涉及个人的隐私，在购买医药商品时有躲闪、不安等不自在的行为。营销者对这类消费者不要过多询问或过分关注，否则会令其不舒服甚至离开，而应令消费者放松，适当地关心并引导其购买产品。

同学们，在购买常见的感冒药时，你与你身边的家人、朋友分别属于哪种购买行为类型？作为医药营销人员应如何接待？处方药和非处方药在购买行为类型上有什么区别与联系？

三、影响医药消费者购买行为的主要因素

由于医药消费者身体、性别、年龄、职业等方面存在着巨大差异，在实际的营销中，真正了解和把握消费者的购买行为是很困难的，每一个消费者的行为也经常处于变化之中。营销人员必须学会分析影响医药消费者购买行为的因素。药品作为特殊的商品，其消费者购买行为主要受到以下六个因素影响（如图3-2）。

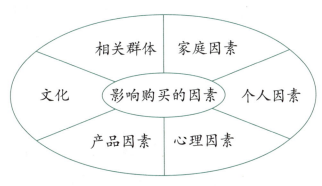

图3-2　影响消费者购买行为的主要因素

（一）文化因素

由于文化因素对医药消费者的购买行为有广泛而深入的影响，营销者需要理解文化、亚文化和社会阶层对医药消费者购买行为的影响作用。

1. 文化　是指人类生活实践中建立起来的价值观念、道德、信仰、理想和其他有意义的象征综合体。对医药消费者来讲，他们的购买习惯必然会受到某种文化的影响。

2. 亚文化　又称小文化、集体文化或副文化，是指某一文化群体所属的次级群体成员共有的独特信念、价值观和生活习惯。亚文化能够影响购买心理，影响力往往比主文化更大，它赋予人一种可以辨别身份和属于某一群体或集体的特殊精神风貌和气质。例如，对年轻人来说，感冒时喜欢选择见效快的药品；而对老年人来讲，会选择毒副作用较小的药品。

3. 社会阶层　同一社会阶层的人价值观相似，其购买心理和购买行为也相近。在我国，社会分层的方法主要是根据职业、受教育程度和居住地区。

（二）相关群体因素

相关群体是指直接或间接影响消费者购买行为并与之相互作用的群体对医药消费者影响较大的相关群体既可以是自己亲近的人，也可以是其接触频繁的某些群体以及羡慕并愿意模仿的人群。

1. 相关群体的分类

（1）按照对医药消费者的影响强度分类

1）基本群体：也称主要群体，指经常发生相互作用的非正式群体，如家庭成员、亲朋好友、邻居和同事等，这类群体对消费者影响最强。

2）次要群体：指较为正式，但日常接触较少的群体，如医师和药店店员等，这类群体对消费者的影响程度次于主要群体。

3）其他群体：也称渴望群体，这类群体影响面广，但影响强度低于主要群体和次要群体，如糖尿病病友群。

（2）按照医药消费者是否乐于模仿分类

1）准则群体：指人们同意和赞赏其行为并乐意加以效仿的群体。

2）比较群体：指人们以其行为作为判断行为的依据而并不加以效仿的群体。

3）否定群体：是指其行为被人厌恶的群体。消费者一般不会购买那些与否定群体有关的产品。

2. 影响效应

（1）名人效应：名人或公众人物（如影视明星、歌星、体育明星）作为参照群体对公众具有巨大的影响力和感召力。因此，很多医药企业花巨额费用聘请名人做广告，往往能够起到比较理想的促销效果。运用名人效应的方式多种多样，如可以用名人作为产品或公司的代言人，也可以邀请名人做广告，还可以采用名人及其类似名字进行产品冠名等。

（2）专家效应：专家是指在某一专业领域受过专门训练，具有专门知识、经验和特长的人。专家在进行医药商品介绍、推荐与服务时，较一般人更具有权威性，能够产生专家所特有的公信力和影响力。当然，在运用专家效应时，一方面应注意法律的限制，另一方面应避免公众对专家的公正性、客观性产生质疑。

（3）"普通人"效应：可以运用满意顾客的评价、推荐来宣传医药商品。例如，在很多广告中，会出现一些普通消费者在使用某种医药商品后对其进行评价，这会使其他消费者感到亲近，使广告的诉求更容易引起共鸣。

案例：

根据中国非处方药物协会公布的数据显示：2020年，999感冒灵颗粒（胶囊）、连花清瘟胶囊、999复方感冒灵颗粒的销量在感冒咳嗽类中药中排名前三，其中999感冒灵颗粒（胶囊）和999复方感冒灵颗粒来自华润三九医药股份有限公司。999感冒灵颗粒的成功离不开其优秀的广告宣传，其朴实的广告词，配上熟悉的歌曲《朋友》，加上周华健良好的个人形象，建立了广大群众牢固的、很难被取代的品牌印象，让人们把对明星的好感转移到产品上。

分析：

厂家请明星来做广告，主要是看到消费者对明星的喜欢和信任，而且往往把明星作为准则群体来看待，对明星推荐的产品也表现出喜欢和信任，这是典型的利用名人效应的方法。

（三）家庭因素

家庭生命周期对消费者购买行为有重要影响，在不同的阶段，同一家庭的购买力、购买需求会有较大的差异。一般根据消费者的婚姻状况、年龄、子女的数量及成长状况等将家庭分为七个阶段：单身阶段、新婚阶段（年轻无子女家庭）、满巢阶段Ⅰ（年轻夫妻，有6岁以下小孩）、满巢阶段Ⅱ（年轻夫妻，有6岁以上未自立的子女）、满巢阶段Ⅲ（年长夫妻，有自立的孩子）、空巢阶段Ⅰ（年长夫妻，子女结婚另立门户）、空巢阶段Ⅱ（单身老年人）。其中对医药商品需求较为明显的主要是满巢阶段Ⅰ和空巢阶段Ⅱ。

1. 满巢阶段Ⅰ　这一阶段中，由于家庭中孩子幼小，是疾病的高发期，儿童医药商品市场的需求量较大。而且父母对于子女的爱护有加，家庭经济条件普遍改善，药品消费者倾向于选择效果好、副作用小、服用方便的药品，较少关注价格，同时会选购高质量的钙片、维生素、膳食补充剂等儿童医药产品，以保障孩子的健康成长。

2. 空巢阶段Ⅱ　这一阶段中，随着子女另立门户，老年人收入减少，健康水平下降，老年疾病开始出现，医药商品市场的需求量较大。老年人特别注重情感需要及健康保障，开始选购有助于健康、睡眠、消化等方面的医药产品以及治疗高血压、糖尿病等老年疾病的医药产品。

（四）个人因素

1. 年龄　年龄不同的消费者的需求有很大不同，即使消费需求相同，其需求量也有很大的差别。例如，年轻人对钙补充剂的需求量远远低于儿童和老年人。

2. 职业 职业不同的消费者，医药消费观念及行为往往不同。例如，由于职业原因，上班族容易患有肩周炎和颈椎病等疾病；工人容易患腰腿疼痛等疾病；业务人员及经理等应酬较多的人患脂肪肝的比例较高，因此，对医药商品的需求也不尽相同。

3. 生活方式 生活方式不同，人们对医药商品的需求也会不同。例如，经常在户外活动的人往往对治疗和预防皮肤病的医药商品有较大需求，而在室内工作的人容易缺乏维生素D。

4. 经济状况 消费者的经济状况是制约其消费行为的一个基本因素，在很大程度上决定了消费者的购买能力。消费者经济状况好，其消费水平就高，也易作出购买决策；反之，就会制约其购买行为。尽管事关自己的健康和性命，可一旦医药商品支出超出了其经济承受能力，也只有依靠医疗保险等社会力量才能实现其购买行为。

（五）心理因素

1. 个性 个性差异会导致购买行为不同。例如，外向型的消费者，一般喜欢与销售人员交谈，表情容易外露，很容易了解其对医药商品的态度，比较容易被劝说；内向型的消费者大多沉默寡言，内心活动复杂、不轻易表露，只能从其身体语言方面才能了解其购买心理及目的。

2. 态度 了解医药市场消费者的态度，并注意引导其态度向好的方面发展，能够起到较好的营销效果。一般来说，消费者态度的形成主要有三个方面的依据：一是消费者本身对某种医药产品的感觉；二是相关群体的影响；三是自己的经验及知识。态度能帮助消费者选择目标，影响购买决策。

3. 感觉 是指医药市场消费者在购买商品时，通过自己的感觉器官，对医药产品及服务产生一定的印象。事实表明，形象越好的产品品牌，越会获得消费者的好感。因此，很多医药企业非常注重自身形象的宣传，改变或加强消费者对自身的好感，进而提高消费者的购买欲望。另外，还有一些医药企业通过改变产品的外观、特性等影响感官的要素，引起消费者注意并激发其购买欲望。

4. 自我形象 是指一个人对自己的看法和他人对自己的看法。由于消费者总会购买与自我形象一致的商品，医药企业应使产品形象与人们追求的自我形象达到一致，促使消费者作出购买决策。

5. 后天经验 购买行为中的后天经验是指购买动机不是先天产生的，而是后天经验形成的。因此，医药企业要扩大产品销售，不仅要加强宣传，而且要提高消费者使用产品的满意度，以加强其后天经验。

（六）产品因素

与其他消费品不用，医药消费者对医药商品的安全性更为关注，由于治疗疾病的急迫性，在相同的市场和条件下，安全性高、治疗效果好的药品是影响消费者购买的重要因素。当然，除了质量以外，还必须考虑产品的定价是否能被消费者接受，消费者更愿意购买性价比高的医药商品。

> ❓ **课堂问答** ————————————————————
>
> 结合自己的购买经历，说说影响你购买行为的因素主要有哪些。

四、医药消费者购买决策内容

医药消费者购买决策，是消费者为了满足自身某种需求而寻找最合适的医药商品的解决方案。消费者购买决策的内容主要包括六个方面，购买什么（what）、何时购买（when）、何地购买（where）、何人购买（who）、为何购买（why）、如何购买（how），简称"5W1H"。

（一）购买什么（what）

消费者要什么？确定购买对象是购买决策最基本的内容。满足消费者需求的医药商品是多种多样的，消费者不只是确定要购买商品的类别，还包括要购买商品的品牌、价格、服务等。营销者需要了解消费者购买时关注的重点，如有的消费者关注价格、有的关注品牌、有的关注副作用。把顾客需求和商品结合起来，在销售过程中，除了注重产品质量，还要不断塑造企业品牌、提供完善的服务，给消费者带来更多的附加利益。

（二）何时购买（when）

消费者何时买？医药消费者购买时间的确定受很多因素影响，如消费者的闲暇时间、促销活动等，但最主要的还是消费者购买需要的迫切性。如消费者急需某种医药商品，就会很快进行购买，以解决自身需求。因此，医药企业要通过针对性营销活动，一方面让消费者产生购买的迫切感，使其尽快实现购买行为；另一方面，注意把握消费者购买商品的时间习惯和规律，以便把握最佳的销售时机。

（三）何地购买（where）

消费者在哪里购买？医药消费者购买地点的选择受购买经验、购买习惯、信任动机、个人偏好以及方便、廉价、快速等很多因素的影响。因此，医药企业应对消费者购买医药商品的地点进行细致、深入的研究，采取相应的营销对策。例如，选择在人口聚集的居民区和商业密集区开店，方便消费者购买；开展促销活动，并保障所销售的医药商品品种齐全、价格合理、质量过关，吸引消费者长期性购买。

（四）何人购买（who）

谁是消费者？消费者购买医药商品并非都是自己使用，同样，消费者使用的医药商品也并非都是自己亲自购买。一项已经确定了具体购买目标、购买时间、购买地点的购买决策，可能因购买人的不同而在执行过程中发生变化。因此，医药企业必须充分了解特定医药商品购买者的情况，包括购买者角色、主要的患病种类、年龄构成、收入情况、职业、地区分布等，才能更有针对性地开展营销活动。

（五）为何购买（why）

消费者购买药品的目的是什么？对于处方药，消费者主要依据医师的处方行为间接消费，医药企业能做的就是审方给药，指明药品所在位置或根据病情推荐治疗该疾病的药品；对于非处方药、保健品或其他医药商品，消费者有自己的偏好，不同消费者对产品的品牌、包装、价格、使用方法等也有不同的要求，医药企业应探明消费者的购买动机，了解消费者的购买需求。

（六）如何购买（how）

消费者如何购买是指消费者怎么购买商品、购买行为如何，主要指消费者购买商品时的货币支付方式和获得产品所有权的方式，如现金结算、赊销、邮购、网上订购等。消费者如何购买，受个性、职业、年龄、性别等若干因素的制约。医药企业须通过市场调研，了解消费者的购买动机、消费需求及流行消费趋势，如当地医保、合作医疗、现金结算等消费者结算方式，做到如何购买就如何服务。

> 🔗 **知识链接**
>
> #### 六何分析法
>
> 六何分析法也叫"5W1H"分析法，是一种思考方法，也可以说是一种创造技法。"5W1H"分析法被广泛应用于企业管理、生产生活、教学科研等方面，这种思维方法极大地方便了人们的工作、生活。
>
> 1932年，美国政治学家拉斯维尔提出"5W"分析法，后经过人们的不断运用和总结，逐步形成了一套成熟的"5W1H"模式。"5W1H"就是对工作进行科学地分析，对某一工作在调查研究的基础上，就其工作内容（what）、责任者（who）、工作岗位（where）、工作时间（when）、怎样操作（how）以及为何这样做（why）

六个方面提出问题，进行书面描述，并按描述进行操作，达到完成职务任务的目标。"5W1H"分析法为人们提供了科学的工作分析方法，常常被运用到制订计划草案上和对工作的分析与规划中，并能使我们工作有效地执行，从而提高效率。

医药企业通过对消费者购买决策内容进行正确、透彻地分析，可以准确了解顾客的购买行为，从而制订合适的市场营销组合策略，提高营销效率。

五、医药消费者购买决策过程

药品消费者购买决策就是消费者为满足自身的某种需求而寻求最合适的药品或服务的解决方案。购买决策过程可分为确认需要、收集信息、产品评估、购买决策和购后行为5个阶段（如图3-3）。

确认需要 ⟶ 收集信息 ⟶ 产品评估 ⟶ 购买决策 ⟶ 购后行为

图3-3 消费者购买决策过程

（一）确认需要

确认需要是指医药消费者要确认为何购买医药商品以及购买何种产品，是整个购买决策过程的起点。因此，作为营销者应该了解引起需要的因素。一般情况下，患有某种疾病或者身体处于亚健康状态，是引起需要的基本原因。另外，刺激也是一种原因，如广告宣传色彩鲜明、动感十足等，会引起消费者注意，激发其购买需要。在此阶段，营销任务是了解医药消费者的现实需求和潜在需求，即什么原因会引起消费者购买医药商品。

（二）收集信息

当医药市场消费者产生需要时，一般情况下不会马上做出购买行为，而是为了更有利于决策而去搜集各方面信息。信息来源主要有四个方面：个人来源（家庭成员、朋友、邻居、同事、其他熟人等）、商业来源（广告、推销人员、中间商、商品包装、商品陈列、产品说明书等）、公共来源（大众媒体如报纸、杂志、广播、电视、互联网的宣传报道，科普教育等）、经验来源（以前的使用经验、已有的商品知识、使用产品的过程等）。在此阶段，营销的任务是了解医药消费者收集信息的渠道和偏好。

（三）产品评估

医药消费者在获取足够的信息之后，要对备选的产品进行分析评估。评估项目一般包括三个方面。

1. 产品方面　包括适应证、安全性、疗效、毒副作用、价格、品牌形象、广告宣传等。

2. 服务方面　包括销售门店数量、所处位置、门店的形象、服务项目、店员的服务态度和质量等。

3. 政策制度方面　包括医疗保险制度、处方药购买限制等。在此阶段，营销人员需要知道哪些是影响消费者决策的重要因素。

（四）购买决策

药品消费者通过充分的产品评估，会形成对某种药品品牌的偏好和购买倾向，作出相应的购买决策。但从"购买意念"转变为"实际购买"的过程中，会受到两种因素的干扰：一是别人的态度，包括家庭成员、相关群体、医师、医药销售人员的态度等；二是意外因素，指非预期的意外事件，如财务风险、功能风险、生理风险、社会风险、服务风险等。在此阶段，营销对策是采取适宜的优惠促销手段和沟通技巧，坚定消费者的购买决心，促使消费者作出购买商品的行为。

（五）购后行为

购后行为是指消费者购买医药商品后满意或不满意的程度，以及所带来的一系列反应。感到满意的消费者在后续行为会有积极的表现，包括再次购买，也可能向他人进行宣传和推荐该产品等；感到不满意的消费者则会出现要求退货、索赔、不再购买、对产品进行负面宣传、劝阻他人购买等消极行为。在此阶段，营销人员首先应注意进行实事求是的广告宣传，提供货真价实的产品，使消费者对产品的期望值和使用后感受基本达到一致，从而产生相对的满足感；其次，要经常征求消费者的意见，加强售后服务，妥善处理顾客的问题，消除消费者的购后不满意感。

第二节　医药组织市场购买行为分析

一、医药组织市场的概念及类型

医药组织市场是指相关企业为维持经营活动，从事医药商品生产、销售或提供医药相关服务而购买医药商品所构成的市场，一般由医药生产企业、医药商业企业、医药零售企业、各级各类医院诊所和政府机构构成。医药组织市场可分为生产者市场、中间商市场、非营利组织市场和政府市场。

（一）生产者市场

生产者市场是指购买医药商品的目的是进一步加工、生产为其他医药商品的组织或个人，如各类制药企业等。对医药商品生产者来说，若采购环节的成本控制出现问题，就会导致生产成本居高不下，降低产品在医药市场中的竞争力；若采购原材料质量出现问题，对生产企业来讲更是一种致命的打击，将面临巨额的经济赔偿压力，甚至有破产的危险。一般而言，生产企业可以选取原材料质量好、信誉高的供货商，并以招标采购的形式降低原材料采购成本。

（二）中间商市场

中间商市场是指购买医药商品的目的在于转售以获取利益的组织，包括医药商品批发商、医药商品零售商、代理商、各级各类医疗机构等。一般来说，由于中间商数量较少，市场结构影响其购买行为。若数量非常少，则有可能形成垄断，其购买行为属于垄断者的购买行为，采购价格为成本价；若数量较多，则有可能是完全竞争市场，市场竞争较为激烈，采购价格相对较高。

（三）非营利组织市场

非营利组织一般是指不以营利为目的，介于政府和社会个体之间向社会或集体提供社会服务的组织。如红十字会、慈善机构、救助机构等公益组织。非营利组织市场主要是通过政府拨款、募捐等方式筹资，采购医药商品，或者以接受捐赠的方式获得医药商品。

（四）政府市场

政府市场是指为执行政府职能而购买或租用医药商品的各级政府部门，属于非营利组织中的一个特殊部分。相对于私人采购，政府采购比较透明、对价格比较敏感，并且政府采购有明确的内容和形式要求。

二、医药组织市场的特点

与医药消费者市场相比，医药组织市场具有以下特点。

（一）购买者数量少，但购买量大

一方面，医药组织市场购买者的数量远比医药消费者市场购买者的数量少，组织市场营销人员比消费者市场营销人员接触的顾客要少得多；另一方面，组织市场单个用户的购买量却比消费者市场单个购买者的需求量大得多，医药市场上所有的产品都要经过他们的手才能形成或销售，每个购买者购买的数量之大，是任何个人消费者所不可比的。

（二）购买者地理位置相对集中

购买者所处地理位置与国家的经济政策、经济布局、经济条件、自然资源、投资环境等因素密切相关。组织市场购买者往往集中在一定的地理区域，从而导致这些区域的采购量占据整个市场的比重很大。我国的医药生产企业主要集中在东部沿海经济发达地区，如上海、广州、天津、山东、江苏、浙江等省市；大型医药商业企业、零售企业和大型医院都集中在大中城市。

（三）购买者的需求呈现派生性且弹性小

医药组织市场的需求是从消费者对医药最终产品和服务的需求中派生出来的。因此，医药组织市场购买者的需求取决于医药消费者市场对最终产品的需求，如对原料药、中间体、化工原料、中药材等的需要量，取决于医药消费者市场对以这些材料为原料的产品的需求。由于市场结构的原因，一般情况下，医药组织市场对中间产品价格的波动敏感性不大，不像医药消费者会因为价格的变化而改变购买意愿，但其受经济前景和科技发展的影响较大。

（四）购买决策过程复杂且规范化

医药组织市场的购买往往涉及大量的资金、手续以及与采购相关的众多人员，因此其购买决策过程比医药消费者复杂得多，而且需要较长的时间。另外，医药组织购买过程比较程序化，对采购的流程以及供货商的筛选、批准都有严格的标准。

? 课堂问答 ————————————————

你觉得医药组织市场与医药消费者市场有什么不同？请举例说明。

....

三、影响医药组织购买行为的因素

影响医药组织购买行为的因素很多，基本因素是医药商品的质量、价格，即性价比。在产品性价比差异不大时，医药组织购买行为主要受环境因素、组织因素、人际因素和个人因素的影响。

（一）环境因素

环境因素是指影响医药组织购买行为的外部环境因素，包括政治法律、医药科技、市场竞争、经济、人口、社会文化等。在正常情况下，这些外部因素制约着医药组织购买者的购买行为。因为医药商品的特殊性，国家的监督管理非常严格，国家法律、法规对医药组织市场的购买行为也影响较大。

（二）组织因素

组织因素是指医药组织购买者内部环境对购买行为的影响，包括营销目标、战略、政策、采购程序、组织结构、制度等。组织因素对医药商品招标采购有较大的影响，这些因素会直接影响其采购决策和购买行为。例如，采购过程的组织、采购材料的价格和质量的确定等，都会受到企业目标、企业政策和企业组织结构的影响。

（三）人际因素

人际因素是指参与购买过程中各种角色的地位、态度及利益等因素和相互关系对购买行为的影响。由于组织购买者内部人员众多且角色不同、各部门及人员的利益冲突等原因，导致不同的人际关系，其购买行为也有所不同。这是营销人员最难掌握的因素，因为它处于不断变化中，且没有太多的规律性。

（四）个人因素

个人因素是指组织购买决策参与者的年龄、收入、职位、观念、道德水平及业务素质等因素。这些因素会影响决策人员对供应商的评价，从而影响组织的购买决策和购买行为。当供应的医药产品在性价比和服务等方面相类似时，采购人员的个人因素就会产生较大的作用。

四、医药组织购买行为的参与者

医药组织购买者每次购买产品的数量较多、金额较大，对所购买的产品技术要求也较高，除了专职购买人员以外，还需要很多部门、人员的参与。根据购买组织人员在购买行为中的职责不同，可分为以下几种角色（如图3-4）。

图3-4 购买行为参与者

（一）使用者

组织购买中的使用者是指实际使用医药商品或运用医药商品提供医疗服务的人员，如一线生产人员、研发人员、医师和护士等。一般来讲，使用者也是对购买产品的主要评价者，对医药商品采购的发言权较大。例如，一线生产人员（或研发人员）能够了解各种原料药的特性、使用是否方便等情况；医师、护士能够从患者的反馈中得知药品治疗效果等信息。

（二）影响者

组织购买中的影响者是指医药组织内部和外部直接或间接影响采购决策的人员，如质量管理人员、财务经理和相关科室主任等。他们的看法或建议对最终购买决定具有一定的影响。例如，财务经理拥有资金划拨的权力，对采购何种产品也拥有一定的影响力。

（三）决策者

组织购买中的决策者是指有权决定产品品种、数量、规格、价格及供货厂家等的人，如医药企业主管采购的副总经理、医院主管采购的副院长等。决策者对医药商品的购买拥有很大的影响力，在组织中拥有较大的决策权，能够最终决定产品的购买。

（四）批准者

组织购买中的批准者是指有权批准购买决策或确定采购方案的人，如医药企业总经理、医院院长等。批准者对医药商品采购拥有最终的决定权，其影响力很大。但由于组织规模不同，其影响力也略有不同。对小型组织来说，批准者的影响力大于决策者；对大型组织来说，批准者的影响力往往小于决策者。

（五）采购者

组织购买中的采购者是指实际完成采购任务的人员，如采购人员。采购人员是具体办事的人员，一般位卑言轻，对医药商品采购的影响力较小。

◎ 案例分析

案例：

小李是××制药有限公司的采购员，负责药品生产原料的采购。按照生产需求及库存情况，小李每个月都会制订采购计划，制订好的采购计划上交给采购部张经理，张经理负责核对所购买原料的种类及数量。核对无误后移交给质管部赵经理审核，赵经理负责核对购买产品厂家的资质证明。然后移交给财务部魏经理，魏经理负责审核所购买原料的价格及付款方式。最后上交给企业总经理，批准后报给供货企业，按照合同签订的方式进行订货交货付款。在整个购买过程中，小李作为采购者要进行沟通衔接以保证整个采购过程的顺利进行。

分析：

医药组织购买行为除了专职购买人员以外，还需要很多部门、不同人员共同参与，这些参与者在购买过程中负责不同的环节并担任不同的角色，在客观上形成了一个采购中心，购买行为参与人员大多受过专门训练，富有经验。

五、医药组织的购买行为

与医药消费者购买决策过程类似，医药组织购买过程也可以分为一系列连续的、相互关联的环节。在各个环节中，由于购买类型不同，购买环节有所差异。因此，只有了解医药组织市场的购买类型，才能更好地了解其购买行为，建立良好的交换关系。

（一）医药生产者市场购买行为

1. **购买决策过程**　医药生产者市场购买决策过程复杂，主要包括8个阶段（如图3-5）。

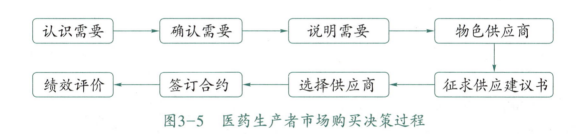

图3-5　医药生产者市场购买决策过程

（1）认识需要：当市场竞争、需求结构以及国家政策等环境因素发生变化，医药生产者会产生新的需求。任何企业在发展中都会产生新的需求。认识需要是生产者作出购买决策的起点，是由其需求决定的。

（2）确定需要：医药生产者通过市场调查、价值分析等方法判断所需医药产品的品种、性能、特征、数量等，进一步明确定性需求。确定需要是潜在需求转变为现实需求的关键环节，并且价值分析结果对采购方和供应商都至关重要。

（3）说明需要：在实施购买活动之前，医药生产者需要将定性需求的要素进行量化，即说明所购产品的品种、性能、特征、数量等，撰写出详细的技术说明书，作为采购人员的采购依据。

（4）物色供应商：医药生产者的采购人员根据产品技术说明书的要求，寻找最佳供应商。一般情况下，采购部门信息来源主要包括以下两种：①内部信息，如采购档案、现有供应商的信息、采购指南；②外部信息，如供应商的宣传、广告等。

（5）征求供应建议书：邀请合格的供应商提交供应建议书，如发布招标采购书。

（6）选择供应商：医药生产者对供应建议书加以分析评价，以确定合适的供应商。评价内容包括供应商的产品质量、性能、产量、技术、价格、信誉、交货能力等。在此过程，生产者在做出决策之前，还会与合适的供应商进行谈判，以争取更好的价格和较好的供货条件。

（7）签订合约：医药生产者根据所购产品的技术说明书、需求量、交货时间、退货条件、担保书等内容，与供应商签订合同。

（8）绩效评价：医药生产者对各个供应商的实际绩效加以评价，并作出维持、修正或终止交易关系的决定。一般采用的评价方法有两种：一是征求最终用户的意见，作为最后的评价；二是建立评价标准，对各种标准进行加权计算来评价供应商，见表3-1。

表3-1 某供应商评价标准

属性	评价标准			
	权数	差（1）	一般（2）	良好（3）	优（4）
产品价格	0.3				*
产品质量	0.3		*		
供货商服务	0.15			*	
供货商信誉	0.1			*	
供货商产能	0.05		*		
退货条件	0.1	*			

总分：$0.3 \times 4 + 0.3 \times 2 + 0.15 \times 3 + 0.1 \times 3 + 0.05 \times 2 + 0.1 \times 1 = 2.75$

注："*"表示乘号。

2. 购买类型

（1）首次购买：医药生产企业向某一医药生产企业或经营企业首次购进某种原材料或中间产品，这是最复杂的购买行为。由于企业不了解购买的商品，在采购过程中需要大量的相关信息，往往比较慎重，采购的成本高、风险大。这种购买行为为所有潜在供应商提供了平等竞争的机会，同时也意味着最大的挑战，因此供应商在对采购方施加尽可能多的影响的同时，还需要提供各种信息，帮助其消除疑虑，促使其购买。

（2）直接重购：医药生产企业从熟悉的供应商订购采购过的同类商品。采购方购买行为是惯例化的，通常选择熟悉并满意的供应商，持续采购，而且不变更购买方式和订货条款，甚至建立自动订货系统。对原有供应商来说，应努力保证产品和服务的质量，并尽量简化买卖手续，提高购买者的满意度，稳定客户关系，争取更多的订货份额。对新的供应商来说，几乎没有机会，但可以通过提供一些新产品或消除不满意来争取下一次获取订单的机会，也可以通过接受小订单来打开业务。

（3）修正重购：购货方为了更好地完成采购任务，部分调整采购方案。如购买者的市场需求、生产工艺、企业战略发生变化，则购买者会改变原来所购产品的类型、价格或其他交易条件后再进行购买；若购买者无法与原来的供应商达成新的供货协议，则可能会更换供货商。因此，原供应商需要做好市场调查和预测，努力提高产品质量，降低成本，并不断开发新产品，从而迎合采购方变化的需求，巩固现有顾客，保住既得市场。

医药生产者购买决策的复杂性取决于其购买类型，不同购买类型的购买决策过程是不尽相同的，见表3-2。

表3-2　生产者购买决策过程

购买阶段	购买类型		
	首次购买	直接重购	修正重购
认识需要	是	否	可能
确定需要	是	否	可能
说明需要	是	是	是
物色供应商	是	否	可能
征求供应建议书	是	否	可能
选择供应商	是	否	可能
签订合约	是	否	可能
绩效评价	是	是	是

（二）医药中间商市场购买行为

1. 医药批发商和医药零售商的采购　医药批发商和医药零售商的购买类型与生产者购买类型大同小异，主要包括首次购买、直接重购和修正重购三种类型，但其购买行为过程也有自身的特点。因其购买医药商品的目的是转卖，主要以盈利大小为标准选择供应商。中间商总是试图从原有供应商获得更为有利的供货条件，同时也在寻求符合自己利益的新供应商，以提高盈利水平。中间商与供应商的关系往往不是很稳定，潜在的矛盾和冲突较大。其采购流程（如图3-6）主要包括5个部分。

图3-6 医药批发商和医药零售商的采购流程

2. 医院药品采购

（1）集中招标采购：即多个医疗机构（招标人）通过药品集中招标采购组织，以招投标的形式购进所需药品的采购形式。近年来，我国药品集中带量采购改革取得明显成效，在增进民生福祉、推动三医联动改革、促进医药行业健康发展等方面发挥了重要作用。国家卫生健康委员会根据临床用药需求，结合医保基金和患者承受能力，合理确定集中带量采购药品范围，保障药品质量和供应，满足人民群众基本医疗用药需求。坚持招采合一，量价挂钩。明确采购量，以量换价、确保使用，畅通采购、使用、结算等环节，有效治理药品回扣。

（2）药品备案采购：是指为满足医院临床用药的需求，对属于备案采购范围内的药品，按照一定的程序规定进行议价，医院按照统一公布的议定价格进行采购的一种方式。医院备案采购是药品集中招标采购的一种补充，主要适用于药品集中招标采购目录范围之外的临时、急需药品的采购。

（3）社区医院：是指在城市范围内设置的、经相关卫生行政部门登记注册，并取得"医疗机构执业许可证"的社区卫生服务中心和社区卫生服务站。国家规定，社区医院只能采购国家基本药物目录和增补目录的品种，不能采购其他品种。对基本药物的采购实行集中采购。

> **知识链接**
>
> ### 药品集中带量采购
>
> "药品集中带量采购"是以"国家"为单位进行药品的集中采购，目的是"以量换价"，推行带量采购的目的就是让群众可以以较低的价格用上质量更高的药品。
>
> 2018年首次提出"4+7"试点城市带量采购，到联盟地区带量采购，再到现在的全国药品集中采购，带量采购将持续落地，成为大方向。2021年1月28日，国务院发布《国务院办公厅关于推动药品集中带量采购工作常态化制度化开展的意见》，明确指出药品集中带量采购是协同推进医药服务供给侧改革的重

要举措。党的十九大以来，按照党中央、国务院决策部署，药品集中带量采购改革取得明显成效，在增进民生福祉、推动三医联动改革、促进医药行业健康发展等方面发挥了重要作用。文件明确了集中带量采购的覆盖范围，①药品范围：按照保基本、保临床的原则，重点将基本医保药品目录内用量大、采购金额高的药品纳入采购范围，逐步覆盖国内上市的临床必需、质量可靠的各类药品，做到应采尽采。符合条件的药品达到一定数量或金额，即启动集中带量采购。积极探索"孤儿药"、短缺药的适宜采购方式，促进供应稳定。②企业范围：已取得集中带量采购范围内"药品注册证书"的上市许可持有人，在质量标准、生产能力、供应稳定性等方面达到集中带量采购要求的，原则上均可参加。③医疗机构范围：所有公立医疗机构（含军队医疗机构，下同）均应参加药品集中带量采购，医保定点社会办医疗机构和定点药店按照定点协议管理的要求参照执行。

◦···· 章末小结 ·········

1. 根据医药消费者的购买态度，可将消费者购买行为分为习惯型、理智型、经济型、冲动型、疑虑型、感情型和躲闪型七种类型。

2. 影响医药消费者购买行为的有关因素，包括文化因素、相关群体因素、家庭因素、个人因素、心理因素和产品因素六大因素。

3. 医药消费者购买决策内容主要包括购买什么（what）、何时购买（when）、何地购买（where）、何人购买（who）、为何购买（why）、如何购买（how），简称"5W1H"。

4. 医药消费者购买决策过程可分为确认需要、收集信息、产品评估、购买决策和购后行为5个阶段。

5. 医药组织市场购买行为的影响因素包括环境因素、组织因素、人际因素和个人因素等方面。

6. 医药组织购买行为的参与者主要包括使用者、影响者、决策者、批准者、采购者。

7. 医药生产者市场购买决策过程主要包括认识需要、确定需要、说明需要、物色供应商、征求供应建议书、选择供应商、签订合同和绩效评价8个阶段。

一、简述题

1. 简述医药消费者的购买类型及相应的营销对策。
2. 简述医药消费者购买决策过程及购买行为各阶段应采取的营销对策。
3. 医药组织市场的类型及购买行为的参与者。

二、案例讨论

药店的季节属性营销方案

药品是紧扣季节性的商品，应针对不同季节，突出销售重点，营销不能以单品为主，但可在系列上突出单品。

春——红火节日生意忙

"一年之计在于春"，春季主要包括春节、元宵节、妇女节和清明节4个节日。告别寒冷，春天是万物复苏之始，也是疾病易发和传染的季节。身体疲劳、头疼脑热很常见，再加上细菌病毒繁衍、传播快，药店销量较多。春季冷暖空气频繁交汇，易发疾病有鼻炎、流感、肺炎、麻疹、手足口病和皮肤病。随着人们健康观念的变化，在商家和媒体的影响下，逐渐树立起"送礼送健康"的新消费观。近年来，许多连锁药店几乎都把参茸一类的贵重药材和保健品放到了显眼的位置，到药店买参茸、燕窝、冬虫夏草一类的贵重礼品包和保健品作为礼品也大方得体，顺应了顾客的心理。药店在此期间的营销方案确定后，还不可忽略店堂陈列与氛围的营造，与平常淡色调的专业感不同，此时要烘托出吉祥、喜庆、物品饱满的效果。

夏——消暑药品唱主角

进入夏季，由于天气炎热，人们户外活动减少，夏季是一年中药店销售的淡季，夏日药品销售一般具有稳定性，每年的产品用量和销量多维持在一定数量上。要想让"淡季不淡"，药店季前可做好前期拜访客户的工作，如印刷防暑降温宣传小册子，提前开展团购工作；季中，店内张贴"防暑"产品宣传画，向顾客传播夏季养生知识及季节性常发病的预防注意事项，收银台适宜摆放清凉油等价格便宜、体积小的便捷性产品，激发购买欲望。药店可别出心裁布置"清凉一条街"等药品展区，对于夏季热销的各类花茶，店内可免费试饮，带动消费。要特别注意的是，虽然夏季以防暑降温药品为主，但保健品之类的滞销产品也不能听之任之，买赠等促销活动应同期推广，将目标品类与关联品类优化组合，纳入营销方案中。

秋——礼轻情更浓

随着秋季的到来，药店也进入了销售旺季，常见病症和慢性发病人群开始增多，秋季营销活动也在夏季营销的基础上继续。在保证老顾客不流失，并提升来店频次及客单价的情况下，提升新顾客数量是营销的重点。秋季同春季类似，节日较多，如教师节、中秋节、国庆节、重阳节。中秋节、重阳节为家中老人选择礼品的居多，各类保健品相继上架，这时，货架陈列端最好以组合的形式罗列为佳，以求搭档销售。例如，按摩椅与足浴盆搭档，让父母享受从下至上的温暖享受。同时，节日前期店内陈列与夏季风格又要发生变化，应以温暖色调及陈列来凸显温馨氛围。另外，由于秋天季节干燥，气温凉爽，促使护肤品、化妆品及一部分保健品进入畅销期，"健康美丽节"等与药妆、日化、保健于一体的营销活动可以陆续推出，从而"月月有活动，天天有实惠"，保证促销活动的连续性。

冬——进补正当时

冬季调神养生，注意多种养生方法，讲究"养藏之道"。许多药店瞄准"养藏之道"带来的商机，在冬季到来之际，尤其是冬至前后，推出一系列与养生进补相关的活动。药店会特别聘请一些名老中医，针对每个消费者的症状和自身特点，还要考虑气候、地理、生活习惯等因素，专门拟定药方。另外，冬季是儿童呼吸道疾病的高发期，可针对儿童开展一系列的身体检查活动，以便联系顾客感情，维护发展客源。

讨论：

1. 药店的季节属性营销方案是否合理？
2. 如果你是一名药店销售服务人员，针对该方案有何建议？

第四章
医药市场调查

学习目标

- 掌握　调查问卷的设计方法和注意的问题。
- 熟悉　医药市场调查的方法和工作流程。
- 了解　调查报告的结构及撰写要领。

⏎ 情境导入

情境描述：

　　小张是一所卫生学校毕业的学生，通过自己的努力现在已经是一家连锁药店的店长。小张发现，最近一年药店的经营状况不太好，顾客稀少、连月亏损，店员销售的积极性也逐渐下降。到底是什么原因呢？是药店服务方面的问题？还是消费者的需求发生了变化？还是周边药店推出了新的促销策略？小张决定对所有可能的原因做一次深入的市场调查。

学前导语：

　　医药市场调查将带领大家学习市场调查的内容，通过调查方法、调查步骤的设计，寻找医药市场经营的相关信息。通过调查问卷的设计、调查分析，找出经营中存在的问题和解决措施，从而促进医药市场的健康发展。

第一节 概述

一、医药市场调查的概念与作用

（一）医药市场调查的概念

医药市场调查是根据预测、决策的需要，运用科学的方法和手段，有目的、有计划地收集、记录、整理、分析和报告有关医药市场信息的活动。医药市场调查是认识市场、获得市场信息的最基本方法，通过调查，提供医药市场各种数据和分析研究结果报告，为企业经营决策提供依据。

（二）医药市场调查的作用

医药市场调查的主要作用表现为以下几个方面。

1. 医药市场调查可以帮助医药企业确定经营目标。

2. 医药市场调查可以了解医药市场的供求状况，推广适销对路的产品。

3. 医药市场调查可以发现经营过程中存在的问题，改善医药企业经营管理水平，提高经济效益。

4. 医药市场调查可以使医药企业发现新市场，扩大销售额。

🔍 案例分析 --

案例：

近年来，大健康行业迎来了高速发展和变革的时期。为了能将科普变成令大家喜闻乐见的内容，21金维他〔通用名称：多维元素片（21）〕在科普的形式、内容、渠道等方面都做了许多创新探索。2019年，21金维他和某医学健康服务平台合作，通过一系列国人饮食健康调研以及不同角度的专家解读，提出"吃的不一样，营养自然不一样"的健康主张。21金维他和某医学健康服务平台还联合发起了"2019国民营养现状调研"，将调研结果以长图的形式呈现出来，让消费者认识到大多数人属于东方膳食结构，先天遗传加上生活习惯、饮食习惯等因素可导致某些维生素和矿物质缺乏，产生一些疾病或身体不适症状，且大多数人对维生素和矿物质的缺乏而导致的问题重视程度偏低，以此提醒消费者提升维生素和矿物质的科学补充意识，成功地将科普渗透到了消费者的日常生活。

分析：

该品牌通过调研，用寓教于乐的方式将调研结果呈现出来，将专业、晦涩的医学知识变成大家容易接受和理解的内容，让消费者认识到补充维生素和矿物质要找到适合自己的，令科普更接地气，大大提升了品牌影响力和消费者的信任度。

二、医药市场调查的类型

（一）根据市场调查的性质和目的分类

根据市场调查的性质和目的不同，可分为探测性调查、描述性调查、因果关系调查三种类型。

1. 探测性调查 又称非正式调查或试探性调查，指在调查的开始阶段为明确医药企业存在的问题所进行的调查。它的主要作用是发现问题，查明问题产生的原因，找出问题的关键，探讨解决问题的办法。即利用一些初步的数据来探讨某个问题的性质。例如，在某种药品的营销过程中，销售量突然发生较大变化（上升或下降），要弄清是什么原因、问题的关键在哪里，是质量问题还是价格问题，或是市场上有了强劲竞争对手，这时就需要采用探测性调查来发现问题。

探测性调查的主要特征是灵活性和多样性，资料来源主要有现存资料、请教有关人士或参考以往类似实例。

2. 描述性调查 是指对市场营销活动的某个方面进行客观描述的调查。所要回答的是"什么""何时""如何"等问题，例如，调查医药市场的潜在需求、某种医药市场销售情况、市场竞争情况等。

描述性调查是以获得一般性的市场信息为主的调查，十分重视事实资料的收集与记录，多数以问卷的形式出现，是最普遍、最常见的调查。

3. 因果关系调查 是根据客观资料，进一步调查各种市场因素的相互关系，找出何者为因、何者为果。例如，某种治疗性药品销量的下降，是否由于某种预防性药品的推出；某种药品销量的增加是否是受到政府某种调控政策的影响等。

因果关系调查的重点是了解市场变化的原因，调查的主要方法为实验法。

（二）根据市场调查对象的范围分类

根据市场调查对象范围的不同，可分为普查、典型调查、抽样调查三种。

1. 普查 又称全面调查，是对调查对象的总体进行的全方位调查，如人口普查、中药资源普查、某种疾病的普查等。这种方法可以获得大量的比较准确的总体资料。普查是一种一次性调查，获得的是在某一时间点上和一定范围内的调查对象的多种信息。此种方法的优点是获得的数据全面且可靠；缺点是费时、费力、费钱，组织难度大，一般不轻易采用。

2. **典型调查** 即在调查对象中选择某些典型或重点因素进行调查，并根据调查结果推断总体状况的方法。其关键在于正确选择典型，否则就难以得到准确的结果，失去调查意义。

3. **抽样调查** 是从全部调查对象（总体）中抽取部分对象（样本）进行调查的方法。例如，某药品企业购入枸杞1 000包，需要进行质量和等级验收，此时不必对全部货物进行拆包检查，而只需随机抽取一部分进行检查，计算出等级品率和抽样误差，从而推算出这批药品的质量和等级情况，并用概率表示推算结果的可靠程度。

🔗 **知识链接**

抽样方法

抽样方法大体上可以分为两类：一是随机抽样，二是非随机抽样。

随机抽样是按照随机的原则抽出样本，即完全排除人们主观意识的选择，在总体中每一个体被抽出的机会是均等的。随机抽样的具体方法有以下几种：简单随机抽样、分层随机抽样、分群随机抽样、等距离随机抽样。

非随机抽样又称非概率抽样技术，它是指按照调查目的和要求，根据一定的主观设定的标准来选择抽取样本，也就是总体中的每一个体被选择抽取的机会不均等。非随机抽样的具体方法有以下几种：任意抽样、判断抽样、配额抽样等。

（三）根据市场调查的时间分类

1. **定期性调查** 指企业对市场情况或业务经营情况，按时间定期进行的市场调查，如月末调查、季末调查、年终调查等。

2. **不定期性调查** 又称经常性调查、连续性调查，指在选定调查内容后，长时间不间断地调查，以便搜集具有时间序列化的资料。调查的时间、内容一般不固定，如企业内部经营状况的连续性统计。

3. **临时性调查** 又称一次性调查，指企业为了研究某一特殊问题或根据市场的某些特殊情况而进行的临时性市场调查。如企业为了新产品的研发，或建立新的营业网点等进行的市场调查。

（四）根据资料的来源分类

1. **案头调查** 指利用各种现有的文献、档案，对现成的资料进行收集、分析的调查。案头调查节约时间和费用，同时也为实地调查打下基础，但所得的资料是二手资料，必须进行筛选和评价，确保信息的真实可靠。

2. 实地调查 指深入现场，与调查对象直接接触，从而获取有关资料的市场调查，实地调查花费的时间较多，费用也较大，但能够获取重要的一手资料。

知识链接

什么是一手资料和二手资料？

二手资料是指通过别人收集并经过整理的现成资料，包括内部资料和外部资料两类。内部资料指企业经营信息系统中贮存的各种数据或资料。外部资料指公开发布的统计资料和有关市场动态及行情等信息资料，其来源于政府相关部门、市场研究或咨询机构、广告公司、期刊、文献和报纸等。二手资料的收集花费少、来源多、涉及面广，但适用性差，需进一步加工处理。

一手资料是指调查人员现场收集或通过与企业内部的工作人员座谈，访问某些专家、用户或有关的营销人员而获取的资料。一手资料可靠性大、适用性强、质量好、时效性强，但是成本较高、耗费时间长、受时空限制、影响因素较多，对调查者的要求高。

三、医药市场调查的内容

医药市场调查的内容可涉及医药经营的各个方面，主要概括为以下4个方面。

1. 医药市场需求的调查 最大限度地满足消费者的需要是医药产品经营活动的中心和出发点。因此，医药市场需求的调查，也就成为医药市场调查的核心内容。医药需求的调查主要包括医药现实需求和潜在需求总量以及变化趋势的调查、消费者数量分布的调查、消费者结构的调查、医药人均拥有量的调查、医药替代产品状况的调查、消费者对特定药品需求的调查、售后服务满意度的调查等。

2. 医药市场供给的调查 即对医药产品及替代产品的资源和构成情况的调查。主要包括生产规模、产品结构、技术水平、新药开发、产品质量、包装装潢、产品寿命、生产经营条件及其发展变化趋势等。

3. 医药企业经营状况的调查 主要调查企业生产经营医药产品的状况，如成本、价格、效益、资金、不同企业的经营差别、主要竞争对手情况、促销策略、广告策略、销售方式、销售渠道、人才状况等。

4. **医药市场环境调查** 即对企业所处的市场营销环境进行调查，内容主要包括经济环境、政治法律环境、科技环境、竞争环境、自然地理环境及社会文化环境的调查等。

第二节 医药市场调查的方法及工作流程

一、医药市场调查的方法

根据医药市场调查的信息来源不同，可以分为案头调查和实地调查两种方法。

1. **案头调查** 又称为二手资料调查法或文案调查法，即调查人员在充分了解调查目的后，对二手资料进行搜集、筛选、分析，进而提出有关建议，为企业相关人员决策提供参考。案头调查的特点是可以以较快的速度和较低的费用得到二手资料，但是加工审核工作较难，时效性较差。案头调查的步骤如下。

（1）评价二手资料：评价二手资料就是看资料是否正确；是否能满足课题要求；是否具有一定的时效性；是否具有一定的专业程度和水平；是否真实可靠。

（2）搜集资料：调查项目确定后，遵循从一般线索到特殊线索搜集，最终得到详尽的、较可靠的资料。

（3）筛选资料：资料搜集结束后，调查人员要根据要求，剔除与课题无关的资料和不完整的情报。此过程要求调研人员有一定的技术水平，对资料的取舍得当。

（4）撰写案头报告：案头报告即对此次调查工作的总结，是企业决策的重要依据。报告撰写时应注意针对性强、有说服力、结论明确、时效性强。

2. **实地调查** 实地调查是对一手资料进行搜集、筛选的调查活动。其优点主要有资料的正式性强、及时性强等，不足之处是耗费时间长、成本高、受时空限制、影响因素较多、对调查人员的知识和实践经验要求高。针对不同的对象，要采用不同的方法搜集信息资料，主要有三种方法：访问法、观察法、实验法。

（1）访问法：是指选择一部分代表人物作为样本，通过访问和填写询问表征询意见。按照与被调查者的接触方式不同，可以分为以下几种方法。

1）面谈访问法：是指调查人员按事先准备的调查问卷或提纲当面询问被访问者以获取资料。主要靠"走出去"的方式，但也可以"请进来"，如采用用户座谈会的方式。优点是：调查结果的回收率高，收集资料全面，资料真实，当面听取被访问者的意见，还能观察其反应，发现新问题。缺点是：费用高、范围窄，调查结果受调查人员技术熟练程度的不同和个人理解的影响大。

2）电话访问法：是指由调查人员利用电话提出问题，请被访问者作出回答。优点是：时间短、速度快、费用低，不受调查人员在场的心理作用影响，使被访问者能畅所欲言。缺点是：受通话时间的限制，调查问题少而简单，无法收集深层信息。

3）信函访问法：是指通过信件、报刊广告页、产品包装等途径，把事先设计好的调查问卷分发给被访问者，请他们按要求填好后再寄回。优点是：调查面宽、样本量大、成本低，不受调查人员在场的影响。缺点是：回收时间周期长，被访问者也常常误解问卷的意思，问卷回收率低，一般只有15%~20%的问卷能收回。调查者可以采取有奖征答等办法提高问卷回收率。

4）会议访问法：是指通过召开有关会议，利用会议的便利条件展开市场调查的一种调查方式。各种各样的会议如药品订货会、物资交流会、展销会等，都是开展市场调查的有效场所。调查的形式主要有发调查表、出样订货、召开座谈会或个别交流等。

5）网络访问法：是指计算机网络技术和传统调查技术相结合的，为适应网络时代而出现的一种现代调查方法。主要用来做产品研究方面的市场调查，如产品市场占有率、产品推广渠道等内容的调查。

🔗 知识链接

网络访问法的特点

优点：①方便快速，时间地点不受限制；②利用多媒体技术，具有声图文并茂的友好的交互界面的特有优势；③在一定程度上可以降低调研成本，省去调研实施过程中的访问员费用等人工介入成本、礼品费、交通费等支出项；④减少了传统调研"入户难"的难度，在一定程度上提高了问卷的应答率；⑤客观性较强，应答者可以不受调查人员经验、情绪等主观因素的影响，能获得真实反映应答者态度的数据；⑥问卷处理程序简化，可以减少数据录入和数据转换等工作。

缺点：①网络调查的样本局限于网民，并不能代表所有消费者，不具有总体代表性；②网络安全性和个人资料的保密问题。被调查者由于顾虑网络的安全性会不配合调查，调查机构必须承诺参与调查是安全的，不会泄露个人隐私。

（2）观察法：观察法是调查人员对某一具体事物进行直接观察、如实记录。观察法的特点是：客观实在，能如实反映问题，但是只能观察表面现象，不能够说明购买的动机和意向。观察法的方式主要有以下四种。

1）直接观察法：即直接对调查对象进行观察。如药店想要了解客流变化情况，可以安排调查人员在药店的入口处和停车场观察不同时间的人数变化情况。

2）亲自经历法：调查人员亲自参与某种活动收集有关资料，如企业要了解中间商服务态度的好坏，可以派人到他们那里购买药品，但需注意不要暴露身份。

3）痕迹观察法：不直接观察调查对象的行为，而是观察他们留下的实际痕迹，如观察消费者浏览货架的痕迹。

4）行为记录法：在调查现场安装收录、摄像及监听、监视设备，调查人员不必在现场，即可对调查对象的行为和态度进行观察、记录和统计。如想要了解顾客进入药店后的行进方向，可以在店内天花板上安装摄像机，记录顾客的行进路线。

（3）实验法：实验法是从影响医药市场调查问题的诸多因素中选出1~2个因素，将它们置于一定条件下进行小规模实验，并对实验结果进行分析的一种方法。这种方法应用广泛，特别是因果性调查经常采用，包括实验室实验和销售区域实验两种方法。实验法的特点是：科学，可以获得较正确的一手资料；但是干扰因素多，实验时间较长，成本较高。

⊙ **课堂问答**

你知道哪些网站可以做市场调查吗？能搜索几个和大家分享吗？

二、医药市场调查的工作流程

医药市场调查的重要环节主要是两个方面，即资料的搜集和调查分析。资料搜集是为调查分析提供数据，调查分析是对提供数据进行分析并写出调查报告。企业的战略目标、经营管理计划等都是根据调查报告来制订的。所以为了保证调查的系统性和准确性，医药市场调查一般应遵循以下5个步骤（图4-1）。

图4-1 医药市场调查的步骤

1. 确定调查目标 当目标明确以后才能确定调查对象、调查内容和调查方法。确定调查目标，即为什么要调查，调查什么问题，具体要求是什么，收集哪些资料等，全部调查过程都要为达到这个目标而展开。例如，某药品企业产品销售量下降，就需要查找原因：是产品质量问题，还是竞争对手向市场投放了更好的新产品，或是该产品的市场需求趋于饱和等。此时应将产品销售量下降这一问题确定为调查目标。再如，目前在国际中药销售市场每年高达上百亿美元的总量中，我国的中药销量却占很少份额，而且其中大部分是原料药。那么，制约中药国际化的原因何在？这就需要针对制约中药出口的各种因素来进行调查。

2. 制订调查方案 确定调查目标后，接着要制订调查方案，包括调查方案和调查工作计划。调查方案，就是对某项调查的设计和安排，包括调查的目的要求、调查项目、调查对象、调查问卷、调查范围、调查资料的收集方法等内容，它是指导具体调查实施的依据。调查工作计划是指对某项调查的组织领导、人员配备与培训、考核方法、完成时间、工作进度、经费预算等的预先安排，目的是保证调查工作有计划、有秩序地进行，以保证调查方案的顺利实现。

🔗 知识链接

调查人员的培训内容

1. 市场调查业务培训

（1）项目方案介绍：将调查项目方案向调查员作简单介绍，使其对调查的总体有所了解，以便更好地完成调查工作。

（2）熟悉问卷和试填写：使参加调查的工作人员了解调查问卷的内容，并且加以记忆。要求调查员进行试填写，规范作答的方式。

（3）调查实施的技巧：包括接近技巧、记录技巧及发生特殊情况时的处理等。

2. 职业道德培训

（1）思想道德方面：实事求是，不弄虚作假；诚实守信，保守秘密；谦虚谨慎，礼貌待人。

（2）性格修养方面：耐心细致、不急躁；克服畏难心理，愿意与人交流、深入实际。

3. 实施调查，收集资料 调查的组织实施方案确定后，要按计划组织实施，按确定的时间进度，组织资料的收集工作。收集资料是市场调查最基本的工作，是最重要的一环。通常先收集第二手资料，当现成的二手资料不能解决调查的问题时，企业必须针对问题收集一手资料。收集一手资料即实地调查，实地调查的好坏将直接影响调查结果的正确性。

4. 整理分析资料　将收集到的资料，按照调查目标的要求通过整理分析，得出调查结论，以供决策参考。整理资料一方面是将调查收集到的资料进行筛选，并对其可靠性进行审核；另一方面是将资料按照市场调查的主题进行分类、编码、汇总，以便查找归档、统计分析。分析资料即利用统计分析方法对原始资料进行运算处理，根据运算结果对研究总体进行定量的描述与推断，并得出市场调查结论。

5. 撰写调查报告　撰写调查报告是市场调查的最后一步。调查报告是用文字、数字、图表的形式反映整个调查报告内容和结论的书面材料，是整个调查结果的集中表现。用调查得来的资料对所调查的问题进行分析，得出结论，并提出实现调查目标的建设性意见。调查报告是反映调查质量的重要标志，也是决策者最为关心的，十分重要。

🔗 知识链接

一名干练的调查员应具备的素质

1. 富有创造力和想象力。
2. 使被访者对问题产生浓厚兴趣，并使被访者有其自由发言的交谈技术。
3. 十分清楚调查问卷，并能使被访者说出想要说的话。
4. 具有发现和挖掘被调查者的习惯及隐藏的动机与能力，有调查时必备的经验和技巧。

第三节　医药市场调查问卷的设计

一、调查问卷的概念及结构

1. 概念　调查问卷又称调查表，是一种以书面形式了解被调查对象的反应和看法，并以此来获得资料和信息的载体。

2. 问卷的结构　问卷设计是根据调查与预测的目的，以一定的格式，将需要了解的项目有序地排列组合成调查表的过程。调查问卷能使调查内容标准化、系统化，便于收集、整理和汇总。调查问卷通常由基本内容、填表说明和被调查者的基本情况三部分构成。有些调查问卷还须统一编号，以便分类、归档或计算机处理。调查表设计的好坏对调查结果影响较大，个别项目若设计不合理或调查方法不合适，就会使调查效果受到影响。因此，应先拟定初稿，进行小范围预调查，经修改完善后，再印刷和发送。

> ⑦ **课堂问答** ─────────────────
>
> 同学们回想一下在日常生活中，接触过调查问卷吗？大体是一些什么项目？
> ....

二、调查问卷的设计原则

1. 易得到被访问人的合作，利于双方交谈　在拟定调查表时，不要提出与对方无关或不感兴趣的问题，提出的问题必须清楚、明了。

2. 便于被访问人回答　问题的提出要由近及远，逐步启发，不要一下提出不易回答的问题。

3. 防止偏见　提问的内容和次序都会影响被调查对象的回答。因此，要防止使用形成单一答案的提问，合理布局问题的排列顺序。

4. 提出的问题语气要自然，有礼貌，还要有趣味，易懂易记。

5. 调查问卷的设计要便于数据处理。

三、调查问卷的常用题型

1. **两项选择题**　即让调查对象在"是"与"否"、"有"与"无"、"好"与"不好"、"喜欢"与"不喜欢"、"同意"与"不同意"等两种对立的答案中选一个答案，是一种最简单的询问方式。例如，某药厂对某感冒药的使用情况进行调查时设计的问题是：

（1）您在感冒时，经常使用该药吗？请在（　）内打"√"。A.是（　）；B.否（　）。

（2）该药作为您的常备药吗？请在（　）内打"√"。A.是（　）；B.否（　）。

这种形式可以明确表明被访问者的态度，但不能表示出意见的程度差别。

2. **多项选择题**　即让调查对象从事先预备的多项方案或结论中，选择一项或数项。例如，药厂需对某药的临床使用情况进行调查，可进行如下设计：

您在同类药品中选择某药的主要原因是什么？请在（　）内打"√"。

A.疗效好（　）；B.价格便宜（　）；C.副作用小（　）；D.用药方便（　）。

这种方法使被访问者回答较自由，没有局限性，甚至还可以设计其他项目，由被调查者填写，但是备选答案的设计较为复杂。

3. 顺序填空题　即让被调查者，根据自己所掌握的资料或认识的程度，对问题中所列出的项目排出先后顺序。例如，某药厂要在医疗机构的药房对其生产的不同药品的销售量进行调查，问卷设计如下：

请根据药房中的年度销售情况，对下列药品的销售量排出顺序（把顺序填在各药前面的括号内）。

（　）A药；（　）B药；（　）C药；（　）D药；（　）E药；（　）F药。

被调查者可以将项目进行排列，以收集有关消费者的评价及药品的市场地位方面的信息。

4. 程度评定题　即要求被访问者表示出对某个药品或问题的认识、爱好程度。例如，药厂准备在胆囊炎患者中调查其产品A药的市场需求情况，问卷设计如下：

（1）您是否想用A药治疗您的胆囊炎？请在（　）内打"√"。

想用（　）；不一定想用（　）；不想用（　）。

（2）您认为A药的价格如何？请在（　）中打"√"。

很高（　）；较高（　）；合理（　）；便宜（　）。

5. 配对比较题　即把所提的问题配成对，让被调查者从中选择一个。此法在测量同类产品在被调查者心目中的地位时常用。例如，药厂需要调查B药的临床疗效与同类产品的对比情况，问卷设计如下：

请比较以下所列药品左边和右边的哪一种疗效好，并在您认为疗效好的（　）中打"√"。

A药（　）与B药（　）；B药（　）与C药（　）；C药（　）与A药（　）。

6. 自由回答题　问卷只提出问题，不列出答案，由被调查者自由回答，不受标准答案的约束，答案能真实反映被调研者的想法，有利于搜集建设性的意见，缺点是对答案的整理分析比较困难，所以在一份调查问卷中只能占小部分。例如，"您对某药品的销售有何看法？""您为什么选择这家药店？"等。

> ❓ **课堂问答**
>
> 多项选择法设置的答案越多越好吗？你认为几个比较合适？

四、调查问卷的设计流程

（一）确定调查目的

调查的目的就是出发点，所以首先要正确地确定调查目的。

（二）确定信息搜集方法

信息搜集有多种方法，如面谈访问、电话访问、信函访问、会议访问等。每一种方法的选择都要根据所确定的调查目的及调查对象的范围来确定。如调查一个药店的经营状况，适合采用面谈访问，而不需要采用信函或电话访问。

（三）确定问题的类型

问卷问题的回答形式主要有开放式和封闭式，多数选择封闭式。

🔗 知识链接

问卷设计技巧

1. 封闭式提问法　事先设计好问题的答案，被调查人员从中选择。这种提问方式便于统计，但答案固定，显得呆板。

2. 开放式提问法　允许被调查者用自己的话来回答问题。在一份调查表中，开放式问题不宜过多，因为开放式问题回答难度大，不易统计。

（四）决定问题的措辞

调查问卷表述的问题措辞要认真研究，它是能否与被调查者很好沟通的关键，基本要求如下。

1. 用词要清楚、准确，通俗易懂。

2. 避免使用诱导性用语，以免使被访者违背自己的真实意见。

3. 不要使用模棱两可、含糊不清的用词。

4. 要考虑被访者回答的意愿和能力。

（五）确定问题的排列顺序

问题的排列顺序是问卷设计成功的关键。问题联系越紧密、有层次，访问者就越易得到完整的回答，得到更有价值、更真实的信息。为了形成合理的结构，应重点注意两点：第一，要使被访问者顺利地回答你的问题；第二，要便于调查后资料的统计和分析。常见的问卷问题排列顺序有以下几种。

1. 类别性顺序　把同类性质的问题安排在一起，不能把不同性质或类别的问题交错在一起。这样可以避免被访问者回答问题时思路中断和来回跳动，以至于不愿回答或者应付回答问题。

2. 时间性顺序 将问题按时间顺序来安排，按照由过去到现在，再到将来的顺序。

3. 内容性顺序 将问题按其复杂和困难的程度来排列，一般来说，应该先易后难、由浅入深；先一般性质的问题、后特殊性质的问题。对于敏感性问题应放在最后面，提高应答率。

4. 逻辑性顺序 将原因性的问题放在前面，结果性的问题放在后面，以便进行资料的分析。

（六）评估问卷

问卷初稿完成以后，应再做一些评估性工作，看是否有需要修改的内容。在评估过程中重点考虑：问卷的问题是否必要；问卷内容是否提供了调查目标所需要的信息；问卷是否太长；开放式问题是否留有作答空间等。表4-1为典型问卷的组织形式。

表4-1 一份典型问卷的组织形式

位置	问题类型	问题功能	例子
开始部分	宽泛的一般性问题	打破僵局，建立被调查者的信任感	您用过感冒药吗？
随后的几个问题	简单而直接的问题	让被调查者放心，调查既简单又容易回答	您用过的感冒药有哪些？
占到问卷1/3篇幅的问题	有侧重点的问题	与调查目标关系密切，告诉被调查者涉及的领域	您最喜欢用哪一类的感冒药？
问卷的主体部分	有侧重点的问题，难度相对较大	获取调查所需的大多数信息	您对感冒药的类别了解吗？
最后几个问题	被调查者可能会认为是敏感性的个人问题	获取关于这个被调查者自身的分类信息和人口统计信息	您的月收入大约是多少？

（七）预调查与修改

在调查问卷启用之前，先进行预先测试。通过测试发现问卷中存在的错误、不连贯的地方，为封闭式问题寻找遗漏的选项以及被访者的一般反应。预调查的形式要与正式访问的相同。测试完成后，需要改变的地方要切实修改好，改动较大的需要进行第二次测试。

（八）定稿与印刷

问卷设计完成后，就可以正式定稿和印刷。

🔍 **案例分析** ┄┄

案例：

某私营药店近两个月效益一直不太好，顾客稀少，老板认为是附近新开的药店影响了效益。店员小李是药品营销专业毕业的，工作认真，勤奋好学，老板一直很欣赏他，就和小李商量提高客流量的办法。小李认为客流量下降的原因可能不只是新开药店的原因，于是他把平常观察到的一些问题，结合自己学到的知识进行细致的分析和研究，最后以调查问卷的形式，发给顾客。通过整理分析问卷，得出结论：①一些经典品种缺失；②会员优惠较少。

分析：

通过调查问卷的形式进行市场调查，可以帮助经营者找出营销过程中出现的问题，调整经营策略，更好地服务于大众健康事业。

┄┄

五、调查问卷设计的注意事项

调查问卷的设计应注意以下问题。

1. 设项的必要性　列入调查问卷的每个项目，应是调查课题所必需的，没有价值或无关紧要的不应列入，与调查课题虽然有一定关系但被调查者无法回答或者不愿回答的问题不宜列入。

2. 问卷形式　调查问卷采用何种问卷形式，应根据调查内容和调查对象的特点来确定。如有些属于质量性的问题宜采用自由问答式，有些比较性的问题可采用选择式。提出问题应具体明确，便于被调查者回答。

3. 问卷用语　应避免以下问题：①使用含糊不清、模棱两可的词语；②使用引导性或暗示性问语；③使人反感的或涉及隐私或引起尴尬的问题。

4. 问题排列　应注意调查项目的排列顺序，使之条理清楚，有利于提高回答问题的效果。同类型或成套的问题可以排在一起；简单的问题、被调查者较为关注的问题可放在前面；复杂的问题、被调查者较难回答的问题应放在后面。

案例:

您好!我是××连锁企业的负责人,我们准备在本市新设立一家连锁药店。为了解市场情况,需要您填写这份问卷,您所提供的个人看法与信息对我们的下一步研究与策划方案非常重要,希望能够得到您的支持与配合。

受访者性别:_____ 年龄:_____ 职业:_____

1. 您多久购买一次药品?(单选)

    A. 一星期　　　　B. 一个月　　　　C. 三个月

    D. 半年　　　　　E. 一年以上

2. 您常去药店购买什么药?(多选)

    A. 感冒药　　　　B. 滋补类药品　　　C. 保健品

    D. 慢性疾病用药　E. 其他

3. 影响您选择药店的首要因素是什么?(单选)

    A. 药品价格　　　B. 距离远近　　　C. 药品品牌

    D. 人员服务态度　E. 无所谓

4. 您认为本地药品市场销售价格整体来说怎样?(单选)

    A. 偏高　　　　　B. 偏低　　　　　C. 适中　　　　D. 不了解

5. 您平时有储备药品的习惯吗?(单选)

    A. 有　　　　　　B. 没有

6. 您选购药品时一般会考虑哪些因素?(多选)

    A. 疗效　　　　　B. 品牌知名度　　　C. 口碑

    D. 价格　　　　　E. 广告效果　　　　F. 产品安全性

    G. 产品成熟度　　H. 售后服务

7. 您购买药品时希望药店工作人员推荐吗?(单选)

    A. 希望　　　　　B. 不希望　　　　C. 无所谓

8. 您对现在大部分药店的服务水平怎么看?(单选)

    A. 很好　　　　　B. 好　　　　　　C. 一般

    D. 差　　　　　　E. 很差

9. 您对药店24小时营业有何看法?(单选)

    A. 支持　　　　　B. 不支持　　　　C. 无所谓

10. 您希望药店有什么促销活动？（多选）

    A. 打折　　　B. 送小礼品　　C. 会员积分换购

    D. 义诊　　　E. 其他

11. 您对新开药店有什么建议？

_____

_____

    问卷到此结束，谢谢您的配合！

分析：

本调查问卷问题的设计和排列合理，答案比较全面，能够较好地得到被访者的配合。通过简单的问卷调查能反映出药店经营的重要影响因素，以促进药品零售行业的健康发展，更好地满足消费者需求。

第四节　医药市场调查报告

一、医药市场调查报告的主体结构

医药市场调查报告的主体结构一般由标题、目录、摘要、正文、结论与建议、附录等部分组成。

1. 标题　标题即调查报告的题目，要写明调查报告的主题，把主要表述的内容概括出来。调查报告标题可以只用一个正标题，如"感冒药应用市场分析"；也可以加一个副标题，副标题表明调查的具体对象及内容，如"平价药店为何卖高价药——某药店的经营调查"。

2. 目录　如果调查报告的内容、页数较多，为了方便阅读，应当使用目录列出报告所含的章节及附录，注明标题、有关章节号码及页码。一般来说，目录的篇幅不宜超过1页。

3. 摘要　摘要又称概要、内容提要。摘要是以提供文献内容梗概为目的，用简明扼要的文字向读者介绍整个市场调查方案，不加评论和补充解释。其基本要素包括调查的目标、范围、时间、地点、方法、意义等。

药品市场调查报告摘要:

在日常生活中,如何选择所需药品,是患者很关心的问题。为了解消费者如何选购药品及选购药品时的影响因素,我们在2018年5—6月份对同学及亲朋好友(年龄为20~30岁)进行了医药市场调查。本次调查是通过网络进行的问卷调查,主要涉及人们的药品知识、关注的药品广告类型、药品选购的影响因素和对待药品宣传及出现问题的态度等方面。

4. 正文 正文是市场调查分析报告的主体部分。这部分必须准确详细地阐明有关论据,包括从问题的提出到得出的结论、论证的全部过程、分析研究问题的方法,还应有可供医药市场活动的决策者进行独立思考的全部调查结果和必要的市场信息,以及对这些情况和内容的分析评论。

药品市场调查报告正文:

一、药品知识了解程度

在当今社会,许多年轻人对药品相关知识的了解还是比较有限的,这可能由于现在的年轻人不太重视这方面的知识,很少关注。在调查过程中,调查对象认为自己的药品知识"一般"的占55.17%,"比较匮乏"的占31.03%。由此可见,当今年轻人对有关药品方面的知识还是比较匮乏的。因此,他们在选购药品的时候,很依赖医师或药店服务人员。

二、关注的药品广告类型

调查中,对于药品广告的投放媒体,大部分人表示关注的是"电视",占59.77%;其次是"网络媒体",占39.10%。对于药品宣传广告,人们不是很热衷于名人代言,对于名人做广告,64.37%的调查对象表示无所谓,名人做广告已经不再具有明星效应,消费者都比较倾向于直截了当、简洁明了的药品广告。在广告宣传的内容方面,最能引起消费者购买欲望的是单纯介绍药效的广告,占52.00%,其次是传解说性质的广告,占46.70%。

三、选购药品的影响因素

在本次调查当中,在选购药品时,82.76%的被调查者选择了"疗效好",

44.83%的被调查者选择了"价格适宜"，由此可见，相对于价格，消费者对药品疗效的关注度更高一些。同时，调查结果显示，对于近期频繁出现的药品质量安全问题，有79.31%的被调查者表示会影响其对所有药品企业和产品的信任度。当被问到"被曝光企业的药品，您今后是否还考虑购买"时，有55.17%的被调查者表示"不会"。由此可见，年轻人对于药品安全问题还是比较重视的。

四、人们对药品宣传及药品出现问题的态度

在调查中，对于我国目前的药品广告中虚假广告的现象，35.63%的被调查者认为"十分普遍"，40.23%的被调查者认为"比较普遍"。57.47%的被调查者认为在药品行业中，广告宣传的功效与产品实际的功效不符，其中39.08%的被调查者遇到过这类情况。

5. 结论与建议　结论是撰写调查报告的主要目的。这部分包括对正文部分所提出的主要内容的总结，提出如何利用已证明有效的措施和解决某一具体问题可供选择的方案与建议。结论与正文部分的论述要紧密对应，综述全文的重要观点，不可以提出无证据的结论。

示例

药品市场调查报告结论：

通过本次调查发现，现在的年轻人对药品知识的了解不是很多。从调查结果可以看出，在日常生活中，媒体对有关药品性质、疗效及使用方法的宣传较为有限，人们大多只能从电视上的广告来了解一些药物的性质疗效，而且厂家为了盈利，在广告中有时会夸大药物的疗效，或者只是介绍药物好的一面，而药物的一些毒副作用、具体用法及相关的注意事项并未能传达。这导致了消费者药品知识比较匮乏，选购药品时比较依赖医师或药店销售人员，这也是目前社会普遍存在药价虚高的一个因素。除此之外，过于夸大的药品广告，影响消费者对药品企业的信任度及购买率。现在消费者比较放心购买的药品为：外伤用药（44.83%）、抗炎药（41.38%）、成人感冒药（40.23%）、皮肤病外用药（25.29%）。观察可知，所选药品普遍为外用药。目前医药市场上存在一个较为严重的问题即药品安全问题。据调查结果，55.17%的被调查者表示不会再考虑购买被曝光企业的药品。由此可见，企业生产药品时应该慎重。由本次调查结果可知，消费者认为A、B、C三家企业是比较值得信赖的，而且他们在社会形象方面也是做得比较成功的。

6. 附录 附录是指调查报告正文包含不了或没有提及的，但与正文有关必须附加说明的部分。它是对正文的补充或更详尽的说明。包括数据汇总表、原始资料来源、调查问卷、抽样名单、统计检验技术结果，以及重要的数据、图表及相关制度文件等。

二、撰写调查报告的要求

1. 根据医药市场调查的目标和得到的材料，准确提出主题，做到标题清晰、内容突出。

2. 采用简明、严密而又有逻辑性的问题结构，围绕主题，利用适当的图表、数据、文字等材料，有针对性地概括出调查结果。

3. 语言简练、明确、易于理解，材料要力求客观、扼要、有理有据。避免使用晦涩难懂的术语及过时失效的材料等。

4. 报告结构要严谨、有层次，避免拖沓冗长，结论明确，使决策者看了一目了然。

●⋯⋯ 章末小结 ⋯⋯●

1. 医药市场调查有四种分类方法：根据市场调查的性质和目的不同分类；根据市场调查对象范围的不同分类；根据调查的时间分类；根据资料的来源分类。

2. 医药市场调查的方法主要分为案头调查和实地调查。案头调查主要是搜集二手资料；实地调查是搜集一手资料，常用的方法有访问法、观察法、实验法。

3. 医药市场调查的工作流程是确定调查目标、制订调查方案、实地调查与搜集资料、整理分析资料、撰写调查报告。

4. 调查问卷的设计流程是确定调查目的、信息的搜集方法、问题类型、问题的措辞、问题的排列顺序、评估问卷、预调查与修改、定稿与印刷8个环节。

5. 医药市场调查报告的主体结构包括：标题、目录、摘要、正文、结论与建议、附录。

一、 简述题

1. 医药市场调查的程序包括哪些步骤？

2. 医药市场调查的方法有哪些？

3. 调查问卷的设计流程是什么？

4. 一份调查报告由哪些部分组成？

二、 案例讨论

感冒灵成熟期市场调查及广告策划

【感冒灵市场调查问卷】

尊敬的先生/女士，您好！

　　感谢您在百忙之中接受我们的问卷调查，本次调查我们希望了解您对感冒灵的购买和选择的看法，以了解感冒灵购买的影响因素，使我们更好地为广大消费者服务。我们会对所有信息保密，请您放心填写。

　　一、个人信息

1. 性别：□ 男　　　□ 女

2. 年龄：□ 20~25岁　　□ 25~30岁　　□ 30~35岁

　　　　　□ 35~40岁　　□ 40岁以上

3. 所在城市：□ 大城市　　□ 中等城市　　□ 小城镇及乡村

4. 所在单位：□ 政府、机关等事业单位　　□ 学校　　□ 大中型企业

　　　　　　□ 工厂或小作坊　　□ 私营企业或个体户

5. 月收入（元）：□ <3 000　　□ 3 000~4 000　　□ 4 000~5 000

　　　　　　　□ 5 000~6 000　　□ 6 000以上

6. 消费水平（元/月）：□ <600　　□ 600~1 000　　□ 1 000~1 500

　　　　　　　□ 1 500~3 000　　□ 3 000~5 000　　□ 5 000以上

　　二、感冒药相关信息

1. 您的感冒大多发生在哪个季节：

　　□ 春季　　□ 夏季　　□ 秋季　　□ 冬季

2. 如果您不小心感冒，您会首选以下哪种途径解决问题：

　　□ 去医院　　□ 去药店找药师　　□ 自己选药

　　□ 不吃药，多喝水，多休息

3. 去医院或药店就诊时，您会选择哪种医院或药店：
   □ 附近的医院　　□ 拥有知名医师或药师的医院
   □ 具有一定名气的医院或药店　　□ 其他

4. 您通常在什么情况下服用感冒药（多选）：
   □ 发热　　□ 头痛　　□ 咳嗽　　□ 流涕　　□ 打喷嚏
   □ 乏力　　□ 全身酸痛

三、对于感冒药的用药习惯

1. 您一般会选择什么样的感冒药：
   □ 起效快　　□ 安全、副作用小　　□ 价格实惠

2. 您倾向于选择哪一类感冒药：
   □ 中药　　□ 西药　　□ 中成药

3. 您通常选择什么剂型的感冒药（多选）：
   □ 片剂　　□ 胶囊剂　　□ 颗粒剂　　□ 口服液　　□ 其他

4. 您能接受的感冒药的药品单价（每盒/每瓶）一般为：
   □ 10元以下　　□ 10~20元　　□ 20~30元
   □ 30~40元　　□ 40元以上

5. 您一般选择哪种品牌的感冒药（多选）：
   □ 快克　　□ 新康泰克　　□ 感冒灵　　□ 维C银翘片　　□ 白加黑
   □ 双黄连口服液　　□ 感康　　□ 板蓝根　　□ 其他

6. 在购买感冒药时您是否会在意感冒药的品牌知名度和生产企业的规模：
   □ 会　　□ 不会

7. 在选择感冒药时，您通常会注意哪些因素（限选两项）：
   □ 知名度　　□ 价格实惠　　□ 疗效快
   □ 安全、毒副作用小　　□ 使用方便

四、您了解感冒药的途径

1. 您一般通过什么途径了解感冒药（多选）：
   □ 电视　　□ 广播　　□ 报纸　　□ 朋友介绍
   □ 网络　　□ 户外广告　　□ 其他

2. 您认为以下哪些因素会直接影响您购买感冒药（限选两项）：
   □ 医师或药师推荐　　□ 朋友或家人推荐　　□ 个人意识　　□ 媒体宣传
   □ 其他

3. 什么形式的感冒药广告能吸引您的眼球：

☐ 明星或名人广告　　☐ 普通消费者做的广告

☐ 单纯介绍药效的广告　　☐ 动漫广告

【调查问卷结果分析】

为了更好地了解市场上感冒药的信息，进一步树立感冒灵的品牌形象，扩大市场占有率，故做了此次的感冒用药调查。以下是此次调查的结果分析。

一、个人基本信息

被调查的对象中男女比例相当，年龄为20~40岁，基本来自大城市，但也有少部分来自小城镇及农村。被调查的人群中80%的人在学校上课或上班，有20%来自大中型企业。他们的月消费水平基本为1 000~1 500元。

二、感冒药相关信息调查结果

在被调查的人群中发现，大部分人在冬季和春季容易患感冒。感冒后不吃药的人占51%，说明感冒药市场还有很大潜力。自行买药的人占到了43%，且多到有一定名气的药店购买药品，这部分终端市场的消费者是我们应该想办法争取的。调查对象一般在出现发热、头痛、咳嗽等全身不适的症状后会选用感冒药。

三、感冒药的用药习惯调查结果

调查表明，85%的消费者都喜欢购买安全、副作用较小的感冒药，他们一般较倾向于中西结合的感冒药。有30%的调查人群热衷于颗粒剂类感冒药。对于能接受的感冒药的价格，60%的消费者选择10~20元。感冒灵的价格是10元左右，属于中低档次的中西结合的感冒颗粒剂，在竞争中的优势较大。有80%的人会在意感冒药的品牌和生产企业的规模，因此在广告时应注重品牌宣传。根据问卷的数据分析得出，消费者偏重于感冒灵、快克、新康泰克这三种品牌。有超过50%的消费者倾向于选购感冒灵，说明感冒灵颗粒在感冒药市场占据相当大的市场份额。人们较关注的感冒药的因素，最主要的为疗效显著和毒副作用小，在广告宣传时可以通过这两点来展开。

四、了解感冒药的途径调查结果

在被调查的人群中，被调查的人群中有56%通过电视了解感冒药，说明要继续扩大电视广告的宣传力度，此外也要加大网络广告和户外广告的宣传。有71%的人群更相信医师或药师的推荐，可见零售药店中药师对于感冒药的推荐尤为重要，企业应加强终端市场的广告宣传，对药店店员进行相关培训。感冒药广告的类型，55%的人选择喜欢单纯介绍药品的广告，40%的人喜欢普通消费者做的广告。

【感冒灵的广告策略】

一、广告目标

1. 获取新的消费群体，进一步扩大感冒灵的市场知名度。

2. 巩固已有消费者的产品忠诚度。

二、广告的主题

主题："爱是一种冲动"

1. 诉求对象　吸引青年群体对感冒灵的关注，提升18~25岁年龄段的青年消费者对本产品的尝试率。

2. 诉求方式　利用感性诉求里的亲情，对受众诉之以理、动之以情，激发人们对真善美的向往并使之移情于广告物，从而使广告物在受众的心中占有一席之地，使得受众对广告物产生好感，最终产生相应的行为变化。

3. 主题表现　中西药结合、速溶易服用、微苦味道甜、包装小而巧。

三、广告的表现形式

1. 推出亲情篇、友情篇、爱情篇系列电视广告、校园广告、户外广告和桌贴广告。

2. 在各大商场举行周年庆活动，介绍品牌的成长史，让更多的消费者了解这一品牌。

3. 在各大校园食堂前进行"感冒药副作用校园普及活动"，使众多消费者明确其对感冒药选择时的定位，选择适合自己的感冒药。同时可以强调自身品牌药品副作用小的特点。

4. 网络广告　关注感冒灵微信公众号可攒积分领取流量；在社交软件上投放感人、幽默的短视频广告。

5. 为药店提供赞助及店员培训，店员在推荐时着重介绍感冒灵中西结合，专为年轻人的习惯及情感设定。

讨论：

1. 感冒灵在制订广告策略之前进行了哪些工作？

2. 调查问卷的设计是否全面？对感冒灵的广告宣传有哪些帮助？

3. 如果没有市场调查，企业盲目地进行广告策划会出现什么问题？

第五章

医药市场细分、
目标市场和定位

学习目标

- 掌握　医药市场细分的方法、目标市场的选择模式和目标市场选择的策略。
- 熟悉　医药市场细分的原则和依据、影响目标市场选择的因素、市场定位的方法和策略。
- 了解　医药市场细分的含义和作用、目标市场和市场定位的概念。

➲ 情境导入

情境描述：

　　小李是某医药公司新上任的销售部经理，公司研发了一款治疗慢性咽炎的产品。由于慢性咽炎发病人群广，目前又没有根治的方法，咽喉用药拥有庞大的消费群体与广阔的市场发展空间，但同时市场竞争也非常激烈。于是，他决定为这款药品找一个合理的目标市场。通过多方调研和市场调查，他发现，已上市的咽喉用药大多为预防性保健产品，于是他选择从疗效方面切入进行营销，突出本公司产品不仅能清咽利喉，还可以治疗慢性咽炎的特点。该药品在上市后市场反应良好，小李也因为销售业绩良好受到了公司表彰。

学前导语：

　　小李在药品销售过程中，通过有效的市场细分，合理地选择目标市场，有效地配置有限的资源，为目标客户提供了有特色的产品和服务，取得了良好的销售成绩。正确的市场地位能使企业在医药市场中寻找商机，尊重竞争对手并与之共同发展的能力，从而促进我国医药事业蓬勃健康地发展。通过本章内容的学习，我们可以知道医药企业如何细分市场，如何选择企业目标市场并进行定位，把有限的资源用到适合自己的目标市场中。

第一节 医药市场细分

一、医药市场细分的概念

医药市场细分是指医药企业按照消费者对医药产品需求的差异性，把一个大的综合的医药市场按不同标准进行分类，划分成若干个具有共同特征的子市场的过程。细分后的任何一个子市场，都是一个具有相同或相似需求和购买欲望的消费群体，不同的子市场或细分市场，消费者在需求和欲望上存在较大的差异。

医药企业在确定营销策略前，必须了解药品消费者的需求差异，按照疾病种类、消费者的个人特征等细分变量将药品市场进行细分。通过市场细分，不仅有利于医药企业发现市场机会，而且有利于企业合理地选择目标市场，有效地配置有限的资源，集中力量提供有特色的产品和服务，更好地为目标消费者服务。

🔗 知识链接

市场细分

市场细分是美国市场营销学家温德尔·史密斯（Wendell R. Smith）于1956年首先提出来的。在此之前，企业往往把消费者看成具有同样需求的整体市场，就单一产品为所有的购买者进行大量生产、大量分配和大量促销，即大众化营销。随着生产力水平的发展，生产规模的扩大，企业之间的竞争日益激烈；同时人们的收入水平不断提高，消费者的需求日益多样化，这些都给大众化营销造成了很大的困难，从而导致了市场细分概念的提出和广泛应用。在市场经济条件下，市场细分已成为必不可少的一个市场竞争策略。

二、医药市场细分的作用

市场细分是市场营销观念的一个突破。通过市场细分，可以使医药企业在调查研究的基础上发现不同消费者对医药产品需求的差异性和类似性，在此基础上制订相应的营销策略和方案，从而更好地满足消费者的需求，并获得经营利润。具体地说，市场细分对医药企业的作用主要表现在以下几个方面。

（一）有利于医药企业更好地提升竞争能力

企业的资源有限，尤其是中小企业。进行市场细分后，医药企业开展营销策略的范围相对缩小，服务对象具体明确，为企业节约销售成本，对消费者的需求把握得更准确，从而能针对性地提供适合消费者需求的医药产品，从产品的剂型、包装、宣传方式、价格以及服务等方面，更好地提升企业的竞争力。

（二）有利于医药企业发掘新的市场机会，满足消费者的用药需求

通过市场细分，医药企业可以对每一个细分市场的购买潜力、满足程度、竞争情况等进行分析对比，将竞争者没有发现的细分市场、不屑占领的细分市场、尚未满足或没有被充分满足的细分市场作为企业未来生存和发展的有利因素，开拓新市场，提高市场份额。这一作用在中小型医药企业中表现尤为突出，他们可以根据自己的经营优势，选择一些大企业不愿顾及的，或被忽视而未得到满足的细分市场，集中力量满足该特定市场的需求，在激烈的市场竞争中占有一席之地。

（三）有利于医药企业制订和调整营销组合策略

药品市场细分后，医药企业更容易了解每个细分市场中消费者的消费需求、购买行为、购买习惯等特点，可以根据企业自身状况，选择合适的目标市场和服务对象，从而能有针对性地提供适合消费者需求的医药产品，为细分市场的目标消费者群制订合适的产品、价格、渠道、促销策略并根据市场变化及时调整营销策略。

（四）有利于医药企业资源整合、提高经济效益

任何一个企业的资源、人力、物力等都是有限的，尤其中小医药企业。市场细分后，企业可以把有限的人力、物力、财力等资源集中使用于一个或少数几个医药商品细分市场上，形成经营上的规模效益，避免在整体综合医药商品市场上分散使用资源和力量，使企业有的放矢地去经营市场，从而提高经济效益和社会效益。

🔍 案例分析

案例：

马应龙药业是一家具有四百多年历史的中华老字号企业，其主导产品"马应龙"系列治痔药品目前在国内治痔药品领域拥有50%以上市场占有率。因痔疮多被人看作隐私，其发病率虽然高达50%以上，但就诊率却只有5%左右。但随着人们越来越追求生活质量和OTC市场快速发展，治痔药市场年增长率逐年上升，吸引了越来越多的厂家角逐其中。

马应龙在激烈的竞争中保持了优势，其取得优势主要靠公司在进入市场初期进行了合理的市场细分，将肛肠用药作为主导方向，形成系列化，除现有的膏剂、栓剂外，还在研发口服剂型。该公司从事治痔药品的开发销售已有20多年历史，期间只

有马应龙一枝独秀，口碑相传使其品牌影响力具有深厚基础。品牌力强从而不需要做太多广告，使公司的产品价格低于竞争对手，构成了良好的竞争态势。

分析：

通过市场细分，马应龙药业选择了适合自己的目标市场，服务对象具体明确，为企业节约了销售成本，对消费者的需求把握得更准确，从而能针对性地提供适合消费者需求的医药产品，企业可以集中人、财、物等资源，形成经营上的规模效益，占领自己的目标市场，全面提高企业的经济效益。

三、医药市场细分的原则和依据

（一）医药市场细分的原则

我国当前的医药市场以中低消费为主，在这样的情况下，一般不宜将市场划分得过细。同时市场细分并不是越细越好，关键是细分的程度要合理和实用。一般而言，成功、有效的医药市场细分应遵循以下基本原则。

1. **差异性** 差异性是指细分后的市场，消费者的需求具有明显差异，对不同的营销组合因素和方案有不同的反应。医药企业可以根据差异性制订出独立的营销方案。

2. **可衡量性** 可衡量性是指细分后的市场规模、市场容量、发展潜力、购买力大小、市场范围等相关指标，通过市场调研是可以预见和计算的。医药企业可以通过对细分市场各指标的调研和预测，来制订企业的营销策略。

3. **可营利性** 是指细分后市场上消费者的购买欲望、购买能力、购买数量足够大，能够让企业获利并具有发展的潜力，实现一定的经济效益。例如，某医药企业通过市场调研，针对青少年近视率高的情况，研发出可以"防治假性近视"的滴眼液，市场潜力非常大，利润空间大。

4. **可稳定性** 是指细分市场的消费需求在一定程度上保持相对的稳定，企业在一定时期内不需要更换自己的目标市场。若细分市场变动过快，可能会导致企业因营销策略的变动而增加风险和损失。

5. **可达到性** 是指企业自身的经营条件和经营能力，能够满足细分市场的消费需求。企业有实力和优势去占领所选择的细分市场。如果企业自身的经营能力不能满足细分市场的需求，那么这个细分市场对该企业来说就失去了细分的意义，这样的细分市场也没有开拓的必要。

案例:

小王大学毕业后到某制药企业应聘就职,刚离开大学校园的他思维活跃,想起家里长辈总是消化不好,胃胀气的症状,但又怕用了胃药副作用大,就向公司建议研发副作用小的"日常助消化药",公司经过市场调查,认可了小王的建议并进行了相关药品的研发和销售,取得了不错的销售业绩。

分析:

任何产品进入市场都要进行市场调查,小王考虑这样的产品从细分市场中有标准可衡量,目标市场主要是中老年人,针对中老年人用药谨慎,认为消化不良是小毛病的心理,担心胃药副作用大的特点,研发"日常助消化药"是有需求的,且由于消化不良这一症状较为常见,该市场需求量较大且较为稳定的,可获利,有一定的市场潜力。

∙∙∙

(二)医药市场细分的依据

医药市场细分的理论依据是需求的异质性理论,即消费需求的差异性(异质市场)和消费需求的相似性(同质市场)。由于消费者在需求上存在差异性,为市场细分提供了可能和必要,而同一细分市场中消费者的需求又存在相似性,可以采取相同的营销策略提供服务,使企业进行市场细分更加有意义。

在医药市场中,市场细分的标准是消费者需求的差异性,由于影响消费者需求差异的因素是多种多样的,医药市场的细分依据可以概括为地理因素、人口因素、心理因素和行为因素四个方面,每个方面又包括一系列变量,如表5-1所示。

表 5-1 医药市场的细分标准

细分标准	具体因素
地理因素	国别、地理区域、城市规模、气候、人口密度、地貌特征等
人口因素	年龄、性别、家庭人口、家庭收入、职业、教育程度等
行为因素	购买动机、购买习惯、购买状态等
心理因素	个人性格、生活方式等

1. 按地理因素细分 地理因素是一个比较传统的、相对稳定的市场细分方法。由于所处的地理位置和生活环境的差异,消费者对同一类产品往往会有不同的需要和偏好。如农村市场的消费者相对而言更关注药品的价格,经济发展水平较高地区的消费

者保健意识强，保健品的市场较大；北方地区天气寒冷对感冒药的需求量较大，南方地区多雨潮湿对治疗风湿病药物需求量相对大些；人口密度大的地区的药品需求总量相对较大等。按地理因素的细分市场的常见变量如表5-2所示。

表5-2　地理因素细分标准

标准	细分变量
国别	国内、国际
地理区域	东北、华北、华东、中南、西北、西南等
城市规模	特大城市、大型城市、中型城市、小城市、乡村等
气候	南方、北方、海边、内陆等
人口密度	城市、郊区、乡村、边远地区等
地貌特征	山区、平原、高原、草原地区等

地理变量容易识别，是细分市场应考虑的重要因素，但简单地仅以某一地理特征区分市场，不一定能真实地反映消费者的需求共性与差异，医药企业还应结合其他细分因素进行市场细分。

> **？ 课堂问答**
>
> 针对地理因素中的地区、规模、人口密度、气候条件对照以上因素，分组讨论你所在城市或者你熟悉的城市的具体情况。如果你是制药企业的市场调查人员，你认为自己所在的城市中哪类药品的市场需求量大呢？

2. 按人口因素细分　人口因素细分是按照消费者的年龄、性别、职业等变量，对药品市场进行细分。人是市场营销活动的主体，也是营销服务的主要对象，人是构成需求差异性的本质动因。人口变数比其他变数更容易测量，且适用范围较广，因此人口因素历来是医药企业进行市场细分的重要依据。

不同年龄段、不同性别的消费者，对药品的需求存在很大的差异，如发热、腹泻是儿童常见疾病，所以退热药和止泻药是儿童常用药，中老年人则侧重于降血压、降血糖、降血脂和预防骨质疏松药。减肥产品多针对女性消费者，而补肾保健药品则针对男性市场而设计。按人口因素细分市场的常用变量如表5-3所示。

表5-3　人口因素细分标准

标准	细分变量
年龄	婴儿、儿童、少年、青年、中年、老年
性别	男、女
家庭人口	1~2人、3~4人、5人以上
家庭收入	高、中、低
职业	职员、教师、科研人员、文艺工作者、企业管理人员、私营企业主、工人、学生等
教育程度	小学、中学、大学、研究生
民族	汉族、回族、满族、维吾尔族、蒙古族、藏族等
宗教	无宗教、佛教、基督教、天主教、道教、伊斯兰教等
国籍	中国、美国、日本、英国等

案例分析

案例：

某制药企业针对女性消费者推出了一款口服液，功能定位是活血通络，补肝肾，促进新陈代谢，有效预防和消除黄褐斑、皮肤干涩萎黄等。该产品之所以能迅速成功，主要是企业精准地锁定目标消费群体，20~45岁的白领女性。1992年，我国的保健品市场，特别是女性口服液还是比较少的，因此，该口服液一上市就抢先占领了女性保健品领导品牌的地位。

分析：

该产品针对性别因素确定目标消费群，提高了目标群体的心理认同度和个性化需求的满意度。只有按有效的细分标准进行市场细分，才能准确地找到目标市场，并从中获得商机。

3. 按购买行为因素细分　行为细分是根据消费者的购买习惯、对药品的了解程度、使用情况及反应等行为因素进行市场细分。行为变量能更直接地反映消费者需求的差异性，因而成为市场细分的最佳起点。

如有的消费者注重医药产品是否经济实惠，有的消费者乐于尝试新产品新剂型。有的消费者专注于同一品牌很少更换，有的消费者会根据药店促销活动不同而经常变换品牌。有的消费者偶尔购药，有的消费者长期购买。随着市场经济的迅速发展，消费者的购买水平不断提高，对医药产品需求呈多样化趋势，购买行为这一细分标准越来越重要。按购买行为细分市场的常用变量如表5-4所示。

表5-4　购买行为因素细分标准

标准	细分变量
购买动机	经济实惠、品牌、促销等
购买习惯	购买时间、购买地点、一次购买数量等
追求的利益	经济、服务、质量、安全、声望、健康、新奇等
使用者情况	从未使用者、曾经使用者、潜在使用者、初次使用者、经常使用者等
使用程度	少量使用、中度使用、大量使用等
信任程度	不相信、中等信任、完全相信等
品牌崇拜	反感、否定、无所谓、肯定、热情等

◎ **案例分析**

案例：

随着人们生活水平的日益提高，国民素质也不断提高，对儿童发热的治疗，由从前的过度治疗向更加科学理性的方向转变。儿童低热治疗现在更多地采用物理降温措施，而不是一发热就采用静脉注射或口服退热药的方法。某制药企业针对儿童发热的症状，推出了小儿退热贴。该企业在产品宣传中介绍，该退热贴可提供8小时清凉感觉，采用物理疗法给发热的宝宝缓解因发热酸痛带来的不适感，降温效果好又无副作用，受到家长，尤其是80后、90后年轻父母的青睐。

分析：

该产品针对购买行为因素确定目标消费群，抓住了小儿退热贴物理降温，降温效果好这一特点，满足了家长们的购买需求。只有按有效的细分标准进行市场细分，才能准确地找到目标市场，并从中获得商机。

4. 按心理因素细分　按照消费者的生活方式、性格、态度等心理变量细分药品消费者市场。消费者的心理往往比较复杂，我们发现在地理因素和人口因素相同的情况下，不同的消费者会表现出不同的产品需求和购买行为。这些购买行为所表现出来的外在差异性都是消费者心理在起作用。如个性保守的人通常不愿意尝试新药，个性依赖型的人更容易听从他人建议购买药物；有的消费者追求经济实惠、有的消费者追求使用方便等，因此心理变化是市场细分的一个重要因素。按心理因素细分市场的常用变量如表5-5所示。

表5-5　心理因素细分标准

标准	细分变量
生活方式	简朴型、追求时尚型、知识型、追求地位型、追求刺激型等
个人性格	外向型或内向型、理智型或冲动型、积极型或保守型、独立型或依赖型等

❓ 课堂问答

修车铺的张大爷平时向来节俭，因为有心血管方面的毛病，药店的销售人员向他介绍一些疗效确切、效果好的产品，可他每次都摇摇头说，我还是用之前那种吧，这些新药都太贵了。试分析其消费心理。如果你是药店的销售人员，会怎么做呢？

四、医药市场细分的方法和步骤

（一）医药市场细分的方法

1. **单一变量细分法**　即根据影响消费者需求的某一重要因素进行市场细分。如某医药企业专门销售儿童药的系列产品，如小儿肺热咳喘口服液，健儿消食口服液等，打造了中国儿童药品牌。

2. **多元变量细分法**　也称综合变量细分，即根据影响消费者需求的两种或两种以上的因素进行市场细分。如根据年龄和性别两个因素，将补钙药市场分为婴幼儿补钙、青少年补钙、女性补钙、男性补钙、老年人补钙等细分市场。

综合细分的核心是并列多因素加以分析，所涉及的各种因素都无先后顺序和重要与否的区别。综合变量法比单一变量法能更细致地反映消费者的需求差异。

3. **系列变量细分法**　即根据企业经营的特点，按照影响消费者需求的诸因素，由粗到细，由概括到具体进行市场细分的方法。这种方法可使目标市场更加明确而具体，有利于企业更好地制订相应的市场营销策略。如某医药企业在开发某保健品时采用系列变量方法进行市场细分。如图5-1所示。

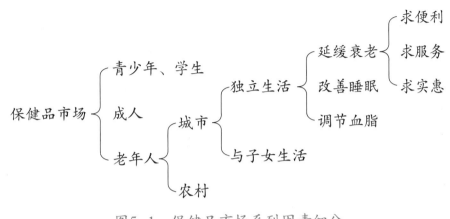

图5-1　保健品市场系列因素细分

（二）医药市场细分的步骤

市场细分是一项复杂而细致的工作，需要科学的细分程序和步骤。

1. 选定医药产品市场的范围　医药企业通过对市场的调查和分析，结合自身的经营能力，从市场中选出一个可能的医药产品市场范围。

2. 估计潜在消费者的基本需求　医药企业从地理因素、心理因素和购买行为因素等不同方面预估潜在购买者对产品的基本需求，为市场细分提供可靠依据。

3. 分析潜在购买者的不同需求　医药企业根据人口因素进行抽样调查，向不同的潜在消费者了解上述哪些需求对他们更重要，初步形成几个消费需求相近的细分市场。

4. 确定细分市场的名称　根据潜在消费者在需求上的差异性，将其划分为不同的子市场，为细分市场确定名称，要抓住潜在消费者的心理。

5. 确定本企业打算进入的细分市场　根据企业的实力和优势，从细分市场中选择企业打算占领并为之提供服务的细分市场。

6. 对目标细分市场做进一步的调查研究　确定企业的目标细分市场后，对该市场的消费者的购买行为、购买习惯、购买心理等做进一步的调查研究，为企业制订合适的营销策略打下基础。

7. 预测细分市场的获利水平　运用经济学的方法，分析细分市场的各种影响因素，采用定性和定量方法，对细分市场的规模、获利能力以及风险概率等进行估算和预测。

8. 实际开发市场　在确定了细分市场开发价值的情况下，根据细分市场消费者的需求特点，采取相应的营销组合进行市场开发。

第二节 医药目标市场

一、医药目标市场的概念

医药目标市场是指医药企业在对药品市场细分后，根据自身资源和经营条件所选定的、准备以相应的医药产品和服务去满足其需求的细分市场。

在市场细分的基础上，医药企业只有选出最适合销售产品或者提供服务的目标市场，才能有针对性地制订营销策略。首先，任何一个企业受条件的制约，都没有足够的实力去满足细分市场上的所有需求，企业只能选择并占领其中的某个或某几个细分市场。其次，并非每个细分市场都适合本企业的进入，企业应根据自身的资源优势，权衡利弊，选择适合自己的目标市场。最后，从市场的角度出发，由于消费者在需求上存在明显的差异性，各细分市场之间在特点上可能存在彼此矛盾或排斥的现象，如果同时去满足这些需求，将造成企业效益的下降。因此企业要在细分市场的基础上进行目标市场的选择。

二、医药目标市场选择的模式

企业在对不同的细分市场评估后要选择目标市场，常见的进入目标市场的模式有五种（图5-2）。

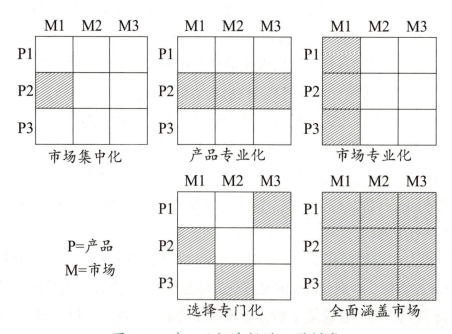

图5-2 进入目标市场的五种模式

（一）市场集中化

企业只选择一个细分市场，产品和服务对象都集中于一个细分市场。这种模式可以使企业更了解该细分市场的需要，进行专业化的市场营销，但该模式风险较大，一旦这一细分市场不景气或有强大的竞争者出现，就会使企业陷入困境。这是最简单的目标市场模式，适合较小的医药企业。

（二）产品专业化

企业集中生产某类产品，并向各类顾客销售这类产品，面对不同的顾客群，产品在档次、质量或款式等方面会有所不同。采用这种模式的企业通常使用相似的产品、不同的品牌。由于受众面广，这种模式下药品的市场规模较大，可以避免对单一市场的依赖，有利于企业在某类产品方面树立良好的形象。但同样也存在潜在的风险，当同类产品中出现全新的替代产品时，企业会面临巨大的冲击。

（三）市场专业化

企业生产不同的产品以满足某一特定顾客群体的需要，即面对同一市场生产不同的产品。采用这种模式，企业可以降低交易成本，与这一群体建立长期稳定的关系，并树立良好的形象。如某医药企业主要生产如补血口服液等系列女性营养保健产品，满足女性消费者不同的需要。

（四）选择专门化

企业有选择地进入几个细分市场，针对不同的细分市场提供不同性能的产品与服务。目标细分市场之间很少存在联系，具有较强的差异性。采用这种模式可以分摊企业的风险，一个细分市场的失败基本上不会影响企业的整体利益，但这种方式要求企业有较强的资源及营销能力。在采用这种模式时应避免贪多，不是选择目标市场越多越好，因为这样会分散公司的资源。所选择的目标市场的共同特点应是有吸引力并符合公司的要求。

（五）全面涵盖市场

企业决定全方位进入各个细分市场，为所有细分市场提供他们所需要的不同类型的产品。这是大企业为在市场上占据领导地位或力图垄断全部市场时采取的目标市场范围策略。既可以采用差异化营销，也可以采用无差异营销来达到这一目标。只有大公司才能采用这种模式。

🔍 **案例分析** --

案例：

某医药企业主要生产感冒类药品，经过深入调研发现，无论是学生还是上班族，感冒的时候如果服用含抗过敏成分（如氯苯那敏）的感冒药，白天就昏昏欲睡，影响工作和学习。该企业注意到了这个问题，并找到了解决方案——"白天吃白片，晚上吃黑片"（白片成分中不添加氯苯那敏）。白加黑（通用名称：氨酚伪麻美芬片Ⅱ）一上市就取得了良好的销售业绩。该医药企业准确选择目标市场，得到了广大消费者的欢迎。

分析：

企业的资源、实力总是有限的，如果不根据自身实际情况，盲目追求过大的目标市场覆盖率，往往会力不从心，达不到预期效益，还不如从细分市场中找出最适合自身发展的目标市场，获取更多的市场份额。

三、医药目标市场选择的策略

针对不同的目标市场，企业根据其特点采取相应的市场营销组合策略，以满足目标市场消费需求的经营决策。一般可供医药企业选择的目标市场营销策略主要有三种，即无差异性营销策略、差异性营销策略和集中性营销策略（图5-3）。

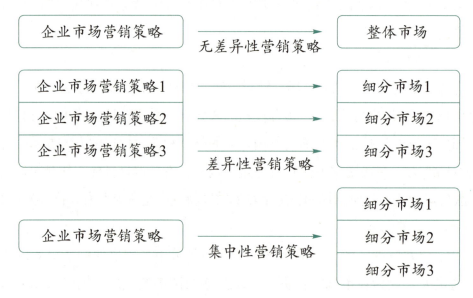

图5-3 三种目标市场营销策略

（一）无差异性营销策略

无差异性营销策略是指企业把整个医药市场看成是一个大的目标市场，着眼于消费者需求的共性，忽视其差异性。推出单一的品种、单一的剂型、单一的包装、单一的价格、单一的促销策略、单一的广告和营销渠道等试图满足所有的消费者。采用这一策略的医药企业，一般都是实力强大的企业，能进行大规模生产，又有广泛而可靠的分销渠道，以及统一的广告宣传方式和内容。

采用无差异性营销策略的最大优点是批量生产和销售，节约生产和营销成本，从而实现规模效益。缺点是不能满足消费者多样化、个性化的需求，其生产的产品竞争力不强，应变能力较差。

（二）差异性营销策略

差异性营销策略是指企业在市场细分的基础上，选择多个细分市场作为自己的目标市场，针对不同的目标市场采取不同的市场营销策略，从而更好地满足目标市场中消费者的不同需求。

采用差异性营销策略的最大优点是能更好地满足消费者的不同需求，增加销量，提高市场占有率，降低企业的经营风险。缺点在于，由于产品多样化，其生产和销售成本较高，受企业资源和经济实力的限制较大。但随着人们生活水平的提高，人们的需求呈多样化、差异化和个性化的趋势，差异性营销策略被越来越多的企业所采用。

Q 案例分析 --

案例：

某医药公司是一家集科研、生产、销售为一体的大型药品保健品企业，产品线覆盖内服美容品、儿童营养品、健康养生品等领域，是中国保健品领军企业之一。该公司为满足不同消费者需求，生产了如天然维生素E、天然维生素C、胶原蛋白、B族维生素片、锌硒片、叶酸铁片、钙镁咀嚼片、维生素D片等一系列药品保健品，拓宽了公司的健康产品线，为消费者提供了更为丰富的健康选择，在国内传统保健品市场开拓出了一条全新的发展道路。

分析：

该医药企业针对市场上存在的保健品需求开发了一系列的药品保健品，其营销策略是典型的差异性营销策略的应用。针对不同的细分市场采取不同的营销策略，满足消费者的需求，从而在保健品市场占领一席之地。

（三）集中性营销策略

集中性营销策略是指企业从细分市场中选择一个或几个细分市场作为目标市场，集中力量为该市场提供专业化的产品和服务的营销策略。采用集中性营销策略的企业，其目的是在较少的细分市场上追求较高的市场占有率，而不是在较大的市场中占有较低的市场份额。如某医药企业主要销售阿胶类产品，如复方阿胶浆、阿胶糕等，有滋阴养血、美容养颜的功效，已成为都市女性养颜滋补保健品热门之选。

此策略的主要优点是专业化的生产和销售能够准确地了解和更好地满足目标市场顾客的需求，能够充分利用企业资源开展营销活动，节约生产和销售成本。其缺点是由于精力只局限于某一特定市场，一旦该市场发生变化，则企业易受冲击，风险性较大。

🔍 **案例分析** ┈┈

案例：

随着中国人口老龄化程度提高，人们对健康生活愈加重视，市场需求日益旺盛，医疗器械行业受到资本市场关注，正式迈入黄金发展期。2020年6月，某医疗器械公司获得数千万元人民币的A轮投资。该公司专注智能养生产品和智能消费医疗市场，其核心产品智能艾灸盒上市后推出了用于身体不同部位、功能侧重点不同的智能艾灸产品，如无烟艾灸盒、智能热敷腰带、智能熏蒸仪等，市场规模逐年上升。

分析：

随着我国消费水平升级以及老龄化程度加深，人们对于健康管理的重视度越来越高，家庭健康管理成为市场越来越关注的领域，其中医疗器械市场无疑是家庭健康管理的主要参与者。该公司的目标市场定位很明确，集中力量为消费者提供智能艾灸产品，获得了较大的成功。

┈┈

四、影响医药目标市场策略选择的因素

（一）企业资源

主要指人力、物力、财力和技术状况。若企业实力雄厚、供应能力强，有能力满足市场的大部分需求，可采用差异性或无差异性营销策略。若企业实力较弱，无力兼顾整个市场，最好选择集中性营销策略，以获取较小市场范围内的优势地位。

（二）医药产品同质性

是指消费者感觉产品特征相似的程度。如果医药产品本身的差异性不大，只要价格适宜、方便采购，消费者一般没有特别的要求，因此可以采用无差异性营销策略，例如，原料药和中药材在质量上的差别并不明显即可采用此策略。若医药产品异质性高，药品在制剂工艺、含量、配方、功效等方面差异较大，消费者选购时会以他们所具有的特性为依据，则宜采用差异性营销策略。

（三）市场差异性

是指不同细分市场中消费者的需求是否具有明显的差异。若消费者在购买欲望、

购买行为、购买习惯等方面存在很大的差异性，说明市场存在异质性，企业宜采用差异性营销策略或集中性营销策略，针对不同的细分市场，根据其特点采用不同的营销组合。反之，如果市场中的消费需求差异性不大，或者其差异性可以忽略不计，显现出了市场的同质性时，适合采用无差异性营销策略。

（四）产品生命周期

是指产品处于不同的生命周期阶段，相应地也应采取不同的市场营销策略。产品从投放市场到衰退一般要经历4个阶段（导入期、成长期、成熟期、衰退期）。当产品处于导入期时，由于是新产品投放市场，竞争者尚少，企业的目的是试探市场需求，这时适合采用无差异性营销策略，以进一步分析和发掘顾客。一旦产品进入成长期和成熟期，竞争开始异常激烈，这时为了使本企业的产品区别于竞争企业的产品，更利于消费者接受，企业适合采用差异性营销策略和集中性营销策略。当产品逐渐步入衰退期时，市场需求量减少，企业不再适合大规模的批量生产，更不宜将资源分散在多个只占有小份额的细分市场中，宜采用集中性营销策略。

（五）竞争者市场策略

是指企业采取的目标市场营销策略会受到其竞争对手的营销策略的影响。知己知彼方能百战不殆，当竞争对手采用无差异性营销策略时，为了提高本企业产品的竞争能力，本企业无论实力大小都应采用差异性或集中性营销策略。当竞争对手采用差异性营销策略时，则本企业应对市场做进一步的细分，采用差异性或集中性营销策略。在市场竞争很弱，企业的实力又很强时，这时企业可以采用无差异性营销策略。

🔍 案例分析 ·······

案例：

"云南白药"创制于1902年，是百年中华老字号品牌，对于止血愈伤、活血化瘀、消火去肿有良好的疗效，1993年作为云南首家上市公司在深圳证券交易所上市。但由于公司产品较为单一，加之外资企业进入中国市场，竞争激烈，云南白药创可贴销售增长缓慢，而外资企业邦迪创可贴一度市场占有率达到60%。

云南白药集团股份有限公司为复兴"老字号"，开辟了中药与材料科学相结合的创新性思路，将云南白药作为保密配方加入创可贴的核心技术当中，提出"云南白药创可贴，有药好得更快些"的含药概念，并通过电视、广播、报纸等大众媒体宣传，树立了鲜明的品牌形象，让云南白药在创可贴市场中开辟出新的市场空间。

分析：

产品进入成长期和成熟期，竞争开始激烈，这时为了使本企业的产品区别于竞争企业的产品，通常采用差异性营销策略和集中性营销策略。医药企业可以通过提高产品的质量，完善产品的性能，改变产品的剂型，增加产品的规格，改良包装和样式等，提高产品的竞争力，满足消费者更广泛的需求，扩大市场占有率。

第三节　医药市场定位

一、医药市场定位的概念

医药市场定位是指医药企业根据消费者的需求和对医药产品某些特征或属性的重视程度，结合产品本身特点，在市场上突出本产品的个性与特色，从而确定该产品在市场中的位置。

医药市场定位的核心是塑造本产品与其他竞争者的"差别化"，这种"差别化"不仅是医药产品本身的差异，也可以是人员、服务、价格、渠道、形象等方面的差别化。市场定位不是对产品本身做些什么，而是对产品在顾客心目中树立什么样的形象做些什么。

🔍 案例分析

案例：

提起中药，很多人就会想到"北京同仁堂"。这家历经数代、发展成为国内最负盛名的老药铺，其产品以"配方独特、选料上乘、工艺精湛、疗效显著"而享誉海内外。通过上百年来产品的多样化和工艺的稳定性，打造出了同仁堂独具特色的品牌优势与技术优势，形成其内在的核心竞争力。

在发展的道路上，北京同仁堂坚持传统的制药特色。例如，制作乌鸡白凤丸的纯种乌鸡是在无污染的北京郊区专门饲养，饲料、饮水都严格把关，一旦发现乌鸡的羽毛、骨肉稍有变种蜕化即予以淘汰。这种精心喂养的纯种乌鸡，其所含多种氨基酸的质量始终如一，保证了乌鸡白凤丸的质量符合药品标准。

北京同仁堂凭借其原材料良好的质量保证以及制药精益求精的精神，经历数代而不衰，在海内外信誉卓著，树起了一块金字招牌，使得消费者对其产品产生牢固的信任。

分析：

药品在人们日常生活中必不可少，所以人们十分重视药品的安全性、有效性及健康性。北京同仁堂根据目标市场的需求进行调整，准确进行市场定位，形成了极具同仁堂特色的产业链，发挥北京同仁堂的品牌效应，扩大产品市场覆盖率。

二、医药市场定位的方法

（一）消费对象定位

根据消费者的收入和在社会阶层中所处的地位，确立自己产品要销售的具体对象。如保健品市场中的产品有高、中、低档之分，体现在价格、包装、品牌等方面。

（二）利益定位

任何消费者购买产品都不是购买产品本身，而是购买产品能为其带来的利益。利益定位就是根据医药产品能给消费者带来的特殊利益而定位的。如某医药公司研发的肛泰，采用透皮吸引技术，贴肚脐治疗痔疮，避免了栓剂、膏剂肛门直接给药的弊端，方便好用，"贴肚脐，治痔疮"，在痔疮药品市场取得较大的成功。

（三）质量和价格定位

通过质量和价格这两个变量来确定产品在市场中的位置。如众多厂家都在生产六味地黄丸，某制药厂生产的仲景牌六味地黄丸以"药材好，药才好"的诉求理念，抓住了补肾药品的"七寸"。药材地道，选料讲究，组方合理，药量充足，药效持久，在六味地黄丸市场占据了重要地位。

（四）使用者定位

企业将其产品指向某一类特定的使用者，根据使用者的需求塑造药品形象，使消费者感觉这种药品是专门为他们定制的，最能满足他们的需求。如静心口服液是针对更年期女性推出的药品，缓解更年期女性烘热汗出、头晕耳鸣、失眠多梦等不良身体状况。

（五）医药产品用途定位

根据医药产品的功效来划分类别，以突出自己的作用。如同为牙膏类产品，有的牙膏主打专业抗敏感，有效缓解敏感性牙齿疼痛；有的牙膏产品主打消除牙龈出血、修复黏膜损伤、治疗口腔溃疡；有的牙膏定位于增强牙齿对冷热酸甜的耐受力，给消费者提供不同的购买理由。

（六）综合定位

消费者购买时所关注的特征往往不是单一的，因此企业常将以上多种方法结合起来综合运用，使消费者感到该产品能够带来的多重利益和特征。如某公司生产的复合维生素，是根据中国人的饮食习惯和膳食结构专门研发的产品，每天2片，服用方便，含21种营养素，能高效高质量地补充每日所需维生素和矿物质，性价比高，受到消费者喜爱。

三、医药市场定位的策略

企业要在目标市场上立足不是一件容易的事，不仅要形成产品的特色，树立自己产品在消费者心目中的形象，还要考虑市场竞争的因素，确立自己在市场竞争中的地位。目标市场的定位策略实质上是一种竞争策略。

中国医药健康产业发展状况

截至2021年8月，我国医药健康领域A股上市企业390家。企业普遍规模不大，聚焦"硬核"技术，围绕化学新药研发、生物药研发、医药研发服务和医疗器械细分赛道等领域开发新产品、新服务。医药工业综合竞争力指数，以企业"商业化能力、研发力、产品力、品牌力、生产力、盈利力"六力模型，对中国境内医药工业企业进行多维度、多指标的全方位评估。

在医药工业六大子行业中，生物药品制造发展较为良性，卫生材料及医药用品制造行业近年来发展势头也很强劲，化学药品原料药制造业景气度略好于化学药品制剂制造业。从研发力看，竞争力前十企业分别是百济神州、恒瑞医药、再鼎医药、阿斯利康、中国生物制药、康希诺生物、石药控股集团、诺华制药、默沙东制药、上海复星医药集团。

（一）避强定位

企业力图避免与实力强的其他企业发生直接竞争，使自己的产品与最强或较强的竞争对手有明显的区别。咽喉类药物市场竞争对手强，华素片的市场定位为口腔药，主打口腔药品市场，明确提出"可以消炎的口含片"，药物投放市场后很受欢迎。

（二）迎头定位

企业根据自身的实力，为占据较佳的市场位置，不惜与市场上最强或较强的竞争对手展开正面竞争，使自己的产品进入与其相同的市场位置。如多种品牌的补钙类产品的定位都是迎头定位策略。

（三）创新定位

企业通过市场调查研究和对自己产品的评估分析后，发现目标市场的消费需求存在空缺或者未被很好地满足，即市场存在一定的缝隙或空间，此时企业可以把自己的市场位置定在空缺的市场位置上，弥补市场的空白。例如，某企业推出了"排毒养颜胶囊”，开创了中国医药市场的排毒品类，满足了消费者对排毒养颜的诉求，容易引起消费者的共鸣。

（四）重新定位

企业为已经在某市场销售的产品重新确定某种形象，以改变消费者原有的认识，争取有利的市场地位的活动。如阿司匹林之前的定位是解热镇痛药，现在企业将产品重新定位，主打预防血栓形成的作用，受到市场的认可。

企业的市场定位策略并不是一成不变的，它随着市场的情形、竞争者的状况和企业自身情况的变化而变化，是需要不断进行调整的营销策略。

🔗 知识链接

老药新用

所谓"老药"是指临床使用已久并广为社会了解的药品，而"新用"则是说这些药品在临床使用中又发现了新的用途。"老药新用"，是指发现现有临床应用药物的新用途。相对新药研发而言，老药安全性已知，在新药研发难度增大的今天，老药新用途的开发可以大大节约开发时间和成本并提高新药研发的成功率，老药新用在当今越来越受到关注。

二甲双胍是治疗糖尿病的一线药物，自1957年上市至今使用已近60年。近年在临床中发现，二甲双胍除了降血糖的作用，还可以用于防治多囊卵巢综合征、肿瘤等。现在，二甲双胍作为治疗多囊卵巢综合征的药品已在临床上使用，其抗肿瘤效应目前还需要更多的临床试验证实。

磷酸氯喹和羟氯喹是抗疟药，研究人员发现这两种药物还具有免疫调节作用，因此磷酸氯喹和羟氯喹，尤其是后者作为治疗风湿免疫性疾病的药物得到广泛的推广。有研究表明，它们同时还具有抑制病毒增殖而发挥抗病毒作用，而磷酸氯喹对治疗支气管哮喘也具有较好的缓解作用。

• · · · 章末小结

1. 医药市场细分是指企业按照消费者对医药产品需求的差异性，把一个大的综合的医药市场按不同标准进行分类，划分成若干个具有共同特征的子市场的过程。

2. 医药市场细分原则包括差异性、可衡量性、可营利性、稳定性、可达到性，细分依据主要有地理、人口、心理因素、购买行为等，细分方法有单一变量细分法、多个变量细分法、系列变量细分法。

3. 选择目标市场的模式包括市场集中化、产品专业化、市场专业化、选择专门化、全面涵盖市场，目标市场选择策略包括无差异性营销策略、差异性营销策略、集中性营销策略。

4. 影响医药目标市场策略选择因素有企业资源、医药产品同质性、市场差异性、产品生命周期、竞争者市场策略。

5. 医药市场定位方法包括消费对象定位、利益定位、质量和价格定位、使用者定位、医药产品用途定位、综合定位。医药市场定位策略为避强定位策略、迎头定位策略、创新定位策略、重新定位策略。

●···· 思考题

一、 简述题

1. 什么是医药市场细分？医药市场细分的原则有哪些？

2. 医药企业选择目标市场战略，需要考虑哪些因素？

3. 医药市场定位的方法和策略有哪些？

二、 案例讨论

胃药市场的现状及市场定位策略分析

胃肠道疾病是临床常见疾病，随着人们生活节奏的日益加快，工作、学习、生活的压力越来越大，因生活不规律、饮食不科学而造成胃肠疾病患者的数量也越来越多，其市场需求也不断扩大。近年来，随着我国医疗格局发生的变化，加之消费者自我药疗意识不断增强，在药品零售市场中，胃肠道药品品种不断壮大，销售额占药品销售总量的30%，同时销量也在逐年上升。

规模巨大的胃药市场吸引着众多国内制药企业竞相生产胃药，其品种高达百种，而被消费者所熟知的胃药品种至少也有十几种。激烈的市场竞争使各个胃药生产企业在市场细分和定位上颇下功夫，无论是在广告宣传上还是在促销手段上都不遗余力。近几年的市场销售情况表明：有些企业的胃药品种已成为企业的拳头产品，并在市场上占据了一定地位，形成了强势品牌，他们围绕着各自的利益点展开了一场持久的市场争夺战，胃药的竞争已进入了品牌竞争时代。

气温变化大，人体受到刺激后，抵抗力会随之降低，因此夏季炎热或冬季寒冷都容易导致胃肠道疾病发病率上升，胃肠道用药的销售期通常比较长，而胃肠道疾病常出现反复发作、周期性发作，经调查，超过八成的消费者认为胃肠道疾病复发概率高，所以在购买药品时更加注重安全、疗效。

化学药由于其起效快、疗效好的优势，一直是胃病患者选择的对象。在胃病的临床治疗中，化学药占据了市场的大半江山。

化学药吗丁啉将细分市场定位于缓解消费者的消化不良的症状，通过大众传媒广告宣传"消化不良找吗丁啉帮忙"，也是在中国第一个提出"胃动力"这一概念。该制药企业凭借良好的市场推广策略，使吗丁啉片这一胃肠用药在中国的知名度不断攀升，从而坚实地奠定了吗丁啉片在胃药市场的地位。

修正药业通过市场调查发现胃部常见症状多为胃酸、胃痛、胃胀气，因此推出产品斯达舒胶囊（维U颠茄铝胶囊Ⅱ），将其市场定位于解决这三种胃部症状的胃药，让消费者出现这三种胃部症状时，能联想到该药物，帮助斯达舒成为畅销的胃药产品之一。

洛赛克（奥美拉唑镁片）是抑制胃酸分泌的一种质子泵抑制剂，在OTC市场的消费者定位为25~30岁因胃酸过多引起的胃部不适者，产品理念为彻底抑制胃酸，在零售终端有着较大的市场份额。

达喜铝碳酸镁片作为抗酸药零售市场的主力品种，目标受众偏年轻化，产品定位在"快速止胃痛"这点，宣传产品疗效和安全性。

中成药市场也有其优势，因为胃肠疾病多为慢性疾病，需要长期服药治疗，而部分消费者多认为消化不良是小病，服用中药副作用小，于是江中牌健胃消食片将市场定位于日常助消化药，没有明显的年龄特征，以温和药性迎合消费者的需求，在各个年龄段人群中，市场渗透率均位居前列，患者的忠诚度很高。

三九胃泰有别于市场上的胃药，采用热水冲泡溶解颗粒，为胃不舒服的消费者带来既可以暖胃又能缓解症状的特殊体验，用橙色包装将"暖暖的"传递给消费者，凸显"温和养胃"的竞争优势。

葵花胃康灵的目标受众则为中老年胃病患者，一直保持着群众路线策略，其产品定位于治疗"长期胃病"这一细分市场，通过调和微环境，促进胃健康，更好地治胃护胃。

以上事例说明：不同厂家的胃药，通过进行不同的市场细分，面向不同的消费人群，宣传不同的销售主张，进行不同的市场定位，每个产品都选择了一个独特的卖点，在广告宣传和促销手段上都以其独特的个性与消费者产生情感的共鸣，达到长期影响消费者购买行为的目的，这样企业才能够健康地参与市场竞争。

讨论：

1. 胃药市场竞争激烈，为什么还会成为众多制药企业争夺的主要市场？
2. 企业如何利用药品的利益细分法来细分和选择市场？
3. 企业是如何进行市场定位的？

第二篇

医药市场营销技术的基本策略

第六章
医药产品产品策略

学习目标

- 掌握　医药产品生命周期策略、产品品牌策略和产品包装策略。
- 熟悉　医药产品的整体概念、产品生命周期各阶段特点和产品组合策略。
- 了解　品牌的构成、作用和包装的作用。

情境导入

情境描述：

  周日，小王在街头闲逛时，碰上一家药店正在做促销活动，就信步走了进去，想顺便备些自己用过感觉不错的家庭常用药，可是找遍货架都没看到，询问店员能否下次到货帮自己留药。店员说，不但他们药店没有这几种药，整个市场上也都没有卖了。小王非常纳闷，这些药品又便宜、疗效也不错，怎么会退出市场呢。店员解释说，药品退出市场的原因有很多，有可能是因为新产品的推出，有可能是市场竞争太大了，也有可能是厂家利润太少停产了……小王这才恍然大悟，不同的药品，市场生命周期也是不尽相同的。因此，想让产品长期活跃在市场，应根据产品的生命周期采取相应的营销组合策略。

学前导语：

  医药产品产品策略是医药市场营销活动和营销组合策略的基础，定价策略、渠道策略、促销策略都是以产品策略为出发点，围绕其进行的。本章我们将通过对医药产品策略的学习，学会分析药品所处的生命周期阶段，从而进行相应的营销策略设计，并且拓宽视野、强化职业核心能力，为将来从事市场拓展工作奠定坚实基础。

第一节 医药产品整体概念

医药产品产品策略是企业营销组合基本策略的首要策略。它是市场营销组合策略的基础，其核心问题是应当提供什么样的产品和服务去满足目标市场的需求。医药产品产品策略直接影响和决定着其他市场营销组合策略的管理，是导致医药企业市场营销成败的关键。因此，在现代的市场经济条件下，任何医药企业都应该致力于开发适销对路的医药产品，以便更好地满足顾客的健康需求。

一、产品整体概念

市场营销学将产品分为狭义的产品和广义的产品。狭义的产品是指具有某种特定物质形状和用途的物品。狭义理解的产品概念，强调的是产品的有形实体。而广义的产品是指能够满足人们需要的任何产品，既包括具有物质形态的有形产品，又包括非物质形态的无形产品。有形产品包括产品的实体及其品质、规格、款式、品牌和包装等；无形产品包括送货上门、产品咨询、市场声誉等。有形产品和无形产品统称产品的整体概念，产品的整体概念包含两方面的含义。

1. 并不是只有具有物质实体的才是产品，凡是能够为满足消费者需求提供的劳务也是产品，如安装、设计、咨询以及旅游服务等。

2. 产品包括的不仅是物质实体，还包括与产品本身相关的服务。

二、医药产品整体概念的含义

从市场营销的角度来说，医药产品是指为满足消费者防病、治病、保健等方面需要和欲望的任何东西。它既包括有形产品，也包括无形服务，即医药产品＝有形产品＋无形服务。这就是医药产品的整体概念。如药品实体、用药咨询、用药指导以及药品销售的场所，医药企业的经营思想、理念，都是医药产品的范畴。

对产品整体概念的认识，是一个不断发展和逐渐深化的过程，对产品的结构划分也有"三层次"与"五层次"之说，在此主要参考"三层次"结构理论。医药产品的整体概念包含三层含义，即核心产品、形式产品和附加产品，如图6-1所示。

1. **核心产品** 是产品整体概念中最基本和最主要的层次。它是指消费者购买某种医药产品时所追求的基本效用和利益，是消费者需要的中心内容，是消费者真正要购买医药产品的目的。消费者购买某种医药产品，并不是为了占有或获得它本身，而是在于它的基本效用，从中获得满足某种需要的利益或欲望。如某消费者购买感冒药并不是为了得到实体药品，而是为了解除感冒带来的不适症状，满足恢复身体健康生理和心理的需求。所以营销人员销售的医药产品，都应能够满足消费者的需求，给消费者带来利益。

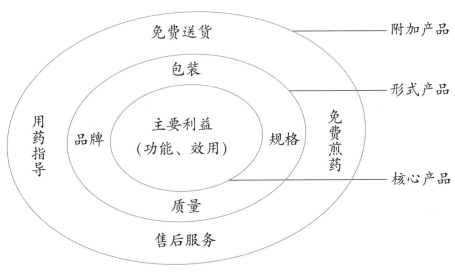

图6-1 医药产品整体概念示意图

2. 形式产品　形式产品是指核心产品所展示的全部外部特征，即呈现在市场上医药产品的具体形态或外在表现形式，主要包括医药产品的外观、质量、规格、品牌、包装等。有的时候具有相同效用的产品，其表现形态可能会有不同，如北京同仁堂生产的"黄连上清丸"与"黄连上清片"。形式产品是实现核心利益的媒介，消费者在购买产品时，除了考虑该产品满足人们需求的属性以外，还考虑产品的外观、质量、规格等。因此，医药企业进行医药产品设计时，除了要重视消费者所追求的核心利益外，也要重视如何以独特形式将这种利益呈现给目标顾客。

3. 附加产品　附加产品也称延伸产品，是指消费者购买形式产品时所获得的附加利益总和，包括医院和药店为患者提供的免费送货、用药指导、质量保证、售后服务等。例如，现在很多的中医院都有中药的煎药服务，这就是附加产品，它能够给消费者带来更多的附加利益和更大的满足感。随着技术的发展和企业管理水平的提高，企业间在核心产品和形式产品上越来越趋同的情形下，企业对附加产品进行有效设计则显得尤为重要。

产品的"五层次"结构理论

产品的"五层次"结构理论是1994年营销专家菲利普·科特勒在《市场管理：分析、计划、执行与控制》专著修订版中提出的，产品由五个层次组成：核心产品、形式产品、期望产品、附加产品和潜在产品。相较于"三层次"结构理论，新增了期望产品和潜在产品两个层次，强调了消费者的个性化需求和潜在需求。

无论是"三层次"结构理论，还是"五层次"结构理论，都指出产品的整体概念是建立在"需求=产品"这一等式基础上，内涵和外延都是以消费者的需求为标准的，体现了以消费者为中心的现代营销理念。

第二节　医药产品生命周期策略

一、医药产品生命周期的概念

医药产品生命周期是指产品从进入市场开始，到被市场淘汰为止所经历的时间。企业研发一种新产品并投放市场，总是希望产品能永久地为企业带来利润。但是，没有一种产品在市场上可以经久不衰，产品都具有生命周期。药品的生命周期与人的生命周期相类似，也存在着或长或短的生命历程。研究产品生命周期的发展轨迹，把握产品生命各阶段的特点，可以使企业掌握各种产品的市场地位和竞争动态，以制订合适的营销策略，在复杂的市场环境中求得生存和发展。

根据产品市场销售变化的规律，一个典型的产品生命周期一般包括4个阶段：导入期、成长期、成熟期、衰退期，如图6-2所示。在实际的医药市场中，还有许多药品没有按照标准的产品生命周期规律来发展。如有的产品刚刚进入市场，就由于种种原因，很快夭折了，如图6-3所示；又有些产品经过了成熟期以后，再次进入第二次的增长期等非典型的产品生命周期，如图6-4所示。

总之，药品的生命周期由于受到各种因素的影响，会产生各种变化，但多数药品的生命周期是按照典型的正态曲线呈现。随着市场的竞争和科技的发展，多数药品的生命周期将呈现出不断缩短或二次开发的趋势。

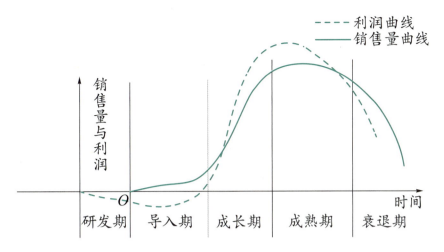

图6-2 典型的产品生命周期曲线图

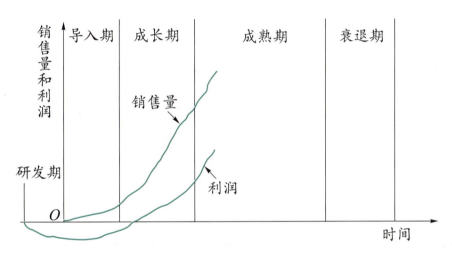

图6-3 短暂不完整的产品生命周期曲线图

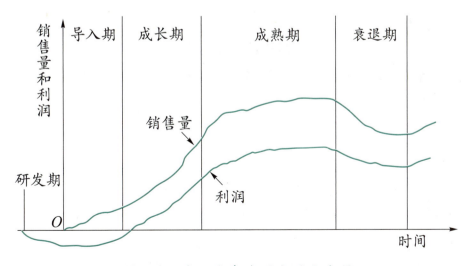

图6-4 产品生命多周期的曲线图

知识链接

药品的生命周期、药品有效期和药品使用期限的区别

药品的生命周期、药品有效期和药品使用期限三者极易混淆。药品的生命周期指的是药品的市场寿命、经济寿命，是指药品从开发成功之后进入市场开始，直至被市场淘汰为止所经历的全部时间。药品有效期是指药品在规定的贮藏条件下，能够保持药品质量的期限。而药品的使用期限是指药品经打开使用后，在规定储存条件下，可以保持药品质量的期限。

二、医药产品生命周期各阶段的特点

产品生命周期的每个阶段都有各自不同的特点（表6-1）。

表6-1 产品生命周期不同阶段的特点

内容	导入期	成长期	成熟期	衰退期
销售量	低	剧增	最大	下降
销售增长	缓慢	快速	减慢	负增长
生产量	小	扩大	大	萎缩
成本	高	降低	低	上升
利润	微小或负	大	最高	低或负
竞争	很少	渐多	激烈	渐少

（一）导入期

导入期也叫投入期或引入期，是指新产品首次正式上市后的最初销售时期。产品刚进入市场，人们普遍还不熟悉，产品的销售量小且销售额增长缓慢；企业还没出现利润或利润很低甚至亏损；完全创新产品和含有高技术的换代新产品在导入期的竞争者少甚至没有竞争者。

（二）成长期

成长期是指产品通过试销效果良好，开始转入大批量生产和扩大市场销售额的时期。消费者对新产品已经熟悉，认同并接受，产品的销售额迅速上升，利润也迅速增长。企业的大批量生产能力形成，产量扩大，生产成本降低。这一时期是产品生命周期中销售增长率最高的阶段，但也使竞争者看到了盈利的机会，因此吸引的

竞争者日渐增多。

（三）成熟期

成熟期是指产品进入大批量生产并稳定地进入市场销售时期。随着购买产品的人数增多，市场需求趋于饱和。产品的销售增长速度缓慢，销售增长率接近或等于零，但销售额大，达到整个产品生命周期的最高峰，利润最高，是产品对企业贡献最大的时期；成熟期迫使企业采用最有效的竞争手段来维持市场占有率，导致市场竞争最为激烈。

（四）衰退期

衰退期是指产品已经老化，进入了逐渐被市场淘汰的时期。由于新产品的推出或其他突发状况，消费者将目标转向了其他产品，使得原产品销售量和利润大幅度下降，市场开始萎缩甚至产品完全退出市场，竞争者也越来越少。

> **课堂问答**
>
> 请同学们列举生命周期较长的药品及其在药品市场的应用情况。

三、医药产品生命周期各阶段的营销策略

在产品生命周期的不同阶段，产品的销售额、利润水平及价格表现为不同的变化趋势，呈现出不同的特点。企业可以根据产品生命周期各阶段特点，采取适当的策略，以延长产品生命周期来保证企业的利益。

（一）导入期的营销策略

新产品首次进入市场，消费者了解需要时间，销售量增长往往比较缓慢。因此该阶段的生产批量小，生产成本高，产品尚未定型，质量不够稳定，销量低，促销费用高，企业利润低。对于导入期的药品，企业应主要考虑如何按照企业和市场客观实际制定出合适的药品价格，以及把握好药品投放的市场有利时机，在短期内迅速占领市场。企业在该阶段常用的营销策略有以下几种，见图6-5。

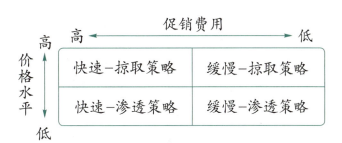

图6-5　导入期的市场营销策略

1. 快速掠夺策略（高价高促销策略） 即采用高价格高促销费用的方式推出新产品。采用高价格的同时，配合大量的宣传促销活动，让新产品迅速占领市场，在竞争者还没有大量出现前就能收回成本，尽可能获得利润。

采用这一策略的前提条件是：产品确有特点、有吸引力，消费者愿意出高价购买；市场上替代品少或者没有更好的同类产品。

2. 缓慢掠夺策略（高价低促销策略） 即采用高价格低促销费用的方式推出新产品。在制定高价格的同时，并不在促销推广上进行高额投入，只用较少的促销费用，就可以获取尽可能多的利润，因此这是一种理想的策略。

采用这一策略的条件是：市场竞争不激烈，市场规模有限，顾客选择的余地小，产品的知名度高，消费者愿意出高价购买。

3. 快速渗透策略（低价高促销策略） 即采用低价格高促销费用的方式推出新产品。在采用低价格的同时做出较大的促销努力，可以使产品迅速进入市场，有效地限制竞争对手，为企业获得巨大的市场占有率。

采用这一策略的前提条件是：消费者对产品价格很敏感，采用低价位有优势；消费者对产品不了解；产品市场容量较大，但产品较易仿制，潜在的竞争对企业的威胁很大。

4. 缓慢渗透策略（低价低促销策略） 即采用低价格低促销费用的方式推出新产品。低价格使得消费者易于接受新产品，可扩大销售量；低促销又能降低销售成本，以弥补低价格造成的低利润或者亏损。

采用这一策略的前提条件是：产品市场容量大，产品需求弹性大，可采用薄利多销的策略；消费者熟悉该产品，产品知名度高，消费者对价格较敏感。

🔍 案例分析

案例：

美国礼来制药公司生产的抗抑郁药物"百优解"，在最初进入中国市场时，无论是中国医师还是患者，对抑郁症的认知程度远远低于发达国家。正因如此，对于"百优解"在中国市场的销售前景，礼来美国总部并不看好。然而，由于营销策略得当，在中国销售市场屡创佳绩，成为国内市场占有率较高的抗抑郁类药品。礼来中国分公司是怎么做到的呢？他们选择了与医院、新闻媒介合作，将市场培育作为进军中国的首要计划。市场培训的重点集中在对医师们进行抑郁症知识的培训，帮助更多的中国医师认识到抑郁症的危害性并学会识别抑郁症。与此同时，礼来公司斥资让多家媒体对抑郁症相关的疾病知识开展普及培训。这一系列的培训计划，换来了医师和患者对抑郁症的广泛了解，为"百优解"在中国的成功销售奠定了基础。

分析：

礼来中国分公司在"百优解"进入中国市场的初期，采取了快速掠夺的策略，其通过学术推广、媒体宣传等多种方式进行了广泛宣传，使医师和患者了解了抑郁症的危害和治疗的可能性，进而对这种药品产生了期待，所以即使"百优解"在中国市场的定价虽高，但由于它在国内的知名度远远高于其他同类品牌，购买的人仍然络绎不绝。

（二）成长期的策略

经过导入期的推广，新产品已经被消费者所接受，产品的销售量迅速上升而进入成长期。成长期是产品生命周期中的关键时期，医药企业使产品迅速得到普及，扩大市场占有率，在这一时期产品增长率最高，企业利润也得到快速增长。但是在利润的吸引下，竞争者越来越多。企业此阶段的营销重点应放在保持并扩大市场份额，加强自身竞争力和品牌塑造，提高企业的信誉度和美誉度方面。针对成长期的特点，可以采取的营销策略有以下几种。

1. 产品策略　即改变产品品质，一方面进一步提高产品的质量，完善产品的性能；另一方面改变产品的剂型，增加产品的规格，改良包装和样式等，从而提高产品的竞争力，满足消费者更广泛的需求。

2. 价格策略　通过研究竞争者的价格策略，在适当时机调整产品价格。对于高价产品，适当时可以降低价格，以激发对价格比较敏感的消费者产生购买动机和采取购买行动，吸引更多的购买者，提高市场占有率；此阶段不可轻易涨价，否则消费者容易产生不满的情绪，从而影响市场占有率。

3. 渠道策略　即开拓新渠道或进入新的细分市场。通过市场细分，找到新的或尚未满足的市场，或者开辟新的销售渠道，扩大销量。如史克公司的"泰胃美"从医院处方药销售转变为药店的非处方药销售，扩大了市场占有率。

4. 促销策略　即改变医药企业的促销重点。在导入期，通过广告宣传主要是介绍产品；在成长期，应侧重于树立产品的良好形象，重点宣传品牌商标，提高品牌的知名度，提高医师和患者的品牌忠诚度。

（三）成熟期的策略

在成熟期，销售的增长速度开始放慢，销售增长率可能会接近零，但产品的销售额达到整个生命周期的高峰，成熟期是医药企业获取利润的黄金时期。在这一阶段，竞争者纷纷扩大自己的生产能力并强化促销，竞争最为激烈。成熟期的营销重点是尽可能地延长产品周期以获得更多的利润，同时企业还要积极开发新产品。可以采取的营销策略有以下几种。

1. **市场调整策略** 即努力开发新市场，寻求新用户，来保持和扩大自己的产品销售份额；开发产品的新用途，寻求新的市场细分或改变宣传推广方式等，以使产品销售量得以扩大。

案例分析 --

案例：

"吗丁啉"（通用名称：多潘立酮片）是国内知名企业西安杨森制药有限公司生产的胃肠药品牌，"吗丁啉"因准确的定位、显著的疗效得到了消费者的广泛认可。"吗丁啉"的销售最初是先在一线城市开辟疆土，站稳脚跟后向其他城市快速覆盖，继而往二、三级城市不断扩大，并向下一级的县、乡区域形成有效的辐射，西安杨森的营销战略使得"吗丁啉"虽处于竞争激烈的胃肠道药品市场，却一直保持着良好的市场份额。

分析：

"吗丁啉"之所以能在激烈的市场竞争中取得佳绩，归功于企业的市场调整策略使用得当，其将处于成熟期的"吗丁啉"转向其他空白市场，实施了一线城市向二、三线城市及县、乡区域层层推进，从而获得更多市场增量。

----

2. **产品调整策略** 是以产品自身的调整来满足消费者的不同需要。整体产品概念的任何一个层次的调整都可视为产品的调整，包括提高产品质量、改变产品特性和款式等。例如，为了方便消费者，一些滴眼液生产企业推出 10 支 / 盒（每支 0.8ml）的小剂量产品；又如我国的中药由原来的汤剂发展到目前的颗粒剂、胶囊剂、丸剂等，就是在剂型、剂量上进行了调整，以适应不同患者的需求。

案例分析 --

案例：

百年老药阿司匹林，从发明时作为解热镇痛药，到小剂量可抑制血小板凝结，用于预防冠心病与心肌梗死，再到目前成为癌症预防药和延缓、预防白内障形成的用药。阿司匹林虽历经百年，至今依然充满活力，不断发展，没有表现出衰退的现象。

分析：

当产品进入成熟期后，市场竞争更加激烈，这时需要考虑改进产品，扩大消费者群体，从而延长产品的生命周期。对于阿司匹林而言，目前仍处于产品生命周期的成熟期，该药为什么能经久不衰，就是因企业不断开发其在临床中的新适应证，从而使阿司匹林的生命周期不断延长。

3. 市场营销组合调整策略　即通过产品、定价、渠道、促销4个市场营销组合因素加以综合调整，以刺激销售量的回升，从而延长产品的成熟期。常用的方法包括降价、采用多种促销方式、扩展营销渠道和提高服务质量等，具体的方式要视企业内外条件而定。

（四）衰退期的营销策略

当某一种产品的销售额明显下降或急剧下降，利润也大幅度下降甚至出现亏损的局面时，表明产品进入了衰退期。药品进入衰退期的原因有很多，如科技的进步、新药品的替代、消费者用药习惯的改变、治疗效果的不佳、药品的副作用被发现或重视等。面对进入衰退期的产品，要认真研究分析其在市场上的真实地位，找出销售额下降的主要原因，然后决定是放弃经营还是继续维持经营。通常有以下几种策略可以选择。

1. 维持策略　是指企业继续沿用过去的策略，在目标市场、价格、销售渠道、促销等方面维持现状。由于众多竞争者会自行退出市场，经营者减少，还留有市场空间。对于一些有条件的企业来说，可以暂时不退出市场，继续原来的经营，并不一定减少销售量和利润。

2. 缩减策略　企业仍然留在原来的目标市场上继续经营，但是在规模上作出适当的缩减，把资源集中使用在一个或几个有利、有效的细分市场上，以加强这几个细分市场的营销力量，尽可能多地获取利润，也可以大幅度降低市场营销的费用，以增加当前的利润。

3. 撤退策略　企业决定放弃经营某种产品以撤出目标市场。

药品到了衰退期，该阶段的主要矛盾是产能过剩而市场萎缩。因此，对大多数医药企业来讲，应当机立断及时实现药品的更新换代，转向研发新产品或转入新市场。

🔗 知识链接 ....

新产品的类型

市场营销者对新产品的界定，只要在功能或形态上得到改进，且与原产品产生差异，并为顾客带来新的利益，均可视为新产品。新产品可以分为以下类型。

1. 全新产品　指采用新原理、新技术、新工艺和新材料研制成功的，市场上从未出现过的产品。

2. 换代新产品　指采用新技术、新材料、新元件等，使原有产品的性能有明显提高的产品。

3. 改进新产品　指对现有产品的品质、功能、样式、包装或商标等进行改良后的产品。

4. 仿制新产品　指企业合法模仿市场上已有的产品。

第三节　医药产品组合策略

一、医药产品组合及其相关概念

为了充分利用医药企业资源，抓住市场机会，规避风险和威胁，现代医药企业会生产多种产品，但具体生产哪些产品，就需要合理确定医药产品种类、数量及组合的方式。如何将多个产品合理组合起来，这就是产品组合问题，可用以下概念表述。

（一）产品项目

产品项目是指产品生产企业在其产品目录上列出的每一个产品，企业有几个产品就有几个产品项目。同一产品生产企业生产的不同规格的同种产品，每一个规格的产品称为一个产品项目。

（二）产品线

产品线也叫产品大类，是指企业所生产的产品中密切相关的一组产品项目。一个企业可以有一个或几个不同的产品线。每个产品线下可以有一个或几个不同的产品项目。

🔗 知识链接

产品线与产品生产线的区别

产品线是指一组密切相关的产品，这些产品功能相似，顾客群与渠道类同。产品生产线是产品生产过程所经过的路线，即从原料进入生产现场开始，经过加工、运送、装配、检验等一系列生产线活动所构成的路线。产品线和产品生产线不能混为一谈。

（三）产品组合

产品组合，也叫产品搭配，是指一个企业所生产经营的全部产品的组合和结构。产品组合可以由若干条产品线组成，每条产品线又由一些产品项目构成。某医药企业的产品组合如图6-6。

（四）产品组合的变化因素

产品组合的变化因素包括产品组合的深度、长度、宽度及产品组合的关联性。

1. **宽度**　是指一个企业拥有产品线的数量。产品线越多，说明该企业的产品组合宽度越广。

2. **深度**　是指企业每条产品线上所包含的产品项目数量。

3. **长度**　是指企业各条产品线所包含的产品项目总数。产品项目越多，产品组合的长度越长。

4. **关联性**　是指不同的产品线之间在性能、生产条件、销售渠道等方面的相关程度。其关联性越密切，说明企业各产品线之间越具有一致性；反之，则缺乏一致性。

现以某医药企业旗下的医药产品为例说明产品组合的变化因素如图6-6所示。某医药企业旗下的产品涉及消化系统疾病用药、心血管疾病用药、肝肾疾病用药、解热镇痛药、营养辅助药共5大类药品，即有5条产品线，那么产品组合的宽度就是5。每条产品线下所包含的产品项目数为深度，如消化系统疾病类有奥美拉唑肠溶胶囊和

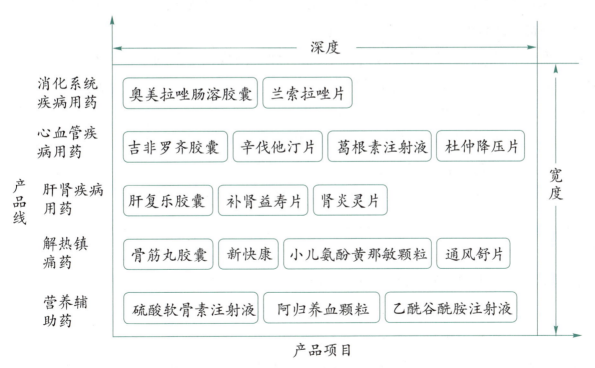

图6-6　某医药企业的产品组合

兰索拉唑片2种药,那么这条产品线的产品组合深度为2,不同产品线的深度有所不同。从图6-6中看出,这个企业所包含的产品项目总共有2+4+3+4+3=16,所以产品组合的长度为16。

产品组合的宽度、长度、深度和关联度

分析产品组合的宽度、长度、深度和关联度,有助于企业更好地制定产品组合策略。在一般情况下,扩大产品组合的宽度,有利于扩展企业的经营领域,实行多角化经营,可以更好地发挥企业潜在的技术、资源优势、提高经济效益,分散企业的投资风险;增加产品线的长度,使产品线丰满充裕,可以成为产品线更完全的公司;加强产品组合的深度,可以占领同类产品的更多细分市场,满足更广泛的市场需求;而加强产品组合的关联度,则使企业在某一特定的市场领域内加强竞争力和赢得良好的声誉。

二、医药产品组合策略的类型

随着企业生产经营内外部环境的不断发展变化,医药企业也要适时地调整自己的战略,进行产品组合的调整,以更好地满足市场需要。医药产品组合策略是指医药企业根据市场状况、自身条件和竞争态势对产品组合的宽度、深度、长度和关联度进行适时调整和优化组合决策。常用的调整医药产品组合策略主要有以下几种。

（一）扩大产品组合策略

扩大产品组合策略是指医药企业通过开拓产品组合的深度和宽度,增加新的产品项目或增加新的产品线,以此来扩大企业的生产经营范围。

1. 扩大产品组合宽度　是指增加新的产品线,甚至增加新的与原产品不相关的产品线,如天士力集团,除了生产一系列药品之外,还生产茶类和白酒等。

2. 扩大产品组合深度　是指增加某一产品线的产品项目,如某一产品线增加新的药品品种或原有药品增加新的规格、剂型。

扩大产品组合的优点:①可以满足不同消费者的多方面需求,提高产品的市场占有率;②可以使企业充分利用各种资源,分散经营风险,增强企业的竞争力;③能够减少季节性变化和市场需求变化对企业经营造成的影响,增强企业经营的稳

定性；④能够充分利用企业信誉和商标的知名度，完善产品系列，扩大生产和经营规模。

但是实行多元化经营时，企业要量力而行，需进行充分的市场调研，通过对产品组合的不断调整优化，来达到发展企业的目的。

◎ 案例分析

案例：

华润三九医药股份有限公司（简称"华润三九"）是大型国有控股医药上市公司，主要从事医药产品的研发、生产、销售及相关健康服务，是中国主板上市公司"价值百强"企业。目前，华润三九主营核心业务定位于OTC和中药处方药，OTC核心产品在感冒、胃肠疾病、皮肤科疾病和骨科疾病用药市场具有一定影响力；同时在中药注射剂行业享有较高声誉，拥有参附注射液、参麦注射液等10多个中药注射剂品种。华润三九不断聚焦主业，将业务集中在自我诊疗、中药处方药两大领域，积极打造"1+N"品牌线、强化终端覆盖、不断提升产品力。华润三九的产品线：一是做减法，自2008年起，先后剥离了房地产、食品、医药零售等非主营业务；二是做加法，通过外延式并购不断优化主业构成，丰富了皮肤科疾病用药、骨科疾病用药、感冒药等产品线，拓展了中药材种植加工业务，进一步提升企业核心竞争力。近年来，华润三九又启动"大健康与新品类"项目，依托现有品类基础和品牌资产，加强对消费者需求研发，向健康类产品延伸，推出的植物蛋白饮料、功能性饮料、蛋白粉等大健康产品受到消费者的欢迎。

分析：

华润三九聚焦于主业，对现有的产品组合加以调整，采用策略有扩大产品组合策略、缩减产品组合策略以及产品延伸策略。通过缩减产品组合策略剔除了一部分非主营业务；通过扩大产品组合策略丰富了自身产品线；还运用了产品延伸策略，对产品进行升级，增强了企业核心竞争力。

（二）缩减产品组合策略

缩减产品组合策略与扩大产品组合策略相反，它是削减产品线或产品项目，特别是要剔除那些获利小的产品，以便集中力量经营获利大的产品线和产品项目，适当的缩减产品组合，可以使总利润上升。

缩减产品组合的特点是：集中资源和技术力量投入少数产品，提高质量和生产规模，有利于企业向市场的深度发展，寻求合适的目标市场，但也存在着较大的风险。

因此，企业应当结合自身的情况妥善处理以上矛盾，使其达到最佳的组合状态。

（三）产品线延伸策略

任何企业的产品都有其市场定位，如将产品定位在低档、中档和高档，但是这种定位不会永远不变，为了丰富产品种类，满足不同顾客的需求，企业需要改变原有部分或全部的产品定位，在原有产品品种的基础上进行延伸。具体有以下三种方法。

1. 向下延伸　即医药企业在生产高档产品的基础上，增加生产中、低档产品。向下延伸的原因是企业发现中、低档产品的市场增长率较快，企业利用高档产品的品牌声誉，吸引购买力较低的顾客慕名购买此产品线中的中、低档产品，提高产品的市场占有率，填补市场空白，不让竞争者有机可乘或者用来阻挡竞争对手在高档产品中的进攻。但实行这种策略也有一定风险，处理不慎会影响企业原有产品的市场形象。

2. 向上延伸　即医药企业在生产低档产品的基础上，增加生产中、高档产品。向上延伸的主要原因有：①企业想提高自身市场地位，增加现有产品的信誉；②高档产品高利润的吸引；③企业的技术设备和营销能力已具备加入高档产品市场的条件。企业采取向上延伸策略也需考虑高档市场其他企业的抵制，以及企业生产经营高档产品是否有优势。

3. 双向延伸　即医药企业在生产中档产品的基础上，增加生产低、高档产品。这种策略主要是为了取得产品的市场地位，扩大经营，增强企业的竞争能力。缺点是容易造成企业产品间的竞争。

◎ 案例分析

案例：

上海医药集团股份有限公司是一家医药产业集团公司。该公司产品覆盖化学、生物药品、现代中药和保健品，聚焦抗肿瘤、心脑血管等多个治疗领域，公司在发展过程中不断引领行业价值创新，逐步向"科技型健康服务企业"转型。"神象"是上海医药旗下专营公司——上海上药神象健康药业有限公司的品牌。该公司主要经营野山参、冬虫夏草、西洋参等名贵滋补品，除了传统医药渠道以及在优势地区开设直营店外，一直致力于进入高端百货和大型超市卖场，目前入驻了包括上海第一医药商店、蔡同德堂等在内的数百家终端专柜和门店。

分析：

上海医药集团股份有限公司采取的是产品线延伸策略的向上延伸，其专门设立专营公司，打造出高档产品"神象"，并在高档百货和大型超市卖场中设立"专柜"的经营模式，把高档产品直接推向高收入人群，为企业带来更大的利润。

第四节 医药产品品牌策略

一、品牌的内涵

（一）品牌的含义

品牌是制造商或经销商加在商品上的标志，用来区别其他制造商或经销商的同类商品。通常由名称、名词、符号、标记或它们的组合构成。

（二）品牌的构成

品牌是一个商业名称，其主要作用是宣传商品；品牌是一个集合概念，它包括品牌名称和品牌标志两部分。

1. **品牌名称** 是指品牌中可以用语言称呼表达的部分，可以是词语、字母、数字或词组等的组合。如"仁和""仲景""999"等都是品牌名称。

2. **品牌标志** 是指品牌中可以被识别，但不能用语言称呼的部分，可以是符号、图案，也可以是明显的色彩或字体或其组合。如"同仁堂"川贝枇杷糖浆的包装上两条飞龙加上同仁堂的3个字组合而成的图案就是品牌标志。

> **② 课堂问答**
>
> 同学们想一下，请你列举一些品牌标记和品牌名称的例子。

（三）品牌与商标

1. **商标的定义** 商标是用于识别某商品、服务或企业等的显著标志。商标是一种法律用语，是指已获得专利权并受法律保护的一个品牌或品牌的一部分。商标经注册后，受法律保护。

2. **商标的特征**

（1）显著性：商标是区别于他人商品或服务的标志，便于消费者识别。

（2）独占性：注册商标所有人对其商标具有专用权、独占权，未经注册商标所有人的许可，他人不得擅自使用，否则，即构成侵犯注册商标所有人的商标权，违反我国商标法律规定。

（3）价值性：商标所有人通过商标的创意、设计、申请注册、广告宣传及使用，使商标具有了价值，也增加了商品的附加值。

（4）竞争性：商标是商品信息的载体，是参与市场竞争的工具。

品牌设计的基本原则

品牌是企业重要的外在形象显示，企业的重要无形资产。品牌要根植于消费者心中，就必须对其进行精心的设计和打造，品牌设计是品牌营销成功的必要条件。品牌设计的要素主要包括名称、标志图案、标语口号、包装等，品牌设计就是要把品牌的各要素加以整合、规划、综合，使其产生"1+1>2"的传播效果。品牌设计时应遵循一些基本的法则。

1. 简单醒目，便于记忆　为了便于消费者认知和记忆，品牌设计的首要原则就是简单、醒目、便于记忆和传播。

2. 个性鲜明，富有特色　品牌是用来表达商品独特性质，并与竞争者的产品相互区别的主要标志。因此，品牌的设计不能与他人雷同，应突出自己的特色，并彰显企业和产品的魅力。

3. 新颖别致，富有内涵　品牌设计既要构思新颖、造型美观，又要能启发联想，以直接或间接地传递产品的某些信息。

4. 符合法律，尊重习俗　成功的品牌应当符合国内、国际上商标法的规定；不同的国家、民族、宗教、地域的消费者有着不同的消费心理习惯，企业要走向国际市场时，应考虑国际间品牌设计的文化差异与文化适应，要尊重当地的传统文化和风俗习惯。

3. **商标与品牌的联系**　商标与品牌是两个不同的概念，但极易混淆。商标和品牌都是商品的标记，商标是一个法律名词，受法律保护；而品牌是一个经济名词，品牌只有打动消费者的内心，才能产生市场经济效益，同时品牌的全部或部分作为商标经注册后，才有法律效力。品牌与商标是总体与部分的关系，所有商标都是品牌，但品牌不一定是商标。

案例分析

案例：

A药厂发现B药业公司在其商品的外包装上使用与本企业"L"相近似的商标——"L银屑王"。在2005年12月，A药厂的"L"商标就被安徽省工商行政管理局认定为著名商标，A药厂称B药业公司做法误导了相关公众，侵犯了本药厂"L"注册商标专用权。于是A药厂以B药业公司使用的"L银屑王"商标与其申请注册的

"L"商标相近似为由，将该企业告上法庭。××××年××月××日，安徽省某市中级人民法院一审判决B药业公司销毁全部的以"L"命名的银屑王产品，并赔偿原告经济损失10万元。

分析：

法院认为，"L"是原告注册的商标，是按照《商标法》纳入保护范围的，被告并未正当使用"L"，构成了对原告注册商标的侵权。商标的独占性特征说明，未经注册所有人的许可，不得擅自使用他人已注册的商标，否则会造成侵权并会受到法律的制裁。

二、品牌的作用

（一）品牌对消费者的作用

1. 便于消费者识别、选购产品　品牌可以代表产品的品质和特色，同时它还是企业的代号。品牌可以帮助消费者选择产品，减少选购商品所花费的时间和精力。消费者往往偏爱拥有知名度品牌的产品。

2. 有利于保护消费者的合法权益，降低购买风险　消费者在购买标有注册商标的产品时，其合法权益将得到保障。一旦产品质量有问题，可快速找到生产这种产品的厂家，要求其退、换货或赔偿。

3. 有利于提高消费者的满意度　经济的发展，人们生活水平的提高，使得越来越多的消费者由理性消费转向感性消费，由注重产品功能转向注重品牌的情感价值和文化内涵。品牌消费所产生的象征价值和情感愉悦价值，使消费者能够从中获得更多的心理满足。

（二）品牌对企业的作用

1. 有利于企业产品销售，树立企业形象　一个品牌一旦拥有广大的忠诚顾客，其市场地位就不会轻易改变，即使其产品已经改良或替换，消费者也会在对其品牌信任的驱使下对新产品产生购买欲望，企业的社会形象、声誉也会随着品牌忠诚度的提高而提高。

2. 有利于提高产品质量和服务质量　市场竞争是通过商品品种、质量、价格、服务等多种因素进行比较，而这些信息则是通过品牌这一桥梁传递给消费者的。消费者根据品牌的信誉去评价产品，从而促使企业不断增强责任心，保证并提高产品的质量和服务，提高品牌的信誉。

3. 有利于新产品的开发，投入成本的节约　新产品要进入市场，投入的成本与承担风险非常大，如果企业能借势本企业已成名的品牌推出新产品，能更大限度地防范新产品进入市场的风险以及节约相应的成本。

4. 有利于稳定产品的价格，减少价格弹性　越来越多消费者乐意为自己所推崇的品牌多付出代价。在市场激烈竞争的条件下，强有力的品牌可用价格手段将其他竞争者排除在外。

5. 有利于保护品牌所有者的合法权益，帮助企业抵御竞争者的攻击　新产品一经推出，如果在市场上畅销，很容易被竞争者模仿，但品牌是企业特有的一种资产，它可以通过注册得到法律保护。另外，品牌忠诚也为阻挡其他企业进入市场构筑了壁垒。

6. 有利于市场细分及产品的市场定位　设置品牌不仅可以使企业便于经营管理，还有利于企业进行市场细分。企业可以在不同的细分市场推出不同品牌，以适应消费者的个性差异，更好地满足市场需求。

三、医药产品品牌策略的类型

（一）品牌化策略

品牌化策略是指企业决定是否给产品建立品牌。如今在激烈的市场竞争中，品牌对消费者、企业以及整个社会都有重要的作用。一般可以不使用品牌的产品主要有以下几类：①大多数未经加工的原料产品；②不会因制造商不同而形成不同特色的产品，如家庭用电、家用的自来水等产品；③消费者习惯上不必认定品牌购买的产品，如自产自销的大米、蔬菜等产品；④生产工艺比较简单，没有一定技术标准，选择性不大的小商品。

无品牌营销者的主要目的是节约广告和包装的费用，以降低成本和售价，加强竞争力，吸引低收入的购买者。医药产品由于其本身的特殊性，大多数医药产品都会使用品牌。也有少部分医药产品不使用品牌，如未加工的原料产品或是某些一次性使用的商品等。

（二）品牌归属策略

品牌归属策略是指企业决定选择谁的品牌来使用。一般来说有三种选择。

1. 制造商品牌　也称生产者品牌，是医药生产企业使用自己的品牌。目前，绝大多数医药企业的产品是使用制造商的品牌。生产企业使用自己的品牌，有利于树立自己的企业形象，体现自己的经营特色和经营优势。

2. 经销商品牌　也称中间商品牌，即中间商向医药产品生产企业大量购进产品或加工订货，产品在市场上用中间商的品牌销售。这样的方法在医药行业使用比较少，大多数都是用在百货公司或超市等零售行业中。

3. 制造商和经销商共存品牌　即医药生产企业将自己的一部分产品使用自己企业的品牌，另一部分使用产品销往的中间商所属的品牌。这种方法多见于一些中小型医药企业。

（三）品牌名称策略

医药企业决定了产品使用品牌，并且也决定了使用谁的品牌，接下来就要考虑所有产品使用一个品牌还是几个品牌，或是不同产品分别使用不同品牌，这就是品牌名称策略。一般来说，品牌名称策略有以下四种。

1. 统一品牌策略　即企业的所有产品都使用同一品牌。如三金药业的产品，"三金"西瓜霜润喉片、"三金"眩晕宁片、"三金"脑脉泰胶囊等。这种策略的优点有：①当新产品推出时，可以节省品牌的设计费和广告费；②所有产品都采用同一品牌，可以充分利用已成功品牌的效应，有利于新产品迅速进入市场，扩大企业的市场占有率。

使用统一品牌策略必须具备3个条件：①已有的品牌要具有一定的市场基础和品牌知名度；②新产品的质量应该超过品牌产品质量或与之相同，否则将会给品牌信誉造成不良影响；③各类产品之间差异不能太大。

2. 个别品牌策略　是指企业对每个产品分别使用不同的品牌名称。如诺华公司就为其降血压产品"代文"（通用名称：缬沙坦胶囊）与"洛汀新"（通用名称：盐酸贝那普利片）等进行了不同的品牌命名。

这种策略的优点是：①提高企业的抗风险能力，即使个别产品失败或信誉下降，也不会影响其他产品的销售和信誉；②便于为每种产品寻求不同的市场定位，有利于增加销售额和对抗竞争对手的能力。但是使用这一策略会增加企业营销成本，使企业的资源投入分散，不利于企业整体品牌的打造，同时要求企业具有较强的品牌管理能力。

3. 分类品牌策略　即企业对其不同类别的产品分别采取不同的品牌名称，每条产品线使用不同的品牌。如强生制药，其感冒类产品使用"泰诺"品牌，解热镇痛类产品使用"美林"品牌，每一品牌下均有若干种产品。

这种策略可避免个别品牌策略成本高的问题，克服统一品牌策略风险大的缺点，又可使特性迥异的产品之间互不影响。

4. 企业名称与个别品牌并用的策略　即企业对其不同类别的产品分别采取不同的品牌名称，并且在品牌名称之前加上企业的名称。如修正药业集团的修正布洛芬片、修正清凉含片、修正肺宁颗粒等。

这种策略的优点是：当企业的声誉很好时，有助于产品迅速推广。缺点是任意产品的失败或事故都可能严重影响公司的信誉。

◎ 案例分析

案例：

"江中"品牌是我国最具影响力的医药品牌之一。20世纪80年代末开始，江中集团就确立了"消费者心中的名牌，才是真正的名牌"的品牌塑造思路，通过"精确定位、大品牌、大广告、强渠道、广覆盖"等营销组合，建立"江中"品牌在消费者心中强烈的美誉度。从30多年前"江中"草珊瑚含片引发中国咽喉类用药市场，到挖掘出单品种销量超十亿的"江中"健胃消食片，壮大了中国消化类市场；并推动"江中"蓝枸、猴姑系列功效食品的拓展及处方药市场的不断深入。40多年来，江中集团始终秉承研发领先、精益生产、营销增长的发展战略，不断为"江中"品牌添彩。

分析：

江中集团为新上市的产品进行品牌塑造时，运用了企业名称与个别品牌并用的策略。其依托"江中"草珊瑚含片的影响力，陆续推出"江中"健胃消食片等产品，在OTC市场上取得了巨大的成功；除此之外，还在功效食品、处方药品类相应开发了一系列的产品，进一步扩大了"江中"品牌的影响力。江中集团产品品牌策略的成功运用，使得它的多个新产品能快速进入市场，得到了消费者的认可。

（四）品牌延伸策略

品牌延伸策略是指企业利用已具有市场影响力的成功品牌来推出改良产品或新产品。品牌延伸的优点：①新产品能更迅速地进入市场并较容易被消费者所接受；②可减少新产品的市场风险；③可降低进入市场的费用；④品牌延伸获得成功还可强化品牌效益，扩大原品牌的影响，增强企业的核心力。

（五）更换品牌策略

更换品牌策略是指企业对原有品牌进行更改或更换的品牌策略。这一策略有两种情况，一是在原有品牌的基础上进行某些改进更新；二是企业完全废弃原有的品牌，采用全新的品牌。

采用这种策略的原因有以下几个方面：①原品牌已经不适合企业现有的发展状况或原品牌不被消费者认可；②企业为了使品牌适应新的观念、新的时代、新的需求；③企业希望给消费者不断创新的感觉。

（六）品牌特许策略

品牌特许策略是通过特许协议，品牌拥有者允许其他机构在一定时期和地域范围内使用自己的品牌。被特许方承担其自身的产品生产、市场销售和广告促销责任。运用此策略可以使品牌拥有企业获得额外的收入、降低企业成本等，使品牌增值。该策略多用于医药连锁企业。

第五节　医药产品包装策略

一、包装的概念

包装是指为了在产品流通过程中保护产品、方便贮运、促进销售，按一定技术方法而采用的容器、材料及辅助物等的总称，以及为了达到上述目的进行的操作活动。包装有两方面的含义：一是指包装医药产品的容器和材料或辅助物等；二是指为医药产品包上包装的操作活动。

二、包装的作用

（一）保护商品、方便运输

包装可以避免产品受到温度、湿度、光照、空气等因素的影响；同时又在产品储运过程中起到防冻、防虫鼠、防破损等作用。因此，在产品包装时，要注意对产品包装材料的选择以及包装的技术控制。

（二）美化商品

俗话说"人靠衣装马靠鞍"，精美的包装能够起到美化商品的作用。

（三）促进销售

消费者在购买商品时，首先看到的是商品包装，精美的包装会对消费者产生极大的吸引力，促进消费者购买；销售包装上往往会印有商标、使用说明等介绍商品的内容，起到了宣传和促进销售的作用，因此包装被称为"无声的推销员"。

（四）增加利润

优良精美的包装能提高医药产品的价格，提高产品的附加值，促使消费者愿意出较高的价格购买产品，超出的价格往往高于包装的附加成本，使企业盈利增加。

三、医药产品包装的分类

包装的分类有许多种，如按包装的材料、功能、方式、包装技术分类等。按包装的形式，医药产品包装可分为内包装、中包装和外包装。

（一）内包装

内包装也称小包装或销售包装，是直接或间接接触产品的内层包装。直接接触产品的包装有安瓿瓶、塑料瓶、铝箔等；有的需要在直接接触产品包装外再加上一层纸盒包装，这就是间接接触内包装，如药片或胶囊除了直接接触的泡罩或铝箔外，再装入设计好的纸盒中。内包装在生产中与商品装配成一个整体，它以销售为主要目的，随同商品一起销售给顾客。内包装起着保护、美化、宣传和促进商品销售的作用。

（二）中包装

是指若干个小包装组成一个整体包装的包装形式。它介于内包装和外包装中间。如药品为了方便配送和点数，往往把8个或10个小包装用塑料或纸盒装成一个中包装。中包装在销售过程中，一部分随同商品出售，一部分则在销售中被消耗了。在商品流通过程中，中包装起着进一步保护商品的作用，同时方便商品配送和销售过程中点数和计量。

（三）外包装

外包装是指商品的最外层包装，也叫运输包装。外包装材质要求坚固耐用，一般为硬纸板。在商品流通过程中，外包装起着保护商品、便于运输、装卸和储存等方面的作用。为了便于计数及标明内装物体，只以文字标记货号、品名、数量、规格、体积等，以及用图形标记防潮、防火、防倒置、防压等信息。

四、医药产品包装策略的类型

（一）类似包装策略

类似包装策略是指企业所有的医药产品，在包装外形、图案、颜色等方面都采用同一形式。这样可以壮大企业的声势，扩大影响，促进产品销售；同时，可以节省包装成本，增加企业利润。对于刚上市的新产品，较多采用这种策略，以便更好、更快地取得消费者的信任，迅速打开市场。但是类似包装策略一般只适用于质量水平大致相当的产品，如果企业的各种产品品质过分悬殊，将会影响优质产品的声誉。

案例：

某中药厂推出了一系列药品，如枇杷止咳颗粒、田七花叶颗粒、感冒消炎片等，包装图案类似，包装颜色分别采用黄色、绿色和蓝色加以区分。

分析：

该厂采用的是类似包装策略，在包装外形、图案等方面采用相同或类似形式，有利于新产品上市；便于消费者识别，加深对该品牌的印象，以扩大企业的声誉；还可节约包装设计及宣传成本。

（二）组合包装策略

组合包装策略是指根据消费者的消费习惯，把几种相关联的产品放在同一个包装内销售。如化妆品组合包装、家庭小药箱、旅行常备药袋等。这种包装策略有利于顾客配套购买，方便使用，满足消费者的多种需要，也有利于企业扩大销量。如果新旧产品包装在一起，还可以以旧带新，减少新产品的推广费用。

（三）再使用包装策略

再使用包装策略也称双重用途包装策略，是指原包装内的商品用完后，包装物还能有其他用途。这种包装有利于激发消费者的购买兴趣，促进销售；同时，用作其他用途的包装物还可起到广告宣传的作用。

（四）附赠包装策略

附赠包装策略是指在包装物里附赠一些物品，以吸引消费者购买产品。如在颗粒剂药品袋内赠送药勺、止咳糖浆附赠量杯等。这种包装策略使消费者感受方便或者有意外收获，从而产生一定的吸引力。

课堂问答

药品由于其特殊性，有特殊的包装要求，请同学们搜集一些皮肤科疾病用药的药品包装，完成以下任务。

1. 与一般商品相比，药品包装有哪些不同的要求？
2. 皮肤科疾病用药使用了哪些包装策略？举例说明。

（五）改变包装策略

改变包装策略是指企业采用新的包装技术、包装材料或包装设计等，对原有包装加以改进，改变原有产品形象的一种包装策略。如将三日量的包装改成两日量的包装，通常在产品销售不佳或者产品要提价的时候使用。改用新的包装设计或新的包装材料，从而弥补原包装的不足，改变原有产品的形象，可以利于产品的进一步销售。

案例分析

案例：

自古以来，中医派药都是采取"手抓称量"的方式。康美药业则向这一民间用药传统发出挑战，推行中药饮片"小包装"。各种各样的中药材按照3g、5g、10g和15g等多种品规进行袋装。这样一来，中医开药，直接计量单位从"克"变成"包"；药师抓药时不再是"人人腰间一杆秤"，避免了手抓带来的二次污染。康美药业小包装饮片的推出，给中药的生产、流通、使用带来了革命性变化。康美药业也因冲破行业瓶颈而迎来企业自身的"爆发式增长"，销售收入是推广"小包装"之前的3倍，康美药业因包装的改变冲在了中药行业发展的前列。

分析：

由于长期以来行业标准缺失，同一种中药材不同的产地、不同的厂家，可能导致同样分量的药材中的有效成分相差甚远，康美药业"小包装"带来的重要意义一方面是质量和剂量的稳定，另一方面防止了二次污染。康美药业改变包装策略，不但成就了自己，还掀起一场轰轰烈烈的行业变革，国家层面正在努力促进中药饮片"小包装"的推广。

（六）绿色包装策略

绿色包装策略是指企业使用对人体和生态环境不造成污染和危害的包装。如制造过程中节约能源，使用容易分解、并不产生对人体和环境有害的物质，以及可重复使用的包装等。这对于为人类提供健康保健的医药产业极其重要。

（七）等级包装策略

等级包装策略是从产品的档次或顾客购买目的差异，对产品采用不同等级的包装。按产品的档次来决定的包装，一般情况下高档产品会采用精美的包装，以突出其优质优价的形象；低端产品则会采用简单的包装，以体现其经济实惠的形象。按顾客购买目的来决定的包装，如馈赠亲友的商品可采用礼品装，自用的商品可采用简朴型的包装。

1. 医药产品整体概念由核心产品、形式产品和附加产品组成。
2. 产品是有生命周期的，典型的产品生命周期一般包括导入期、成长期、成熟期、衰退期4个阶段，在产品生命周期不同的阶段会呈现出不同的特点。
3. 为实现产品在整个生命周期的利润最大化，企业应根据产品生命周期不同阶段的特点，采取相适应的营销策略。
4. 医药产品组合策略是对产品组合的宽度、深度、长度和关联度进行适时调整和优化组合的决策，包括扩大产品组合策略、缩减产品组合策略、产品线延伸策略。
5. 品牌由品牌名称和品牌标志两部分构成。医药产品品牌策略包括品牌化策略、品牌归属策略、品牌名称策略、品牌延伸策略、更换品牌策略、品牌特许策略。
6. 医药产品包装策略包括类似包装策略、组合包装策略、再使用包装策略、附赠包装策略、改变包装策略、绿色包装策略、等级包装策略。

● ····· 思考题

一、 简述题

1. 简述医药产品完整的生命周期阶段划分及各阶段的特点。
2. 简述品牌策略的类型。
3. 简述品牌和商标的联系与区别。
4. 简述医药产品包装的使用策略。
5. 简述医药产品整体概念包括的层次，请举例说明。

二、 案例讨论

"云南白药"的品牌塑造之路

"云南白药"创制于1902年，是百年中华老字号品牌。云南白药集团于1971年建厂，1993年作为云南首家上市公司在深圳证券交易所上市，1996年实现品牌的完整统一，1999年成功实施企业再造，2005年推出"稳中央、突两翼"产品战略，2010年开始实施"新白药、大健康"产业战略，从中成药企业逐步发展成为我国大健康产业领军企业之一。2016年，云南白药在控股层面以增资扩股的方式实施混合所有制改革，吸收了新华都和江苏鱼跃200多亿元民营资本。2019年4月，经中国证券监督管理委员会核准，由云南白药集团股份有限公司吸收合并云南白药控股有限公司，实现整体上市。国有和民营资本并列两大股东，理顺了体制，激活了机制，云南白药的混改因其彻底性、开创性被誉为混改的"白药模式"。2019年12月，"云南白药"以品牌价值255亿元位列2019胡润品牌榜第66位，蝉联医疗健康行业第1位，连续11年入围榜单。2020年7月，云南白药集团入选"中国上市公司市值500强"，排名第140位。2021年7月，"云南白药"入选2021全球制药品牌价值25强。依托"云南白药"驰名品牌，云南白药集团打造了多个药品品牌、个人健康护理产品品牌、原生药材及大健康产品品牌等。在药品方面，云南白药创可贴、云南白药气雾剂、云南白药膏等产品继续占据中国市场同类产品销量第一；健康产品方面，2018年云南白药牙膏产品销售位居同类产品全国市场份额第二、民族品牌第一；中药资源产品方面，以冻干和超细粉技术为代表的豹七三七已成为云南省内高品质三七的代表。"云南白药"品牌的成功塑造，使得这家百年老店充满新的生机活力。

讨论：

1. 简述医药产品品牌策略有哪些。
2. 分析"云南白药"进行品牌的塑造时运用的策略，并陈述其优缺点。

第七章
医药产品价格策略

第七章
数字内容

学习目标

- 掌握 医药产品价格体系和医药产品价格构成，影响医药产品价格的因素。
- 熟悉 医药产品的定价方法和各种定价策略。
- 了解 我国医药产品的定价方式。

情境导入

情境描述：

在2021年国家医保药品目录谈判中，7种罕见病用药纳入《国家基本医疗保险、工伤保险和生育保险药品目录》（以下简称《医保目录》）。罕见病患者的用药一直是《医保目录》调整过程中重点关注的品种，在2021年的谈判中治疗罕见病脊髓性肌萎缩症的药物谈判，进行了一个半小时，全过程回顾下来可谓异常艰难。企业第一轮报价中，给出的价格是53 680元/瓶，而国家医保局谈判代表张劲妮回答道："希望企业拿出更有诚意的报价，每一个小群体都不该被放弃。"并给出了一个颇具"诱惑力"的条件——"如果这个药能进入《医保目录》，以中国的人口基数、中国政府为患者服务的决心，很难再找到这样的市场了。"双方经过了六轮协商，第七次商量后报价降到了34 020元/瓶。张劲妮的答复是："觉得前面的努力都白费了，真的有点难过。"随后经过谈判组的集体商议张劲妮给出了33 000元/瓶的报价，企业代表第八次离席商谈，最终确认了新的报价。

一个半小时的漫长谈判，企业代表八次离席商谈，每瓶药的成交价比最初的报价少了2万多元。国内相应罕见病的患者们也迎来了好消息。国家医保局于2021年12月3日召开新闻发布会，公布了2021年版《医保目录》调整结果，本次调整共有74种药品新增进入目录，2021年版《医保目录》内药品总数达2 860种，纳入药品精准补齐肿瘤、慢性疾病、抗感染、罕见病、妇女、儿童等的用药需求，患者受益面广泛。

2022年1月1日北京、上海、广东、浙江等11个省市医院近20位脊髓型肌萎缩症患者接受了诺西那生钠治疗。得益于国家医保药品目录谈判，该注射液由原来70万元降至33 000元，患者自费只需花费几千元。

学前导语：

药品价格一直是老百姓最关心的问题，也是政府最关注的问题，我国对药品价格的管理经历了从严格管理、基本放开、重点调控、市场调节的不同历史阶段。推进医药价格改革、建立科学合理的医药价格形成机制是价格改革的重要内容，是医药卫生体制改革的重要任务。党的十八大以来，我国先后推出了药品价格改革方案和医疗服务价格改革方案，新型医药价格形成机制正在形成之中。本章将带领大家学习医药产品的价格体系和定价方法，让大家掌握定价策略。

第一节　概述

价格是市场营销组合要素之一，它与产品、渠道和促销不同，它的变化异常迅速，且直接关系到企业成本的补偿以及利润的实现，是营销组合中最灵活、最敏感的因素。在市场竞争进入白热化阶段之后，价格残杀愈来愈激烈，造成企业利润不断流失，这已经成为许多企业的心头之痛，从而促使价格问题上升到决定企业盈亏的战略问题。企业不仅要给产品制定基本价格，而且还需要随着竞争环境的变化适时调整价格。价格策略是市场营销组合策略中十分重要的组成部分。

一、医药产品价格体系

（一）医药产品出厂价
是指医药产品生产企业向医药产品批发或零售企业销售时的价格。《医保目录》

内特殊管制的药品都是政府定价，通常就是企业的出厂价。即：

$$出厂价 = 成本价 + 利润 \qquad 式（7-1）$$

（二）医药产品批发价

是指医药产品批发企业向零售企业包括医院、诊所批量销售时的价格。即：

$$批发价 = 出厂价 + 进销差价 \qquad 式（7-2）$$

（三）医药产品零售价

是指零售药店和医院、诊所等医疗机构向消费者销售时的价格。即：

$$零售价 = 批发价 + 批零差价 \qquad 式（7-3）$$

二、医药产品价格构成

从经济学的角度来看，医药产品的价格通常应由正常的生产成本、流通费用、国家税金和企业利润所构成（图7-1）。即：

$$医药产品价格 = 生产成本 + 流通费用 + 国家税金 + 企业利润 \qquad 式（7-4）$$

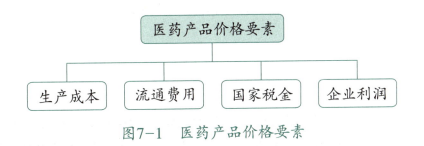

图7-1 医药产品价格要素

（一）生产成本

生产成本是生产单位为生产产品或提供劳务而发生的各项生产费用。它包括以下四个方面。

1. 原料、辅料、包装材料、燃料动力消耗费用的支出。

2. 生产工人和管理人员的工资支出。

3. 企业厂房和机械设备等固定资产的折旧。

4. 其他支出。

对制药企业而言，不可忽略的成本还包括企业排污减排的环保成本。我国《制药工业污染物排放标准》要求企业在环保方面加大投入。

生产成本是制定医药产品价格最主要、最基本的要素，也是制定医药产品价格的最低经济界限。如果一个企业的医药产品价格低于其生产成本，就会导致企业的亏损甚至倒闭。

（二）流通费用

流通费用是指医药产品从生产领域到消费领域转移过程中，所发生的各种费用。医药产品的流通费用包括以下几方面。

1. **推广促进费用**　如广告、宣传、技术推广费用。
2. **销售机构费用**　如销售人员工资、奖金、福利、培训、管理、差旅费等。
3. **市场费用**　如市场调查、管理等费用。
4. **医学费用**　如医药产品注册、临床试验等费用。
5. **发运费用**　如运输、保险、仓储等费用。

（三）国家税金

是指生产经营者为社会所创造价值的货币表现。税金是国家积累的一个重要来源，生产经营者必须按国家税法义务缴纳税金，它具有无偿性、强制性和固定性等特点。

（四）企业利润

它是生产经营者出售药品所得到的收入减去生产和经营这些药品所支出的成本及税金后的余额。医药企业是一个高投入的行业，尤其是其研发费用更是高得惊人。企业要可持续发展必须有足够的新产品作后盾，而支撑这些的就是该行业较高的盈利水平。

三、我国医药产品的定价方式

根据《中华人民共和国价格法》、《中华人民共和国药品管理法》和《中华人民共和国药品管理法实施条例》，我国政府对医药产品的价格管理以宏观调控与市场调节相结合为总原则。药品的价格实行政府定价、政府指导价和市场调节价三种形式（图7-2）。其中，实行政府定价的药品约有100种，占药品数量的0.8%；实行政府指导价的由国家发展改革委或各省（自治区、直辖市）价格主管部门制定最高零售限价，此类药品约2 600种，占药品总数的22%左右；除政府定价和政府指导价以外的药品，则实行市场调节，由企业自主定价，此类药品占77%左右。

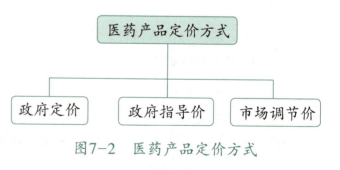

图7-2　医药产品定价方式

（一）政府定价

政府定价指由价格主管部门制定最高销售零售价格。各药品零售单位在不突破政府最高零售价格的前提下销售药品。

2015年10月，中共中央、国务院印发了《关于推进价格机制改革的若干意见》（中发〔2015〕28号），进一步要求药品实际交易价格主要由市场竞争形成。按照党中央、国务院决策部署，取消了除麻醉和第一类精神药品以外绝大部分药品的政府定价，药品的市场交易价格主要由经营者根据成本和供求变化等自主确定，药品无论在医疗机构还是社会零售药店销售，都平等参与市场竞争。改革后，政府主要通过发挥集中采购、医保报销、医院控费、价格监督检查和反垄断等手段，促进药品价格合理形成。自2015年6月1日起取消绝大部分药品政府定价，同步完善药品采购机制，强化医保控费作用，强化医疗行为和价格行为监管，建立以市场为主导的药品价格形成机制。

（二）政府指导价

指由价格主管部门规定基准价及其浮动的范围。

目前仅剩余40多种麻醉和第一类精神药品实行政府指导价管理，主要考虑这部分药品目前实行严格的生产流通管制，临床使用规范，继续由政府控制价格，有利于价格和市场稳定。

🔗 知识链接

我国目前药品定价范围

政府定价药品：麻醉、第一类精神药品，暂时由国家发展和改革委员会实行最高出厂价和最高零售价格管理。

取消政府定价药品：①医保基金支付的药品，通过制定医保支付标准探索引导药品价格合理形成的机制；②专利药品、独家生产药品，通过建立公开透明、多方参与的谈判机制形成价格；③《医保目录》外的血液制品、国家统一采购的预防免疫药品、国家免费艾滋病抗病毒治疗药品和避孕药具，通过招标采购或谈判形成价格。

其他原来实行市场调节价的药品：继续由生产经营者依据生产经营成本和市场供求情况，自主制定价格。

（三）市场调节价

指未列入上述政府定价范围的医药产品的价格，由生产经营企业和零售企业自主定价。依法实行市场调节价的药品，药品的生产、经营企业和医疗机构应当按照公平、合理和诚实信用、质价相符的原则制定价格。药品的生产、经营企业和医疗机构应当遵守国务院价格主管部门关于药价管理的规定，制定和标明药品零售价格，禁止暴利和损害用药者利益的价格欺诈行为。对违反上述规定的，依照《中华人民共和国价格法》予以处罚。

四、影响医药产品价格的因素

市场经济条件下，企业作为独立的商品生产者和经营者，可以独立自主地进行定价。因此，定价是营销组合策略的可变量之一。但是，这种自由定价并不是随心所欲、不受任何制约的。价格的制定要受一系列因素的影响和制约，企业定价必须考虑这些因素。这些因素包括生产成本、市场的供求状况、国家政策和法律法规、定价目标、竞争因素和其他因素等（图7-3）

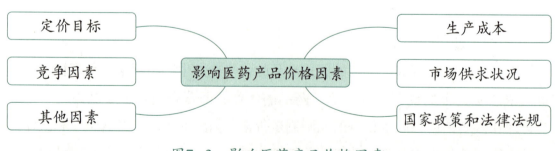

图7-3 影响医药产品价格因素

（一）医药产品成本

医药产品成本是价格构成中一项最基本、最主要的因素，是产品定价的最低限度。在一般情况下，医药产品的成本高，其价格也高。医药产品的总成本除生产成本外，还包括医药产品在流转环节中的流通费用。

🔗 **知识链接** ···

产品成本

根据不同的特征和支出项目，产品成本可分为以下三种类型。

1. **总成本** 生产成本加流通费用组成了产品的总成本，根据不同特点它又可分为固定成本与变动成本两部分，也就是说：总成本＝固定成本＋变动成本。

2. **固定成本** 在总成本中，不随产品种类及数量的变化而变动的成本为固定成本，如生产厂房、机器、设备等的折旧，市场调研和药品开发费用等。即使企业没有生产，这项费用也依然发生。

3. **变动成本** 在总成本中，随产品种类和数量的变化而变动的成本为变动成本，如原材料、燃料、储运费用、销售提成等。

（二）市场供求状况

价格会影响市场需求，根据需求规律，市场需求会按照与价格相反的方向变动。价格提高，市场需求就会减少；价格降低，市场需求就会增加。这是供求规律发生作用的表现，但是也有例外情况，例如显示消费者身份地位的商品的需求曲线有时是向上倾斜的。

由于价格会影响市场需求，所以企业所制定的价格高低会影响企业产品的销售，因而会影响企业市场营销目标的实现。因此，企业的市场营销人员在定价时必须知道需求的价格弹性，即了解市场需求对价格变动的反应。

影响需求价格弹性的因素有很多，主要有以下几种。

1. **产品的用途** 产品用途越多，需求价格弹性越大。

2. **替代品的数目及相近程度** 替代品越多，越相近，需求价格弹性越大。

3. **消费支出占总支出的比重** 该产品消费支出占总支出比重越大，则该产品需求价格弹性就越大。

通常情况下，一些生活必需品如食盐、粮食，市场上没有替代品和竞争产品。例如，专利医药产品、市场上高度流行或者是享有很高的品牌威望的产品，以及急需药品如对于晚期糖尿病患者来说的胰岛素需求价格缺乏弹性；而像常见的感冒药等药品则需求价格弹性较大。所以，企业在制定和调整价格时应注意两点：一是采用低价销售的方式刺激消费时应选择富有弹性的商品；二是提价或降价后对企业总收益会有什么影响，在其他条件不变的情况下，提价或降价都应使企业的总收益有所增加，若企业无利可图，提价或降价将失去意义。

② 课堂问答

请同学们结合近年来的市场情况，想一想供求关系对医药产品的影响大吗？

◎ 案例分析

案例：

2020年广州市海珠区市场监管局根据举报，在该区叠景路168号合生广场南区停车场入口处发现吴某（个人）在售标称"巧妙"MASKS一次性防护口罩（非医用），其中蓝色"巧妙"MASKS一次性防护口罩（非医用，10片/包）进货价12元/包，销售价25元/包；灰色"巧妙"MASKS一次性防护口罩（非医用，10片/包）进货价15元/包，销售价35元/包；"巧妙"儿童款防雾霾口罩（非医用）（2片/包）进货价11元/包，销售价20元/包。

分析：

近年来人们对口罩的需求急剧增加，但是吴某哄抬口罩价格的行为已经违反了《中华人民共和国价格法》，是一种违法的哄抬物价行为。

（三）国家政策和法律法规

对医药产品这类特殊的商品而言，国家政策和法律制度的影响是至关重要的。现阶段我国与医药产品价格有关的政策和法规主要有以下几个方面。

1. 政府价格政策对医药产品定价的影响 我国政府价格政策一直不断地进行修改。最早期基本都是政府定价，从1996年8月开始，《药品价格管理暂行办法》实施，《医保目录》内药品和《医保目录》外特殊药品实行政府定价或政府指导价，其他药品实行政府指导价。从2014年11月开始，《推进药品价格改革方案（征求意见稿）》经过国家发展和改革委员会（以下简称国家发改委）系统内部多次讨论通过后，国家发改委会同国家卫生健康委员会（以下简称国家卫健委）、人力资源社会保障部等部门颁发《关于印发推进药品价格改革意见的通知》，决定自2015年6月1日起取消绝大部分药品政府定价，同步完善药品采购机制，强化医保控费作用，强化医疗行为和价格行为监管，建立以市场为主导的药品价格形成机制。除麻醉药品和第一类精神药品外，取消原政府制定的药品价格。麻醉药品和第一类精神药品仍暂时由国家发改委实行最高出厂价格和最高零售价格管理。

药品价格改革具体分为五类情况：一是医保基金支付的药品，由医保部门会同有关部门拟定医保药品支付标准制定的程序、依据、方法等规则，探索建立通过制定医保支付标准引导药品价格合理形成的机制。二是专利药品、独家生产药品，建立公开透明、多方参与的谈判机制形成价格。三是《医保目录》外的血液制品、国家统一采购的预防免疫药品、国家免费艾滋病抗病毒治疗药品和避孕药具，通过招标采购或谈判形成价格。四是麻醉药品和第一类精神药品，考虑到此类药品目前实行严格的生产流通管制、临床使用规范、价格和市场稳定，仍暂时实行最高出厂价格和最高零售价格管理。五是原来实行市场调节价的其他药品，仍由生产经营者依据生产经营成本和市场供求情况，自主制定价格。

2. 药品价格谈判机制对药品价格的影响　我国药品价格政策要求对专利药品、独家生产药品进行价格谈判。由国家卫健委起草的《建立药品价格谈判机制试点工作方案（征求意见稿）》（简称《方案》）已在国务院各部委层面结束意见征集。《方案》称："重点将肿瘤用药、心血管用药、儿童用药、中成药和公共卫生用药中的专利药品和独家产品纳入谈判范围，积累经验，逐步扩大谈判药品类别和品种数量。"因此，以原研专利药为主的跨国医药企业将受此政策影响。

3. 取消政府定价对药品价格的影响　药品价格关系广大群众的切身利益，药品价格改革必须坚持放管结合，在取消绝大部分药品政府定价的同时，进一步强化医药费用和价格行为综合监管，促进建立正常的市场竞争机制。取消政府定价不是一放了之，不等于放任不管，而是表明政府的职能重心从事前定价加快向事中事后监管转变，工作重点从监管价格水平加快向监管价格行为转移。部署加强药品市场价格行为监管，是切实维护药品市场价格秩序、保障药品价格改革顺利实施的迫切需要，也是切实推进价格职能转变和工作重心转移的必然要求。

4. 其他有关方面的影响　除了以上的影响因素外，还有很多其他显性或隐形政策的影响，如地方保护主义、集中招标采购政策等。此外，药品价格管理中规定的明码标价制度以及对经营企业折扣率的规定、医疗保险等，都在一定程度上影响着我国药品价格策略。

（四）定价目标

企业所制定的定价目标必须而且只能通过产品价格来实现，所以定价目标就成为影响产品价格制定的一个重要因素。根据不同的市场、竞争以及自身资源情况，企业所制定的定价目标是多样化的。为实现定价目标，企业将结合其他影响因素，选用不同的定价方法，制定相应的价格策略。定价目标是医药企业进行药品定价方法和策略选择的方向，因此，药品的定价目标非常重要。具体而言，医药企业的定价目标有以下几种形式。

1. 以实现最大利润为定价目标　它是指企业试图通过价格手段在一定时期内获取最大限度的利润。企业定价追求盈利最大化，并不等于制定最高售价，从经济学的角度看，最大的盈利往往更多地取决于边际成本和边际收益的关系，只有边际成本与边际收益相等时才能获取最大的利润。追求盈利最大化的目标需要具备一定的前提条件：第一，企业在同行业中竞争力较强，拥有先进的技术和工艺，产品质量高；第二，该药品在市场上供不应求，享有较高的声誉。国际上的一些大型医药企业，既具有雄厚的实力，又有专利药垄断市场，他们就可以确定这样的定价目标。

然而，市场供求和竞争状况总会变化，药品也会不断更新，任何企业都不能永远保持其绝对的垄断优势，在更多的情况下，企业把追求盈利最大化作为一个长期定价目标，同时选择一个适应特定环境的短期目标来制定价格。

2. 以获取合理利润为定价目标　它是指企业在激烈的市场竞争压力下，为了保全自己，减少风险，以及限于力量不足，只能在补偿正常情况下社会平均成本的基础上，加上适度利润（常为行业的平均利润）作为药品价格。因为这一定价目标能稳定市场价格，避免不必要的竞争，又能获得适当利润；价格适中，顾客愿意接受；企业之间的价格竞争也不激烈，企业常采取其他措施来获取竞争的胜利。这是一项对企业、竞争者、消费者、社会都有益的定价目标，但由于获取的利润有限，大型医药企业采取这种目标的方式比较少，除非企业处于不利的内、外部环境当中，一般的中小企业才可能采取这一定价目标。

3. 扩大或维持市场占有率为定价目标　如果一个企业市场占有率较高，其药品就会获得较大的规模收益，因而可能比其他企业具有更低的成本。市场占有率和投资报酬率之间也存在正向的关系，此外市场占有率的高低也关系到企业的知名度，影响着企业的形象。因此，企业常常采取这种定价目标。扩大市场占有率的唯一途径是扩大销售。要扩大销售，企业必须降低药品的相对价格水平和利润水平。选择这一目标，企业必须具有以下条件：①存在着大量生产经营的物质条件，总成本的增长速度低于总量的增长速度；②能够找出产生最大销售收入的价格与销售的最佳组合方案；③单个药品的成本低于同类药品的成本。以低价打入市场、开拓销路、逐步占领市场是以提高市场占有率为定价目标时普遍采取的方法。需要注意的是，在采取较低价格吸引顾客扩大市场占有率时，一方面会造成企业短期利润的损失，另一方面还可能招致竞争者的对抗。

4. 实现预期投资报酬率为定价目标　投资报酬率是指一定时期内企业所实现的纯利润与该企业全部投资的比率。企业对于所投入的资金，期望在预期时间内分批收回，尤其是在土地、建筑物、设备等基建支出方面进行巨额投资的企业更是如此。选择一定的投资报酬率作为定价目标，定价时一般在总成本费用之外加上一定比例的预期盈利。在产品成本费用不变的条件下，价格高低往往取决于企业确定的投资报酬率的大小。因此，在这种定价目标下，投资报酬率的确定与价格水平直接相关。选择这一目标，企业必须在同行业中居主导地位，能够掌握市场需求情况，并能基本上控制本企业的市场份额。国外的大型企业常常采取这种定价目标，尤其是固定成本比例高的企业，更容易以此为目标。在我国，根据不同企业的资金来源状况，确定投资报酬率至少应掌握以下原则：①投资若为银行借贷资金，投资报酬率应高于贷款利率；②投资若为企业自有资金，投资报酬率应高于银行存款及其他证券利率；③投资若为政府调拨资金，投资报酬率应高于政府投资时规定的收益指标。

5. 以适应竞争为定价目标　采取这一目标主要是指同类药品的竞争者对价格的确定服从于竞争的需要。为了应付竞争，各个企业都注意经常收集同行业同类药品的质量和价格资料，与本企业的药品进行认真的比较，然后从高于、低于、等于竞争者价格这3种定价上选择其一。规模大、实力强的企业往往以"价格主导者"自居，他们的药品价格一般较高，也不易变动；一些新企业想将药品打入市场，最可能采取与竞争者相同的价格；而较小的企业因其规模小、实力弱，它们的价格会略低于主导价格。当然，企业在谋求其他目的时，如扩大市场份额，也可能会采取低于竞争者的价格。

（五）竞争因素

竞争因素对定价的影响主要表现为竞争价格对药品价格水平的约束上。在竞争激烈的市场上，药价的最低限受成本约束，最高限受需求约束，介于两者之间的价格水平确定则以竞争价格为依据。在质量相似的同类药品中，企业定价过高，就可能会失去顾客，如果没有其他参与市场竞争的新药品，定价高带来的高利润会吸引大量的竞争者涌入市场，形成过度的竞争状态；企业如果定价过低，一方面会减少利润，另一方面也可能会引起同行的不满而遭到反击，引起价格战。

（六）其他因素

1. 消费心理　消费心理是指消费者在购买商品时具有的不同心理，可以表现为求廉心理、求新心理、求美心理、求便心理和求实心理等。在消费者心目中，对产品价格是有客观估价的。产品的价格在一个什么样的范围内是可以接受的，主要是建立在消费者对产品的认知基础上的，这就是消费者对商品价值的理解。当消费者认为通过交换所得的利益大于自己的估价时，就会有一种物超所值的感觉，就愿意购买。目前，企业的经营者都在想方设法实现顾客心理利益的最大满足，这就是顾客让渡价值理论的体现，即让消费者以最少的成本获得最大的价值。因此，企业在制定产品价格时，一定要综合分析消费者的购买心理。

2. 企业内部因素　企业内部的情况也会影响药品的价格，除了在前面提到的药品价格构成要素对药品价格的影响之外，在企业内部，还有一些重要的影响因素，具体如下。

（1）药品及其治疗价值：顾客总是寻找能够带给他们最大价值的产品，这些价值的表现形式就是支付价格之后所能得到的利益。药品的治疗价值在于其治疗和预防功效。由于治疗和预防功效的不同，药品的治疗费用从几元到上千元不等。例如，治疗罕见病的药品要比治疗常见病的药品价格高，治疗重大疾病的新特药品较常用药价格高等。这种治疗价值将药品划分出等级，是决定药品价格最基本的因素。

（2）研发的高额成本费用：药品从一个理论或构思出发，经过试验筛选得到一个化学实体，再经过一系列动物及人体试验来验证其疗效和毒副作用，最后经过严格审查才成为可以应用的药品。这一过程不仅时间长、花费高，而且充满风险。国外药企平均开发一个新药成本大概在8亿美元以上，资本化后的成本高达20亿美元。国内药企开发一个新药的成本约为2亿~3亿元（不包含研发失败和资金机会成本）。由于开发时间过长，新药上市后的专利保护期相应变短。如果不能在专利期满以前收回所有投资，等专利期满之后，新药就会被其他公司合法仿制而失去垄断地位，最终不能盈利。制造商收回投资的压力最终将体现在新药的上市价格上。

（3）高额的促销费用：这是我国医药领域的一个显著特点，很多医药企业用于促销的费用很高，这也是造成药品价格持续上涨的主要因素之一。

除了以上的影响因素外，药品价格还受到诸如药品市场的比价差价、货币价值的变化、国际市场的变化等很多因素的限制，因此医药企业在进行定价时要具体问题具体分析，从而制定出合理的药品价格。

案例分析

案例：

2019年6月，李克强在杭州某药店考察时，就曾提出要做好药品保供稳价，决不能断货，决不能任性涨价。彼时，国产硝酸甘油曾在国内多地爆出大面积断货，价格大涨。而该药正是心血管疾病患者的"救命药"。8月16日，国务院总理李克强主持召开常务会议明确，对短缺药清单中的品种允许企业自主合理定价、直接挂网招标采购。记者了解到，此前有多款救命药、罕见病用药，因用量少、利润低等原因，导致企业生产积极性不高，从而出现供应短缺。例如，作为治疗重症肌无力一线药物的"溴吡斯的明"，国内虽有多家药企拿到仿制批文，但仅有一家药企生产，且在过去几年多次出现断供。与此相似的还包括"他巴唑""诺氟沙星""地高辛片"等。

2019年4月16日，国务院新闻办公室举行短缺药品供应保障和药品集中采购试点、医疗救助吹风会。曾益新表示要加大药品价格监管力度，特别是对一些囤积居奇、垄断供应、蓄意抬高市场价格的，要采取严厉的措施，进行查处和打击。

近年因垄断造成的药品及上游的原料药价格上涨、短缺并不少见。曾有业内人士透露，上述硝酸甘油价格上涨的原因包括原材料价格上涨、药品生产厂家数量少等。2019年，国家市场监督管理总局曾向九势制药和尔康医药开出合计1 243万元的罚款，原因正是垄断行为。国家市场监督管理总局也曾对三家冰醋酸原料药生产企业的垄断行为处以1 283万元罚款。

分析：

维护药品价格稳定是我国医疗体制改革的重中之重，药品价格垄断造成市场混乱，干扰市场调节机制。我国严厉打击医药产品的垄断行为，加大监管力度，净化医药产品市场。

第二节　医药产品定价方法

企业的定价方法是企业在特定的定价目标指导下，运用定价策略对产品价格进行具体计算的方法。定价目标、定价策略与定价方法是一个有机的整体，定价方法的选择是否正确，是关系到企业定价目标能否有利实现的一个重要因素。常用的定价方法有三种，分别是成本导向定价法、需求导向定价法和竞争导向定价法。每种定价方法都有各自的优缺点，企业应在全面掌握和了解产品成本、市场需求和竞争情况的基础上，选择适合于本企业的定价方法（图7-4）。

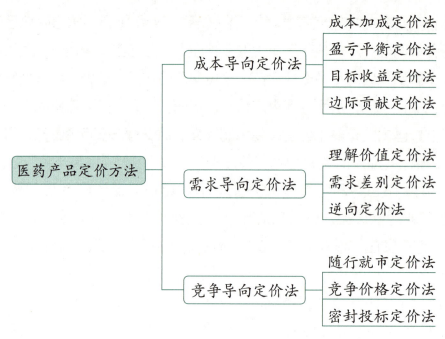

图7-4　医药产品定价方法

一、成本导向定价法

成本导向定价法是以产品的成本为中心来制定价格，是按卖方意图定价的方法。其主要理论依据是：在定价时要考虑收回企业在营销中投入的全部成本，再考虑获得一定的利润。

常用的成本导向定价法包括如下几种。

（一）成本加成定价法

成本加成定价法是在单位产品成本的基础上，加上一定比例的预期利润作为产品的销售价格，销售价格与成本之间的差额即为利润。由于利润的多少是按一定比例确定的，习惯上称为"几成"，因此这种定价方法被称为成本加成定价法。其计算公式为：

$$单位产品价格 = 单位产品成本 \times （1 + 加成率）\qquad 式（7-5）$$

式中，加成率为预期利润占产品成本的百分比。

一般来说，高档消费品和生产批量较小的产品加成比例应适当地高一些，而生活必需品和生产批量较大的产品，其加成比例应适当地低一些。

优点在于简单易行。不足在于，它是以卖方的利益为出发点，不利于企业降低成本；没有考虑市场需求及竞争因素；加成率是个估计值，缺乏科学性。

案例:

已知某药品企业生产的某种药品的产量为40万件,所耗固定成本为600万元,变动成本为400万元,企业期望达到相对于成本的利润率为15%。单位药品价格应为多少?

分析:

单位药品成本=总成本÷销售量=(600+400)÷40=25(元)

单位药品价格=单位产品成本×(1+加成率)=25×(1+15%)=28.75(元)

(二)盈亏平衡定价法

在销量既定的条件下,企业产品的价格必须达到一定的水平才能做到盈亏平衡、收支相等。既定的销量就称为盈亏平衡点,这种制订价格的方法就称为盈亏平衡定价法。科学地预测销量和已知固定成本、变动成本是盈亏平衡定价的前提。企业产品的销售量达到既定销售量,可实现收支平衡,超过既定销售量获得盈利,不足既定销售量出现亏损。其计算公式为:

$$单位产品价格=单位固定成本+单位变动成本 \qquad 式(7-6)$$

以盈亏平衡点确定的价格只能使企业的生产耗费得以补偿,而不能得到收益,因而这种定价方法是在企业的产品销售遇到了困难或市场竞争激烈,为避免更大的损失,将保本经营作为定价的目标时才使用的方法。

案例分析

案例:

某药品企业的固定成本为20万元,单位变动成本为每盒20元,如果预计销售量为5 000盒,则单位药品保本价格是多少?

分析:

单位药品保本价格=200 000÷5 000+20=60(元)

即当每盒价格在60元时,企业不亏也不盈。

(三)目标收益定价法

目标收益定价法或称为投资收益率定价法。它是在企业投资总额的基础上,按照目标收益率的高低计算价格的方法。其基本步骤如下。

1. 确定目标收益率

$$目标收益率 = 1 \div 投资回收期 \times 100\% \qquad 式（7-7）$$

2. 确定单位产品的目标利润额

$$单位产品的目标利润额 = 投资总额 \times 目标收益率 \div 预期销售量 \qquad 式（7-8）$$

3. 计算单位产品的价格

$$单位产品的价格 = 单位产品成本 + 单位产品目标利润 \qquad 式（7-9）$$

目标收益定价法有一个较大的缺点，即以估计的销售量来计算应制定的价格，颠倒了价格与销售量的因果关系，把销售量看成是价格的决定因素，忽略了市场需求及市场竞争。

🔍 **案例分析** --

案例：

某药品固定成本为300万元，单位变动成本为每盒10元，预计销售量为10万盒，企业计划实现的目标利润为300万元。单位药品价格应为多少？

分析：

总成本 =300+10×10=400（万元）

单元药品价格 =（总成本 + 目标利润）÷ 预计销售量 =（400+300）÷10=70（元）

（四）边际贡献定价法

边际贡献定价法指以变动成本为基础，不考虑固定成本，按变动成本加预期的边际贡献来确定产品价格的方法。其计算公式为：

$$单位产品的价格 = 单位变动成本 + 边际贡献 \qquad 式（7-10）$$

这种方法一般是在市场竞争激烈、企业必须迅速开拓市场的特殊时期，在短期采用。或者在企业销售不景气，有闲置生产能力时采用。

🔍 **案例分析** --

案例：

小型药品生产企业生产的某种药品一年的固定总成本为60万元，变动成本为每件药品10元，由于今年市场不景气，估计市场能接受的价格为每件药品12元，全年预计销售量为20万件。

分析：

如果该企业继续经营下去，总收入为：12×20=240（万元），而总成本为：60+

10×20=260(万元),240–260=–20(万元),显然亏损20万元。但如果不继续经营,则企业要亏损60万元,因此从变动成本的角度看可以接受,它可使企业减少亏损40万元。但这种方法作为一种权宜之计在短期内可以的,不可长期使用。

二、需求导向定价法

需求导向定价法是以需求为中心的定价方法。它依据顾客对产品价值的理解和需求强度来制定价格,而不是依据产品的成本来定价。

(一)理解价值定价法

理解价值定价法是根据顾客对产品价值的理解度,即产品在顾客心目中的价值观念为定价依据,运用各种营销策略和手段,影响顾客对产品价值的认知的定价方法。

理解价值定价法的关键和难点是获得顾客对有关产品价值理解的准确资料。制定价格步骤为:市场调研→制定产品的初始价格→分析目标成本和销售收入→制定最终价格。

(二)需求差别定价法

所谓需求差别定价法,是指产品价格的确定以需求为依据,可根据不同的需求强度、不同的购买力、不同的购买地点和不同的购买时间等因素,制定不同的价格。根据需求特性的不同,需求差别定价法通常有以下几种形式。

1. 以顾客为基础的差别定价　即对同一产品,针对不同的顾客,制定不同的价格。

2. 以地理位置为基础的差别定价　随着地点的不同而制定不同的价格。

3. 以时间为基础的差别定价　同一种产品,价格随季节、日期甚至时间的不同而变化。

4. 以产品为基础的差别定价　同种产品的不同外观、不同花色、不同型号、不同规格、不同用途,其成本也有所不同,但它们在价格上的差异并不完全反映成本之间的差异,主要区别在于需求的不同,可根据顾客对产品的喜爱程度制定价格。

(三)逆向定价法

这种定价方法主要不是单纯考虑产品成本,而是首先考虑需求状况。依据市场调研资料,依据顾客能够接受的最终销售价格,确定销售产品的零售价,逆向推算出零售商的进货价和零售价以及批发商的批发价和生产企业的出厂价,其中零售商的进货价就是批发商的批发价。

逆向定价法的特点:价格能反映市场需求情况,有利于加强与中间商的友好关系，保证中间商的正常利润，使产品迅速向市场渗透，并可根据市场供求情况及时调整，定价比较灵活。

三、竞争导向定价法

在竞争十分激烈的市场上，企业通过研究竞争对手的生产条件、服务状况、价格水平等因素，依据自身的竞争实力，参考成本和供求状况来制定有利于在市场竞争中获胜的产品价格。这种定价方法就是通常所说的竞争导向定价法。竞争导向定价法主要包括以下内容。

（一）随行就市定价法

随行就市定价法是指企业按照行业的平均现行价格水平来定价。在完全竞争的市场上，销售同类产品的各个企业，在定价时实际上无多少选择的余地，只能按照行业的现行价格来定价。

在垄断性较强的市场上，企业间也倾向于制定相近的价格。在异质产品市场上，企业有较大的自由度决定其价格。

（二）竞争价格定价法

企业的定价与竞争对手的定价不同。当竞争者价格高时，企业产品定价偏低；当竞争者价格低时，企业产品定价偏高。总之，企业参考竞争对手的定价，自身的产品价格与竞争者不同。

（三）密封投标定价法

密封投标定价法是指在投标交易方式中，医药企业以竞争者可能的报价为基础，兼顾本身应有的利润来制定价格的一种方法。投标价格是企业根据对竞争者的报价估计确定的，而不是按零售店自己的成本费用或市场需求来制定的。企业参加投标的目的是希望中标，所以它的报价应低于竞争对手的报价。一般来讲，谁的投标报价最低，谁就能中标。这是一种竞争性的定价方法。报价高、利润大，但中标机会小，如果因价高而招致败标，则利润为零；反之，报价低，虽中标机会大，但利润低，其机会成本可能大于其他投资方向。因此，报价时既要考虑实现零售目标利润，也要结合竞争状况考虑中标概率。

运用这种方法，最大的困难在于估计中标概率。这涉及对竞争者投标情况的掌握。只能通过市场调查及对过去投标资料的分析大致估计。

第三节 医药产品定价策略

医药产品定价策略是指医药企业为实现定价目标，在特定的经营环境下采取的定价方针和价格竞争方式。针对不同的市场环境、产品特点、产品生命周期、消费心理、销售条件、销售数量及销售方式而灵活变动价格，是保证药品定价目标实现的重要手段。定价策略很多，常用的有以下几种。

一、新产品定价策略

（一）撇脂定价策略

撇脂定价策略又称为高价定价法，它是指新产品投放市场之初，售价远远高于成本，以求在短期内补偿全部固定成本，并迅速获得盈利。销售对象主要是收入水平较高的消费革新阶层的人群。由于药品与其他产品不同，顾客可能更注重疗效，所以一些中档收入的人群甚至低收入的人群为了疾病的康复也可能选择这样的产品。当竞争产品投入市场后，随即也可以考虑低价格，再进一步开拓市场。如果开始定价较低，忽视了科研和市场开发成本，就可能给企业带来巨大的经济损失，如我国的原料药市场就曾经出现过类似的情况，药品价格低反而企业会亏损，而合资药的高价格，销售潜力依然很大。

撇脂定价策略有利于企业投资的迅速收回，减少经营风险，有利于企业掌握市场竞争的主动权和树立企业的形象，在一定程度上延缓了竞争者进入市场的速度，为企业市场发展创造了时机，所以国内外的药品企业常常会采取这种策略。尤其是未在我国市场销售的新药，技术含量相对较高，企业就要考虑尽快回收投资资金，不能忽视前期开发的科研费用和市场开拓费用。而各国都非常重视这类新药的研发工作，对新药的价格管理相对宽松，有的国家甚至允许原创性新药可以由企业自主定价。我国现行的价格管理办法中对新药的不同类型也确定了相应的销售利润率，创新比例越高，企业获得的销售利润率就越高。因此，对于原创性新药来说，企业一般会采取撇油定价策略，将产品价格定在最高位，以便在短时间内获得最大利润的补偿企业的损耗。如果企业生产和经营的新产品是已有国家标准的药品，企业的定价策略就比较广泛，既可以采取撇脂定价策略，也可以采取其他的定价策略。

这种策略的缺点是可能在高价抑制下，销路不易扩大，但由于药品的特殊性，这种缺陷对药品的影响可能会小一些。撇脂定价策略的适用条件是：①在市场上有相当一部分消费者对该药品的需求缺乏弹性；②批量生产和销售药品的成本和费用并不是很高；③高价在一定时期内不至于引起竞争者的加入；④高价能给产品树立高档优质品形象。

案例分析

案例：

确诊弥漫大 B 细胞淋巴瘤的陈阿姨，经过多种治疗后病情又复发，复发后的治疗效果都不好，加上陈阿姨本身年纪较大，很多治疗方式不适合她。陷入绝境的陈阿姨在2021年6月看到了希望，因为在6月23日，国家药品监督管理局正式批准阿基仑赛注射液上市，这是国内首款 CAR-T 细胞疗法。6月30日，上海交通大学医学院附属瑞金医院某专业团队为陈阿姨单采细胞，8月2日 CAR-T 细胞回输到陈阿姨体内。8月底，陈阿姨在 PET-CT 检查下，发现体内暂时没有癌细胞，症状完全得到了缓解，并于8月26日出院回家。

12月7日，又一例 CAR-T 细胞治疗患者出院了！重庆大学附属肿瘤医院完成了重庆首例 CAR-T 联合自体造血干细胞移植治疗，患者体内肿瘤达到完全缓解。患者朱先生2021年5月底被确诊为弥漫大 B 细胞淋巴瘤复发伴中枢侵犯。这个病常规化疗疗效差，中位生存期不足2年。此时，恰逢 CAR-T 治疗产品正式获批进入国内，经过全面评估，医师们认为朱先生的病情适合接受该疗法。11月11日，制备好的 CAR-T 细胞顺利回输到朱先生体内。

据了解，CAR-T 治疗全称是"嵌合抗原受体 T 细胞免疫疗法"，中国目前批准适应证为难治复发性弥漫大 B 细胞淋巴瘤。朱先生使用的 CAR-T 产品瑞基奥仑赛注射液129万元一针，这是中国首款按1类生物制品获批的 CAR-T 产品以及中国第二款获准上市的 CAR-T 产品，亦是全球第六款获批上市的 CAR-T 产品。

分析：

CAR-T 产品上市以高昂的价格出售，但是在这种高价下仍然有消费者认可该价格。该产品是国内首款 CAR-T 细胞疗法的新药，销售的对象是收入较高的消费者群体，顾客更关注的是医药产品的疗效，尽管该药的售价远远高于成本，但是却被高收入人群接受，企业也能快速收回成本。

（二）渗透定价策略

渗透定价策略是指在新产品进入市场之初，有意识地压低单位利润水平，以低价刺激需求，迅速打开药品的销路，从而降低成本，谋求长时期总利润增大和提高市场占有率的一种定价策略。一方面，这种定价策略能够刺激消费者尽早接受新药品，缩短药品的市场引入期。众所周知，我国的人均用药水平比较低，部分消费者还是非常看重药品价格的，对于化学成分基本相同的药品，由于生产厂家不同，常常价位相差很大，部分消费者就会考虑购买价格相对较低的产品。另一方面，这种策略本利回收的时间长，且价格变动余地小，难以应付短期内骤然出现的竞争或市场需求的较大变化。因此，它的适用条件是：①药品价格的高低与销售量之间存在着反比关系；②单位药品的生产成本与销售费用和销售量之间也存在着反比关系，即销售量越大，单位成本和费用就越低；③低价可以有效地阻止现实和潜在的竞争。对于生产经营新产品的是仿制药的企业，如能大批量生产，特点不突出，易仿制，技术简单，就可以采取这种策略，迅速扩大市场占有率，缩短进入市场的导入期，使消费者能更快地接受企业的药品。在某种程度上，这种定价策略就是一种薄利多销的策略。

（三）满意定价策略

满意定价策略是指通过药品定价获取利润目标，这是介于前两者定价策略之间的一种定价策略，目的是避免前两种策略的弊端。实施满意定价策略的企业，对其药品既不利用市场需求的有利条件制定高价，也不从对付竞争的角度考虑制定低价，而是制定能获得公平利润率的价格。这样既不会招致竞争者的涌入，也不会遭到消费者的拒绝，可使企业树立良好的形象。因此，这种策略又称平利销售策略，这种策略主要适用于大量生产、大量销售、市场较为稳定的药品。这是一种在目标上兼顾盈利与竞争的定价策略，但实行起来比较困难，因为新产品的成本和需求量不断发生着变化，从而很难达到令消费者愿意接受的适中的价格水平。

一般来说，撇脂定价策略适用于需求弹性小，但对药品认知价值要求高的市场，但是当生产经营的规模性明显或存在竞争者进入威胁时，采用以牺牲短期利润换取销售规模的渗透定价或满意定价更为合适。如果企业推出的是仿制的新产品，定价的关键在于如何进行市场定位，特别是仿制药品的定位应尽量避开市场上原有创新者的定位。

二、折扣让价策略

折扣让价策略是指销售者向购买者出售药品时，根据有关因素在基本价格基础上打一定的折扣的定价策略。折扣价格实际上是一种优惠价格，可以起到刺激顾客购买欲望，稳住老客户、争取新客户的作用。由于给予折扣所考虑的差别因素不同，折扣定价的策略也分为很多种，比较常见的有以下几种。

（一）数量折扣策略

数量折扣策略是指企业根据顾客购买药品数量的多少而给予不同程度的减价优惠，即批量作价。一般做法是对小批量交易规定一种基本价格，对批量增大到一定标准者，按基价打一定折扣作为成交价。购买的数量越多，折扣越大。数量折扣的目的是刺激购买，扩大销售，获得规模经济效益。数量折扣的实质是企业将自己预计获得的规模经济效益让利给买主一部分，以实现利润的合理分配。企业实行数量折扣，要注意以下几个问题：①确定好数量折扣的最低数量起点和价格；②划分批量折扣的档次；③确定各档次的折扣额；④在实行折扣时，应一视同仁。

（二）付现折扣策略

付现折扣策略即对约定的日期或者现场购买大批量的药品时，如果顾客支付现金，企业会给予一定的价格折扣。目的是减少企业的利率风险，加速资金周转。对于日常顾客而言，常常是支付现金但不会得到这样的折扣，因为其购买量有限，如果医药生产经营企业面对的是下级的经销商，就可以采取这种定价策略。

（三）季节折扣策略

对于销售和需求淡季的药品，企业可以采取季节折扣策略，可以使药品价格定得相对低一些，鼓励顾客或其他经销商来购买药品。虽然顾客在没有生病的时候一般是不会购买药品的，但我国有的消费者有储备常用药品的习惯，如感冒药、一些肠胃药等，它们的需求具有季节特征，经营企业就可以在需求淡季时把价格定低一些。对于保健品，也可以采取这种策略。我国药品市场随着季节变化而价格变化的策略采用并不常见，药品价格常常不会因此而变化。

（四）交易折扣

医药生产企业可根据各类中间商在市场营销中担负的功能不同而给予不同的折扣，一般给予药品批发企业的折扣大于给零售企业的折扣。

三、差别定价策略

差别定价策略又称区分需求价格策略，是指医药企业在销售药品时，对不同的交易对象、交易数量、交货方式、付款方式，实行不同的价格。通常情况下，制药企业的药品价格控制较容易，在全国各地执行统一的价格。由于在招标采购中采用了低价格策略，同时因为各地的竞争情况存在差异，为了保证销售利益链成员的利益，制药企业要采取差别定价策略，以维持销售利益链的正常运转。具体形式如下。

（一）不同顾客不同价格策略

这种策略是指在销售开支变化不大的情况下，对不同的顾客实行不同的药品价格，即便在购买数量相同时也是这样。这种价格一般是经过讨价还价形成的，经验丰富、讨价还价能力强的顾客可以较低的价格购买，反之，则要出高价。有时企业为了争取一些长期客户，也会给予一定的优惠。

（二）不同用途不同价格策略

药品是用来治疗疾病的，但有些药品，如中药材，除药用外还可用作食物、化工原料、饲料、化妆品等，对这些药品就要根据其用途的不同而采用不同的价格出售。一般来讲，用作其他用途的中药材，价格要比药用要低。

（三）不同部位不同价格策略

这主要指中药材。中药材由于使用的部位不同而价格不同，例鹿的鹿茸和鹿角、鹿鞭的价格不同，橘子的橘皮、橘络、橘核的价格也不同。

四、心理定价策略

不同的消费者，因为年龄、性别、职业、文化程度、收入水平、性格等诸多因素的差异，往往具有不同的消费心理和爱好，在药品消费过程中表现出求实、求名、求廉等不同倾向，因此可以针对不同消费者的消费心理和习惯，采用特殊的定价策略。

（一）零数或尾数定价策略

它是指企业把本可以定为整数的药品价格改定成低于这个整数的零数，而且常常以奇数作为尾数。这种定价虽然比原来略微降低，但顾客往往直观上感觉到的新价格要比原来的价格便宜很多，同时由于标价精确，使顾客产生信赖感，从而激起购买欲望。

（二）整数定价策略

它是指企业把原本应定为零数的药品价格改定为高于这个零数价格的整数，一般以"0"作为尾数。这种定价策略实质上是利用了消费者"一分钱一分货"的心理，把价格看成药品质量的标志。如果价格定得较低，购买者会觉得药品的质量可能有问题，而药品对生命息息相关，所以药品价差在可以接受的范围内，顾客宁可购买他们认为质量好的药品。

（三）声望定价策略

它是指对在顾客心目中享有声望和信誉的名牌药品制定高于同类普通企业经营的药品的价格。如北京同仁堂的药品价格一般会高于其他企业的药价，但有一部分顾客就愿意购买他们的产品，甚至是指名点药。这些都跟顾客的认知价值有很大的关系，他们认为高价与性能优良有很大的关联。采取声望定价策略，需要注意的问题是：①确保声望定价的药品质量；②严格掌握声望类药品与一般类药品的差价幅度；③要维持声望价格，不能只靠原有的声望，还要不断提高药品质量，增加售后服务，巩固消费者的信任感；④声望定价只能用于名牌药品、有声望企业的药品，对于一般的药品则不能随意使用。

（四）招徕定价策略

它是指一种利用顾客求廉和投机心理的定价策略。零售企业有时把某种常用药品价格定得很低，甚至远远低于成本，以招徕顾客，带动其他药品的销售。这些商场一般品种很全，消费者被特价药品所吸引，既已光临，除了购买这些特价药品外，还可能购买其他一些药品。这样，商场虽然在某种或几种商品上受些损失，但总的营业额会因此而增加。如平价药店的经营策略就常常采取这种方式，在我国药品流通市场上引起不小的影响。采用这种定价策略时，用来招徕消费者的特价药品应该是消费者常用的、质量得到一致公认的OTC药品。此外，特价药品的降价幅度要适当，达到吸引消费者目的的同时，又不致使企业损失过重。

（五）习惯定价策略

它又称固定策略和便利策略，是指对市场上销售多年，已形成固定价格的药品，任何企业都必须执行既定价格的一种惯例。习惯定价策略主要用于质量稳定、需求大、替代品较多的常用药，如氯芬黄敏片。在供求关系基本平衡的条件下，此类药品的价格受习惯约束的压力较大，经营者一旦大幅度地改变其价格，消费者心理需求倾向就会向其他替代品转移。若经营价格高于习惯价格，消费者就可能会认为是不合理的涨价行为，若低于习惯价格，消费者又会怀疑是否货真价实。因此，企业定价时最好按照市场的习惯价格进行定价。

五、药品组合定价策略

所谓组合定价是指从全局出发，根据药品使用上的相关特性为药品制定不同的价格，以促进各种药品的销售和总利润的增加。

（一）对有互补关系的药品的定价策略

对有相互补充关系的一组药品，可将价值大、使用寿命长、购买频率少的主件价格有意识地定低廉一些，而对于与之配套使用的价值小、购买频次多的易耗品价格适当定高一些，以此来求得长远和整体的利益。配套药品，既可以实行配套购买的优惠价格，也可以实行赠送配套小药品的策略，以吸引消费者成套购买，节约营销成本，扩大销量，加速资金周转，增加盈利。这一定价策略主要适用于价值大、质量高、消费面广的药品。

（二）对有替代关系的药品的定价策略

替代品的价格变动与被替代品的销售量呈正相关，即替代品的价格定得较高，被替代品的销量会增加；反之，则销量减少。如一些药店有专门的感冒药柜台、滴眼液柜台等，每个柜台的药品彼此之间都存在着替代关系。药店若想提高某个药品的销售量，就可以考虑提高相应的替代药品的价格，尤其是可以提高畅销药品的价格来刺激非畅销药品的销售，这样可能会提高药店整体的利润水平。

（三）药品分组定价

将同类药品分为价格不同的数组，每组药品制定一个统一的价格。不同组的药品成本有差异，但成本差与价差并不一致。因此，对特效药可采取高定价策略，为企业赚取高利润；对常用药可采取低定价策略，以吸引更多顾客购买，增加销售量。

六、医药产品价格调整策略

（一）提高药品价格的策略

1. 提高药品价格的原因

（1）在市场供不应求，企业无法满足顾客对其产品的全部需求时，只有提高价格以平衡供求，增加收入。

（2）在通货膨胀物价上涨，使企业成本费用上升时，必须提高产品销售价，以平衡收支，保证盈利。

（3）提价可改善和提高产品形象，消费者觉得高价商品才是高档商品。

（4）成本因素：原材料、人工费等价格上涨，使医药企业产品成本上升，如果仍维持原有价格，会影响正常利润。

2. 提价的方式

（1）药品价格直接调高（明涨）：很多医药企业利用提高产品技术含量，推出更新换代产品；改变药品的包装或是追随竞争对手涨价的步伐等时机提高药品价格。

（2）药品价格间接提高（暗涨）：医药企业提高产品价格，还可以采取减少药品剂量、取消或减少价格折扣、取消或减少赠品、简化包装、减少产品的附加免费服务等方式。这些方式都属于医药企业的间接提价，因为其提价手段较为隐秘，消费者对价格的反应会相对温和。所以，间接提价的方式也是大多数医药企业在调整价格更愿意选择的一种方式。

（二）药品降价策略

1. 降低药品价格的原因

（1）企业生产能力过剩，产品积压，虽运用各种营销手段（如改进产品、努力促销等），仍难以打开销路。

（2）面临着激烈的价格竞争，企业市场占有率下降，为了击败竞争者，扩大市场份额，必须降价。

（3）企业的产品成本比竞争者低，需要通过降价来提高市场占有率，同时使成本由于销量和产量增加而进一步降低，形成良性循环。

（4）医药企业急需回笼大量现金。企业可能因为其他产品销售不畅，也可能为了筹集资金进行某些新活动，而资金借贷来源中断。此时医药企业可以通过对某些需求价格弹性大的产品予以大幅度削价，获取现金。

（5）政治、法律环境及经济形势的变化，迫使企业降价。政府为了实现医药产品价格总水平的下调，保护患者的利益，往往通过政策和法令，采用规定毛利率和最高价格、限制价格变化式、参与市场竞争等形式，使医药企业的价格水平下调。

2. 降价的方式

（1）直接降低药品价格：在医药企业产品成本降低时，医药企业可以自主调低价格让消费者获得更多的实惠，但为了避免引起不必要的误会，必须要向消费者解释降价的原因。医药企业通过降低价格，使医药企业产品在市场占有了更大的优势，扩大了医药产品的销售数量。

（2）增加医药产品的附加价值（暗降）：医药企业可采取改进医药产品的性能、提高医药产品的质量、增加医药产品包装的材料、提高免费服务等方式，在价格条件不变的情况下，实际降低了产品的价格。

（3）加大医药产品的折扣力度（暗降）：医药企业可以通过加大医药产品的折扣比例或者在原有基础上扩大各种折扣比例，在其他条件不变的情况下，实际降低了产品的价格。

（4）增加额外费用支出（暗降）：在保持原有价格不变的情况下，医药企业可以通过增加为消费者支付运费、实行送货上门等营销手段。这些费用原来应该在价格之外收取，所以此举实际上降低了产品的价格。

1. 医药产品的定价方式主要有政府定价、政府指导价和市场调节价。
2. 影响医药产品定价因素有产品成本、市场供求状况、国家政策和法律法规、定价目标、竞争因素及其他因素（消费者心理、企业内部因素）等。企业定价目标主要有以实现最大利润为目标、获取合理利润为目标、扩大和维持市场占有率为目标、实现预期投资报酬率为目标和以适应竞争为目标。
3. 企业定价的方法有三种：成本导向定价法、需求导向定价法和竞争导向定价法。
4. 企业定价策略包括新产品定价策略、折扣折让定价策略、地区定价策略、心理定价战略、差别定价战略以及产品组合定价战略。
5. 企业处在一个不断变化的环境之中，为了生存和发展，有时候需主动降价或提价，有时候又需对竞争者的变价做出适当的反应。

• · · · 思考题 · · · ·

一、 简述题

1. 我国药品价格的生产成本由什么构成？
2. 我国的药品定价的因素有哪些？
3. 什么是撇脂定价策略？适用条件是什么？
4. 简述心理定价策略。
5. 涨价和降价的方式有哪些？

二、 案例讨论

某某牌六味地黄丸 "药材好、药才好"

A制药厂位于某省某县，并无地域品牌优势。2000年以前，该厂的产品主要靠低价大批发为主，当时该厂生存困难、一度陷入困境。2000年以后，企业将资源集中到市场迅速扩大的六味地黄丸上，在很短的时间内一跃为六味地黄丸第一品牌。六味地黄丸是一种极其普通的中成药，有调查发现全国上市销售的六味地黄丸达500种。这样高度同质化的产品值得花大投入做吗？经过市场分析，2000年前后尽管市场上竞争品繁多，但拥有全国品牌的六味地黄丸却很少，而且产品多集中在中低端市场。据市场竞争状况，A制药厂调整营销策略，果断放弃批发模式，转而将产品定位于高端市场。利用所在地是医圣张仲景故乡的背景，专门注册了商标，重新设计了差异化的产品包装，并大幅度提高了产品零售价格。

　　针对市场上同类产品众多、缺乏概念差异的情况，该厂提出了"药材好"的概念；针对产品繁多，但在全国媒体投放广告、拥有全国性品牌的产品却很少的状况，从2001年开始，A制药厂在央视、凤凰卫视等全国媒体上大量投放广告；针对中药厂多走流通，不做终端的状况，该厂还强化了对终端的管理，仅上海市场，当时业务员就多达30多人。该品牌采取的"聚焦企业资源、创新差异化"策略，在短期内收到了奇效。因为产品定位明确、概念清晰、广告到位、终端强势，到2003年已成长为六味地黄丸的第一品牌，甚至超过了拥有两百多年历史的"同仁堂"。现在A制药厂以此为品牌，推出的一系列产品，都有良好的市场表现。

　　讨论：
1. 该品牌六味地黄丸采取的是哪种定价方法？
2. 分析该种定价方法的利弊。适用的条件有哪些？

第八章
医药产品分销渠道策略

学习目标

- 掌握　医药产品分销渠道的类型、影响分销渠道的主要因素。
- 熟悉　医药产品分销渠道的概念、作用、渠道成员的选择。
- 了解　医药产品分销渠道的特点、分销渠道成员的评估与调整。

情境导入

情境描述：

近两年，上海市儿童医院与中国医药集团有限公司和上海医药集团股份有限公司联合打造互联网医院"云药房"。患儿家长通过上海市儿童医院互联网平台申请在线复诊，经过专科医师在线诊疗，结合既往病情和用药情况为患儿在线开具处方，药师按照规定在线审核处方，医药公司按照处方信息在仓库调配药品，由专人配送到家。

传统的医院药品配送模式是医院订购药品，药企通过物流将药品配送至医院仓库，然后由药师根据医师处方将药品调配分发给患者。"云药房"模式是对药品分销渠道的一种革新。一方面，通过减少药品流通中的中间商，节约了物流成本和时间成本。另一方面，节约了医院库房空间，减少了医院服务窗口的工作人员数量。最后借助互联网实现了跨行业的整合和优化资源配置，医院更好地做好医疗服务，提高了全社会资源配置效率。

学前导语：

通过学习本章医药产品分销渠道的类型、如何选择分销渠道的知识、分销渠道的管理等内容，可以从这几方面分析理解为什么不同的厂家会选择不同的分销渠道，并且学会运用医药产品分销渠道策略从事医药产品市场营销工作。

第一节　概述

一、医药产品分销渠道的概念

分销渠道策略是企业整个营销系统的重要组成部分，是企业市场营销规划中的重点，对实现企业的营销战略至关重要。

医药产品分销渠道是指医药产品从生产者向消费者转移时，直接或者间接转移所有权所经过的途径。渠道成员主要包括代理经销商或厂家成立的医药销售公司（因为他们取得所有权）或批发商（因为他们帮助转移所有权）。此外，它还包括作为分销渠道的起点和终点的医药生产厂家和消费者。

二、医药产品分销渠道的特点与作用

（一）医药产品分销渠道的特点

医药产品相对于其他商品具有其特殊性，因此，医药产品营销渠道有着与一般商品营销渠道不同的特点，主要表现为以下几方面。

1. 分销渠道成员资格受到严格限制　医药产品是特殊商品，为确保医药商品质量和消费者用药安全，国家对医药产品经营企业实行严格的准入制度，药品生产企业要经过《药品生产质量管理规范》认证，药品经营企业要经过《药品经营质量管理规范》认证，药品销售从业人员需要经过专业培训并取得合格证书。

2. 可选择的渠道类型相对较少　由于药品生产、经营企业准入条件有严格的限制，因此药品分销渠道类型的选择也受到影响。例如，消费者一般情况下只能通过医疗机构或者零售药店购买药品，而不能通过其他无药品销售许可的商超购买药品。

3. 特殊医药产品垄断经营　麻醉药品、精神药品、医疗用毒性药品、放射性药品等特殊管理药品，按照国家药品监督管理局的有关规定，只能由指定机构进行生产、销售。

（二）医药产品分销渠道的作用

医药产品是通过分销渠道才得以从生产者顺利转移到患者手中，因此医药产品分销渠道具有以下几方面的作用。

1. 使药品能快速到达消费者　医疗机构、零售药店是最直接面对消费者的中间商，医药产品生产者只有借助其广泛的覆盖率，使更多的消费者能在第一时间购买到所需药品。

2. 风险分担　对于大部分药品生产企业来说，其在市场营销方面的专业性不如药品经营企业，其在资金规模上，也无法承担开展市场营销工作需要的大量需求，因此通过分销渠道，药品生产企业可以借助药品经营企业的专业性，同时节约成本支出，降低企业经营风险。

3. 整买零卖与仓储运输　分销渠道中的中间商解决了药品生产企业与消费者之间在数量、品种、规格、时间及地理上的矛盾。单个企业生产的药品数量多，品种少、规格单一，类型相对固定。而消费者的需求则是数量少、品种多、规格灵活，类型多变。中间商通过发挥"蓄水池"的功能，充分平衡这种供需之间的矛盾。同时，中间商还发挥着仓储与运输的功能，最终实现药品从生产者到达消费者手中。

4. 信息交互　分销渠道中的中间商是生产者与消费者之间信息交互的桥梁。市场信息通过它反馈给生产者，产品信息通过它传递给消费者。

总之，中间商是经济合理地组织商品流通所必需的，他们具有接近目标市场的优势和丰富的销售经验，为医药产品的销售发挥了非常重要的作用。

三、医药产品分销渠道的类型

根据医药产品从生产者向消费者转移过程中，所经过的中间商的层级的数量，同级经销商的数量，可将医药产品分销渠道按以下两个标准进行分类。

1. 根据分销渠道中是否有中间商可分为直接渠道和间接渠道（图8-1）。

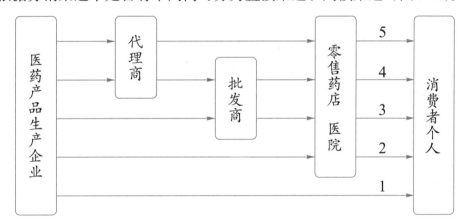

图8-1　直接渠道与间接渠道

（1）直接渠道：指药品生产者直接将药品销售给消费者，没有经过任何中间商。例如，原料药的销售主要为直接渠道。

直接渠道的特点：优点是生产者能直接、及时地了解市场需求，缩短药品的流通时间，对市场需求变动作出及时的反应，降低中间费用（成本），提高医药企业的经济效益。缺点是大量的营销工作会分散生产者的精力，同时还要承担市场风险。因此该类型适用于医药工业、原料药等市场。

（2）间接渠道：是指药品从生产者转移到消费者的过程中至少经过一家以上中间商的渠道。绝大部分的药品均采用间接渠道将药品销售给消费者。

间接渠道的特点：优点是有利于减少生产者的经营风险，快速提高市场占有率。缺点是延长了流通时间，对消费者的使用反应无法及时掌握。

当生产者采用间接渠道类型时，根据渠道中间环节的多少又进一步可分为长渠道和短渠道。长渠道是指使用多个不同类型的中间商来推销其产品，短渠道是指在渠道中所使用的中间商类型有限。长渠道与短渠道是相对的，并非绝对的。

> **? 课堂问答**
>
> 请同学们讨论，在图8-1中数字所表示的渠道哪些是直接渠道，哪些是间接渠道，哪些是长渠道，哪些是短渠道。

2. 按渠道中每一环节使用同类中间商的多少可分为宽渠道和窄渠道。

（1）宽渠道：是指某种药品在其分销渠道中同一个环节有两个及以上同类中间商同时进行推销。

宽渠道的特点：优点是可扩大终端市场的覆盖范围，增加销量。缺点是药品生产者难以管理过宽的渠道，不同的中间商营销能力也存在差异。该类型适用于OTC药品和普通药品。

（2）窄渠道：是指某种药品在其分销渠道中同一个环节只有一个中间商。

窄渠道的特点：优点是有利于对中间商的管理，集中有限资源给予中间商最大的支持，避免中间商相互之间的恶性竞争。缺点是药品生产者对中间商的依赖性太大，风险高，灵活性差。该类型适用于单位价值较高的处方药、进口药和新特药。

> **∞ 知识链接**
>
> ### 常见的医药商品中间商
>
> 医药商品中间商通常指进行医药产品代理、批发和零售的专业医药公司或医疗单位，它是联系生产者和消费者的中间环节，因此人们习惯上称之为中间商。
>
> 1. 医药产品批发商　指从事医药产品批量买卖的组织和个人，通过购进医药产品再销售给那些为了转售或生产加工而购买的组织或个人时所发生的一切

经营活动，一般不包括生产企业与最终消费者之间的交易。主要包括一些从事医药产品批发业务的商业企业，相对于零售商更接近生产企业。其业务特点是：流通中间环节少，交易次数少，数量大。医药产品批发商主要是实现医药产品由生产商向消费者的转移，协助厂家销售医药产品。

医药批发商依据分型标准不同，主要包括以下类型。

（1）根据是否对产品拥有所有权分为商业批发商、代理商和经纪人、生产厂商的营销公司、销售分支机构与办事处。

（2）根据经营医药产品的范围不同分为：专业批发商和综合批发商。

2. 医药产品零售商　医药零售商指向最终消费者提供医药产品和医疗服务的组织和个人，一般指零售药店、医院药房及第三终端（第三终端是指城市社区诊所、城乡接合部、县镇乡医院卫生院与药店、乡村地区的诊所、防疫站、农村卫生室）等。其业务特点是：为流通的最后环节，对象是直接面对消费者，交易次数多，数量少，金额少，营业场所和服务质量高低对销售影响大。

零售商是医药产品进入消费者领域的最后环节，通过零售使医药产品流入渠道终端，最终实现医药产品的使用价值。

医药产品零售商主要包括以下类型。

（1）按医药产品经营范围的广度与深度的不同，把常见的医药零售商划分为：专业药店、综合药店、中药材市场、医院药房与个体诊所。

（2）按医药零售药店目标人群的不同可分为：传统药店、社区便利店、专业或专科药店、平价药店或连锁药店大卖场。

四、医药产品分销渠道模式

（一）医药生产企业—消费者

这是直销渠道，是最简单、最短的渠道，由医药产品生产者直接将产品销售给消费者，销售过程不经过任何中间环节。由于处方药品需要专业人员指导使用，不采取此分销渠道，非处方药也很少采取此渠道。目前有部分保健品市场采取此分销渠道，但多采用网络销售的方式。

（二）医药生产企业—医院药房或社会零售药店—消费者

这种营销渠道，可以通过医院药房或社会零售药店点多、面广的优势，克服医药产品销售与市场需求在时间与空间上的差异，方便产品销售。同时减少中间商环节，厂家直接面对终端，使产销保持密切联系，有利于保持名牌产品的质量，提高厂牌、商标的知名度，树立良好的企业形象，一般外资医药企业、合资医药企业多采用此分销渠道。前店后厂、厂点挂钩以及医院药房或社会零售药店直接从生产企业进货或为工厂设置专柜等均属于这种分销渠道。

（三）医药生产企业—批发商—医院药房或社会零售药店—消费者

这是传统的营销渠道模式，中间经过两个或两个以上的流通环节。采用这种营销渠道，既可以节约医药产品生产企业的销售时间或费用，又可以节省零售企业的进货时间或费用。同时，既有利于医药产品生产企业大批量生产和大批量销售，也有利于零售企业扩大经营品种和减少资金的占用。这种营销渠道，在医药产品的销售中，起到了主渠道的作用。如九州通医药集团股份有限公司、国药控股股份有限公司、广州医药股份有限公司等属于国内较大的医药批发商，许多医药厂家的医药产品都通过其配送至全国各级医院药房、药店零售。

（四）医药生产企业—代理商—医院药房或社会零售药店—消费者

医药产品生产企业委托代理商销售其产品给医院药房或社会零售药店。代理商的作用，在于扩大医药产品的集中销售，加快医药产品的流通速度。中小型医药生产企业由于自身的能力有限，专注于生产而无暇顾及其产品的销售工作，多采用此分销渠道。

（五）医药生产企业—代理商—批发商—医院药房或社会零售药店—消费者

此分销渠道最长，流通环节多，医药产品流通时间和费用相应增加，但它对加速医药产品流通和广泛推销医药产品都有积极的作用，尤其在开发国际市场时，在国外通过信托公司、经纪人或其他代理中间商开拓国际市场、沟通产需信息具有重要意义。

🔗 **知识链接**

我国药品营销渠道的演变过程

在1984年以前，我国的药品实行统购统销，药品营销渠道模式单一，随着改革开放的深入和市场经济的发展，营销环境随之发生了重大变化，药品营销渠道也不断发展。总的来说，我国的药品营销渠道的发展历程大致上可以划分为以下3个阶段。

1. **计划经济时期的四级渠道模式阶段（1949—1984年）** 在该阶段，由于我国实行的是计划经济，因此药品的营销渠道模式也比较固定，由国家按照计划安排生产药品，再有计划地对药品进行统一分销。分销渠道一般包含四级，药品生产厂家把按计划生产的药品提供给中央一级批发站，一级批发站供应给省市二级批发站，二级批发站供应给行政区域内的三级县公司，然后由三级县公司供应给医疗单位组织和零售机构。

2. 转型时期的多样化渠道模式阶段（1984—1995年）　随着我国由计划经济逐步向市场经济过渡，国家逐步放开了企业的经营自主权，原有的渠道模式被打破。药品生产企业能直接向一、二、三级批发站供应药品，甚至直接向终端供货。同时，由于药品行业的高利润，其他行业的国有企业纷纷投入药品批发领域，批发商的数量剧增，竞争变得激烈。

3. 药品市场放开的渠道发展阶段（20世纪90年代中期至今）　20世纪90年代中期之后，国家进一步放开药品零售领域，允许非国有企业从事药品零售业务，使得药品零售商规模剧增，零售网点不断增多，消费者购买药品更加便利。同时，大量的药品批发、销售公司纷纷成立，使得药品生产厂家能自由的选择和组建营销渠道，药品营销渠道变得灵活多样。

五、我国医药产品分销渠道的现状及发展趋势

（一）医药产品分销渠道的现状

1. 总体规模大　由于我国总人口规模较大，且随着人民生活水平的日益提高，对医药产品的需求也逐步增加。根据数据显示，2019年我国医药中间体市场规模达1 996亿元，2020年我国医药中间体市场规模达2 090亿元，总体市场规模较大，发展潜力巨大。

2. 渠道较长　由于我国特殊国情，很多药品流通渠道较长，长渠道不利于提高效率，不利于形成产品的价格竞争优势，药品生产者难以对终端环节实施有效控制。"顺加作价"的药品价格管理办法，为药品生产企业虚报成本、抬高定价开了方便之门，使生产环节中的虚高定价成为可能。

3. 集中度低　在流通环节，由于流通企业市场集中度低，难以形成较大的规模优势，导致其与上下游的谈判能力较低。

4. 竞争激烈　随着市场的进一步开放，各类资本挤入医药零售行业，同时在医药体制改革的背景下，市场竞争进一步加剧。例如，终端门店数量多，整合能力较差，议价能力弱，利润空间被压缩。

（二）医药产品分销渠道的发展趋势

1. 药店零售商向连锁药店经营发展 越来越多消费者喜欢到连锁药店购买OTC药品，认为连锁药店品种齐全、信誉高、购买环境好。近年来，大大小小的连锁药店迅速发展，不断挤兑单体店，是药店零售的主导。因为连锁药店进货量大，所以大型连锁药店往往从厂家或者一级分销商直接进货，连锁药店可以是集代理商、批发商和零售商为一体的分销渠道。

2. 重视第三终端医药产品零售商 医疗改革的发展使得农村城镇医疗事业快速发展，越来越多的医药生产企业瞄准了第三终端市场，重视第三终端医药产品零售渠道的分销。

3. 新零售异军突起 随着国家对医药产品电子商务政策的放开，目前最受业界关注的医药商品市场O2O模式（online to offline）也在不断完善，相信不远的将来将会给消费者带来更多的便利和实惠。

医药零售市场越来越大，单一的渠道已经难以满足日益增加的消费需求。医药行业的流通渠道分为线下实体和线上电商，两种渠道的驱动因素不尽相同。线下实体主要围绕产品进行发展，而线上电商则是以消费者为驱动。伴随着医药新零售的快速发展，不论是在国外还是在国内，都涌现出了一些优秀的医药新零售平台。

随着"互联网＋医药健康"时代的到来，消费者除了可以享受到高效的送药上门和医疗服务外，还可以通过医药新零售平台实时管理自己的健康。在消费需求的驱动下，未来的医药新零售将超越线上线下，破除传统行业局限和地域等限制，而"互联网＋大健康"时代下的医药行业也将更好地满足大众在健康上的需求。

◎ 案例分析

案例：

2020年11月12日，国家药品监督管理局发布了新修改的《药品网络销售监督管理办法（征求意见稿）》，就规范药品网络销售和药品网络交易服务行为再次公开征求意见。征求意见稿规定，在符合"确保电子处方来源真实、可靠，并按照有关要求进行处方调剂审核，对已使用的处方进行电子标记"等条件下，允许通过网络销售处方药。

事实上，网售处方药已不是新鲜话题，不少人都有过相关体验。近年来，处方药线上销售有效保障了居民日常用药需求。据电商数据显示，2019年12月至2020年2月其用户激增50倍，线上订单量超过同期的8倍，十几天时间里即为用户送药达260万次。但是，也有不少人始终持反对态度，认为网售处方药难以保障用药安全，特别是不少售药平台门槛低，严格审核环节缺失，增加了用药风险。

分析：

1. 网络购物已经成为年轻人的一种常态，网络购物方便、快捷，提高了购药效率，降低了购药成本。

2. 与线下监管不同，网络销售具有虚拟性、隐蔽性等特点，处方药线上监管难度更大。要确保网售处方药安全，就意味着对网络销售者、销售平台、药品配送方等各环节的监管都不能放松，要形成完整的监管闭环。

第二节　医药产品分销渠道的选择

一、影响医药产品分销渠道的主要因素

医药产品分销渠道的选择涉及众多因素，医药产品生产者在进行分销渠道的选择前，需要综合考虑医药产品本身、企业实际情况、市场及其他因素等各种影响因素。

（一）医药产品因素

1. 时效性与有效性　季节性强或有效期短的医药产品，应尽量将渠道简单化，可采用直接渠道，以减少流通环节时间，使产品能快速到达消费者。

2. 单位价值　单位价值较高的医药产品，如生物制品、进口药品、特新药品等，宜采用短渠道或直接渠道；单位价值较低，使用范围广，需求量大的医药产品，可选用长而宽的分销渠道，以增加市场覆盖范围，促进销售。

3. 普适性与特殊性　对于像普通感冒药一样普适性的医药产品，宜选用间接渠道、宽渠道，增加市场的占有率。对于一些技术含量高、有特殊服务要求的医药产品，则尽量采用直接渠道、窄渠道，以确保服务质量。

4. 医药产品的生命周期　医药产品处于不同的生命周期阶段，选择的渠道也不相同。在生命周期的导入期和成长期，应尽量选择短渠道或直接渠道，以使产品尽快进入市场，同时及时接收市场的反馈，以便更好地完善产品；处于成熟期的医药产品，应适当增加渠道宽度，扩大市场覆盖范围，增加市场占有率。当医药产品进入衰退期，分销渠道应短、窄，以节约渠道成本，增加竞争力。

（二）市场因素

1. 目标市场的大小　如果目标市场范围大，渠道则较长；反之，渠道则较短。

2. 目标顾客的集中程度　如果顾客分散，宜采用长而宽的渠道；反之，宜用短

而窄的渠道。

3. 消费者的购买数量 如果消费者购买数量小、次数多，可采用长渠道；反之，购买数量大，次数少，则可采用短渠道。

4. 市场竞争状况 当市场竞争不激烈时，可采用同竞争者类似的分销渠道；反之，则采用与竞争者不同的分销渠道。

（三）生产企业本身的因素

1. 企业实力 企业实力主要包括企业的人力、物力、财力和渠道管理能力，企业实力越强，对市场营销的把控能力越强，可以通过建立自己的分销网络，实行直接销售；企业实力越弱，对分销渠道的把控能力越弱，应选择实力相等的中间商开展分销。

2. 产品组合 企业所拥有的产品组合越宽，适宜采用宽渠道进行分销；产品组合越深，适宜采用窄渠道。

3. 营销政策 企业现行的营销政策不同，中间商在渠道中所承担的职能职责将有所区别，对渠道模式的选择产生影响。以追求短期利益为主的营销政策，应采用短渠道，追求长期利益为主的营销政策，可选择长渠道。

（四）其他因素

1. 环境特性 市场营销环境也在很大程度上制约着对分销渠道的选择。市场环境向好的情况下，增加渠道宽度和长度，以获取更远期和更大的利益；市场环境较差的环境下，宜收缩渠道的宽度和长度，确保医药产品能更低成本地到达消费者手中。

2. 中间商 中间商本身在实力、专业能力、物流运输、促销等方面的优点和不足将直接影响对中间商的选择。医药企业与中间商之间应做到优势互补，强强联合。

3. 相关政策 医药产品的分销渠道还受到国家或地方相关法律法规和政策的限制，对于国家和主管部门有明确要求的和规定的药品和分销渠道，应严格按照相关规定执行。

二、医药产品分销渠道的选择流程

医药产品分销渠道的选择流程主要包括分销渠道方案的设计、分销渠道方案的评价、分销渠道的确定三个步骤。

（一）分销渠道方案的设计

医药产品要顺利地送到消费者的手中，必须结合医药产品渠道的类型及影响分销渠道的诸因素，科学地进行分销渠道的设计。

1. 确定渠道的目标 医药产品分销渠道的目标即企业预期到达顾客服务水平以及生产者、中间商分别应承担的职能职责。

2. 设计分销渠道的长度和宽度　综合考虑影响分销渠道选择的因素，设计分销渠道的长度和宽度。对于新创型药品生产企业，企业没有足够的人力、财力进行市场营销，可更多地借助中间商、零售商的资源来打开销路，因此宜采用"医药产品生产者—代理商—医院药房或社会零售药店—消费者"等长渠道。

考虑医药产品本身的特点、市场容量的大小、需求面的宽窄以及企业整体经营目标等因素，设计适合的分销渠道的宽度。分销渠道的宽度通常有以下三种类型可供选择。

（1）密集型分销：即寻找尽可能多的中间商，运用尽可能多的分销网点，使渠道尽可能地加宽，让每一个潜在的消费者都能接触到自己的产品，从而以销售量的扩大取胜。保健品、OTC药品、技术含量不高的家用医疗器械都适合采用这种分销形式。

（2）独家分销：在某一目标市场，在一定时间内，只选择一个中间商销售本企业的产品，双方签订合同，规定中间商不得经营竞争者同类型的医药产品，生产者也仅对合作中间商供货，这种形式有利于双方协作，以便更好地控制市场，但也存在一荣俱荣、一损俱损的风险。通常适用于新特型产品或具有较好品牌声誉的产品。

（3）选择性分销：指在同一目标市场上，慎重选择数量有限的少数几个中间商销售企业医药产品，对中间商的选择在于精而不在于广。这种形式一方面有利于保持较宽的市场覆盖面，另一方面也有利于对中间商的管理，集合了前两种类型的优点，但对企业本身的实力具有一定的要求。

3. 设计分销渠道替代方案　医药产品可以通过多种可能的路径到达消费者的手中，因此有效的分销渠道也存在多种可能性，在设计分销渠道方案的时候，要充分考虑到各种可行方案，来增加生产者对市场的适应性。

（二）分销渠道方案的评价

分销渠道方案确定后，生产厂家就要根据各种备选方案，进行评价，找出最优渠道。通常渠道评价的标准有3个，即经济性、可控性和适应性，其中最重要的是经济性标准。

1. 经济性　主要是比较每个方案可能达到的销售额及费用水平，比较由本企业推销人员直接推销与使用销售代理商哪种方式销售额水平更高，比较由本企业设立销售网点直接销售所花费用与使用销售代理商所花费用，看哪种方式支出的费用大。企业对上述情况进行权衡，从中选择最佳分销方式。

2. 可控性　一般来说，采用中间商可控性小些，企业直接销售可控性大；分销渠道长，可控性难度大，渠道短可控性较容易些。企业必须进行全面比较、权衡，选择最优方案。

3. 适应性　如果生产企业同所选择的中间商的合约时间长，而在此期间，其他销售方法如直接邮购更有效，但生产企业不能随便解除合同，这样企业选择分销渠道便缺乏灵活性。因此，生产企业必须考虑选择策略的灵活性，不签订时间过长的合约，除非在经济或控制方面具有十分优越的条件。

（三）分销渠道的确定

分销渠道综合评价后，确定选择最适合的分销渠道。生产商需要与分销渠道成员之间，就相互之间的权利与义务进行确定，具体包括价格政策、销售条件、经销区域、销售支持等。如不同层级的中间商享有不同的价格折扣权利，与之对应的就是不同的销售任务要求。也包括是否有保密要求、竞业禁止等，如要求代理商在代理本品牌产品同时，不能代理其他品牌的同类型产品。确定渠道成员之间的权利与义务，是保证双方合作能够顺利进行的重要保证。

案例分析

案例：

Q企业以抗生素产品起家，于20世纪90年代后期开始向高附加价值的产品转型，经过十年左右的发展，成为了国内抗肿瘤产品龙头企业。Q公司在营销上一直以自营模式为主，自有销售团队直接面向医院，虽然销售量排行业前列，但是营销却一直落后于产品的研发，导致企业的产品实力没有真正得到发挥。为了解决这些问题，进入21世纪，企业开始调整营销模式，实行"自营"与"招商"共存的模式开始打造分销渠道。尽管两种模式之间存在协调、市场推广等问题，但两种模式却为企业带来了良好的资源互补。经过几年的运行，Q企业实现了销售额连续多年的高增长，企业原有的产品潜力被进一步释放，在巩固原有的医院市场优势的同时，开始快速覆盖原本自身薄弱的普药、社区市场、零售市场等。

分析：

与企业施行自营的营销模式相比，借助分销渠道看似中间商分割了企业的利润，但在规模增长的影响下，最终企业获益更多。

第三节　医药产品分销渠道的管理

确定了分销渠道方案之后，医药产品生产者重点需要对分销渠道成员进行管理，具体包括分销渠道成员选择、渠道成员培训、渠道成员激励、分销渠道冲突与窜货管理、渠道成员评估等。

一、医药产品分销渠道成员的选择

渠道成员的选择需要从众多的同类中间商中挑选出那些能有效地执行所规定的分销任务的渠道成员。除了采用直接渠道的生产者之外，任何采用中间商的企业都需要对渠道成员的选择作出正确的决策。渠道成员的好坏将直接影响医药产品在目标市场的销售结果，如果选择不当，轻则影响销售，重则败坏企业声誉，造成呆账、死账增加，影响企业资金周转。一般选择的标准应包括中间商的声誉、经营范围、经营能力、协作精神、业务人员素质以及未来销售潜力等，医药产品生产者必须结合自身实力以及拥有的资源来进行分析决策，企业自身的综合实力、营销战略，产品线的广度、宽度、深度以及相容度、产品的定位、目标客户群体等各方面都应考虑周全，找到最适合自己的经销商。综合考虑主要从以下方面深入考察渠道成员。

（一）经营资质

医药产品是特殊商品，具有严格的管理制度，中间商必须具备相应的资质才能从事医药产品经营销售活动，所以确认经销商的经营资质是首要考虑因素。选择经销商首先要审核其法人证明、"经营许可证"（注意其经营范围是否符合你的产品，有的公司只具备化学药品经营权，有的公司只具备中药饮片经营权，有的公司具备生物制品经营权，有的公司都具备等情况要明确），还要审核"GSP认证证书""营业执照""组织机构代码证"等资料。

（二）现有销售网络覆盖面

医药产品生产企业选择经销商分销渠道的目的主要是需要依靠其销售网络实现快速铺货，所以要考虑经销商拥有终端的数量、终端的分布、终端的质量几方面，并结合产品本身的特点等因素。如果产品是注射液，主要在医院销售，则要考虑经销商所能覆盖医院的数目以及这些医院的规模情况。

（三）硬件实力

考察经销商硬件实力包括公司规模、资金运转实力、固定资产实力。公司具备一定规模，资金雄厚有利于提高销售效率，有能力给厂家及时回款，避免影响厂家资金周转，是生产者应考虑的一个重要因素。固定资产实力包括投入的车辆是否多、仓库位置是否交通方便、吞吐能力是否强、办公地点是否位于商业中心、办公楼是否高级等，这些也会对经营有一定的影响。

（四）软件实力

考察经销商软件实力包括社会资信实力、企业管理水平、销售队伍素质等。

1. 社会资信实力 资信也就是通常所说的信誉度，中间商社会商誉的好坏可以直接反映其履行合同可信程度，商誉不好的中间商是形成呆账、死账的重要原因，可以通过业内调查、企业硬件情况以及商务谈判过程大概推测。

2. 企业管理水平 包括企业内部管理和对其终端的管理。可以看企业的规章制度是否健全、对规章制度执行力如何，通过实地观察与访问工作人员获得这方面的信息。同样也可以看企业对终端的管理方式，是实行统一的制度管理还是销售人员各自管理。

3. 销售队伍素质 销售活动的开展主要是靠人员来推动，中间商拥有的销售人员的实力对厂商是至关重要的，可以考察中间商销售队伍人员数量、质量（可以从人员的经验、文化程度、年龄、收入等方面来确定）。

（五）目标一致性

目标一致性是指所选择的渠道成员与生产者是否具有一致的目标，包括企业价值观、目标市场、专业方向以及渠道成员对代理销售本企业产品的意愿强度等。医药产品生产者与渠道成员之间的目标不一致，则营销目标最终将无法实现。

二、分销渠道成员培训

医药企业对渠道成员进行培训的目的在于增强渠道成员对本企业的信任度，提高其营销水平，扩大本企业产品的销售，提升销售业绩，建立与渠道成员之间稳定、持久的战略伙伴关系。围绕这一目标，医药企业对渠道成员的培训内容主要包括以下几个方面：医药产品生产企业的形象宣传、医药产品知识培训、生产企业的销售政策、营销理念等。

一般培训形式有内部培训和外部培训两种，内部培训包括企业销售人员拜访洽谈，集中演示、会议交流等。外部培训通常是由企业委托专业公司来进行，如财务管理培训、销售技巧培训等，通过培训不断提升渠道成员的综合素质和内部管理水平。

三、分销渠道成员激励

医药产品生产者需要将渠道成员视作自己的客户，以客户管理的思维对渠道成员进行持续的激励，这样才能建立与渠道成员之间的长期稳定的合作伙伴关系。激励措施可以分为直接激励和间接激励。

（一）直接激励

是指医药产品生产者以物质或金钱等直接利益对渠道成员实施激励。具体包括以下几种。

1. 价格折扣激励　指在充分考虑企业成本与消费者成熟能力的基础上，给予中间商合理的价格折扣，使中间商能直接感受到提升销售业绩带来的经济效益。

2. 奖惩激励　指通过制订一系列奖惩措施来刺激中间商的积极性，以达到企业经营的各种目标。如通过回款奖励，设置提前回款期、累计回款额等方式给予中间商一定的奖励，可提高资金周转率。对于不按时回款、回款额不达标的中间商给予减少折扣折让或取消代理资格等方式的惩罚，可减少企业的潜在风险。

3. 促销激励　对于非处方药品，医药产品生产者可以通过协助中间商开展大众促销工作，或负担部分广告费用，或合作开展广告促销等方式对渠道成员进行激励。一方面可以加强与渠道成员的相互了解及合作关系，另一方面能扩大企业品牌的知名度。

（二）间接激励

是指医药产品生产者通过非物质、非金钱奖励的方式对渠道成员进行激励，常用的间接激励方式有以下几种。

1. 信息支持　医药产品生产者向中间商提供技术指导、帮助渠道成员培训销售人员或共享市场信息等方式支持中间商开展业务活动，来提高其专业水平、促进产品销售。

2. 建立战略同盟　为了更好地实现生产者与中间商共同的销售目标，生产者与中间商可建立战略同盟，双方共同制订销售目标、广告促销计划等，也可以共享管理权，股权融合等方式建立双方长期稳定的合作关系。

四、分销渠道冲突与窜货管理

（一）医药产品分销渠道冲突

无论分销渠道设计和管理得多么好，渠道冲突都是无法避免的，其原因在于渠道成员相互之间没有形成一致的目标，存在利益竞争。渠道冲突是指渠道的某个成员从事了阻碍或者不利于其他成员实现其目标的活动。渠道冲突主要包括水平渠道冲突、垂直渠道冲突和多渠道冲突三种类型。

1. 水平渠道冲突　指同一分销渠道上同一层次的成员之间的利益冲突。当分销渠道中一个层级只有一个中间商时，水平冲突不存在。但当处于同一渠道层级中有多个中间商时，水平渠道冲突往往难以避免。其主要表现为跨区间销售、压价销售等。

2. **垂直冲突** 指渠道中不同层次的成员之间冲突，也称作渠道上下游冲突。如生产者与代理商之间、代理商与经销商之间、经销商与零售商之间互相挤压利润空间、相互抱怨就属于垂直冲突。分销渠道长度越长（渠道的层级越多），发生垂直冲突的可能性就越大。垂直冲突带来的问题是当上游分销商与下游经销商争夺客户资源时，势必挫伤下游渠道成员的积极性。或者当下游分销商实力增强以后，向上游渠道成员发起挑战，影响渠道的稳定。

3. **多渠道冲突** 随着顾客市场的不断细分以及渠道系统的不断完善，越来越多的企业采用多渠道营销系统来获取消费者。在多渠道营销系统的模式下，容易出现不同层级的中间商服务于同一目标市场的情况，当这种情况发生时，就形成了多渠道冲突，也称交叉渠道冲突。如电子商务与传统渠道之间就存在冲突，开展电子商务的代理商、经销商与处于传统渠道下游的零售商之间的冲突就属于多渠道冲突。

（二）渠道冲突的解决办法

1. **渠道冲突的影响** 渠道冲突往往是产品有一定市场覆盖率，给企业带来经济效益的一种表现。一个完全没有渠道冲突的产品，一定是市场开拓和网络覆盖上有缺陷。适度的渠道冲突有利于成员之间的竞争，增加市场活力，活跃产品市场。但恶性渠道冲突会对渠道系统有很大的破坏性，从而降低企业的控制力，扰乱市场秩序。

2. **渠道冲突的解决办法** 如何避免和合理化解冲突是分销渠道管理非常关键的部分。

（1）合理细分区域市场，选择合适的经销商：根据区域市场容量和发展潜力合理划分经销商业务区域，保证药品企业最大限度地进行市场细分，有效界定和开发目标市场，发展和培养目标客户。选择的经销商实力要相当，如果经销商之间实力相差过大，容易出现不良竞争而导致渠道失控，且增加了药品企业协调经销商之间矛盾的工作量。所以，选择中等规模的经销商比较适宜，因为经销商实力太强，药品企业往往难以控制。尤其当他们经销的品牌较多时，对本公司产品的重视程度会相对减弱。

（2）严格控制零售价格，维持终端价格的统一：选择多家经销商最容易爆发价格战，因此控制各级渠道的价格体系，力争经销商出货价及终端零售价格的统一，对于规范经销商行为，维护市场秩序，增强经销商信心显得尤为重要。同时也有利于市场的培育和长期发展。所以，医药企业必须采取严格的零售价格控制措施，对违反价格协议的经销商进行严厉惩罚，从而保护零售商的利益，增强他们的信心。例如，某医药企业在一些区域的销售工作只注重对批发商的销量，而对批发商给零售商的价格和最终零售价格放任自流，导致零售价格失控，极大地挫伤了零售商的积极性，致使许多零售商转而主推其他品牌。

（3）协调渠道成员之间的冲突：区域内存在多家经销商容易在渠道上产生冲突，包括纵向冲突和横向冲突。这种冲突达到一定程度必然造成渠道资源的内耗和对渠道的失控。因此，医药企业要对渠道成员间的冲突进行协调，关键是要把握好协调的力度和适度，使经销商之间进行良性竞争，而不是恶性竞争。

（4）创造多赢合作模式：区域多家经销商模式中，为了能够从根本上规范经销商的行为，培育好渠道网络系统，稳定市场，最终提升销量，医药企业与经销商之间可以走一条新的合作模式，采取区域内的多个经销商共同参股、重构销售分公司的做法。如一些保健品公司把区域的销售分公司改造成由生产企业控股，当地数个一级批发商和一级市场大零售商共同参股的独立销售法人公司。这样形成医药企业与经销商利益的共同体，共担风险，有利于维护市场稳定，控制市场零售价格和解决区域内窜货问题，同时作为经销商也愿意主推该医药企业品牌。

（三）窜货管理

窜货又被称为倒货、冲货，是渠道冲突的一种具体表现形式，主要体现为产品跨区域销售。窜货行为与产品的市场发展程度密切相关：一般来说，市场容量越大，窜货的可能性也越大；反之，市场容量有限的产品和滞销产品，基本上很少发生窜货现象。窜货对生产者的分销渠道和价格体系造成一定的冲击，如何看待窜货，怎样预防、阻止窜货的发生始终是困扰营销者的一道难题。正所谓"没有窜货的销售是不红火的销售，但大量窜货的销售是很危险的销售"。

1. 窜货的类型　按照窜货行为对市场影响程度不同，可将窜货分为以下三类。

（1）恶性窜货：经销商为谋取非正常利润，蓄意向授权销售区域以外的市场倾销。恶性窜货的危害最大，其扰乱了价格体系，降低了整个通路利润，使其他经销商失去销售信心，可能放弃经销，严重者将导致分销渠道的崩溃、损害企业品牌形象。

（2）良性窜货：企业在开发市场初期，一般会首选流通能力较强的经销商配合来开拓市场，于是在销售过程中，产品会自然流向其他区域的空白市场，形成一个自然的通路和价格体系。在市场开发初期，此种窜货有助于扩大市场覆盖，提高产品销量，但日后企业细分区域市场时需要加以重新整合。

（3）自然窜货：经销商以正常价格和利润销售时，无意中向区域外市场销售了产品，主要是在相邻区域的边界附近互相窜货，属于不可避免的自然销售行为。

2. 窜货原因　窜货最根本的原因来自市场经济环境下各渠道成员的利益驱动，医药分销中窜货的具体原因主要有：①制定渠道销售政策不合理，销量大年终返利就多；②经销商数量选择和区域划分不合理；③销售量目标定得过高；④企业缺少防止窜货的管理制度或者有制度不严格执行。

3. 解决窜货对策

（1）设计合理的渠道分销体系，制定科学完善的渠道销售政策，合理划分销售区域，并根据市场情况选择区域独家或多家代理商。

（2）制定合理的渠道价格，使不同级别经销商都能获取相应的合理利润。

（3）在药品内外包装上打印不同区域识别编码，可随时追踪和查询货源去向，有效防止窜货。

（4）监控经销商销售情况和经营状况，控制进货数量和进货周期。

（5）为经销商提供良好的服务支持，帮助提高经营管理水平，增强销售信心。

（6）加强信息沟通和感情建设，促进双方的信任与合作，使经销商不主动窜货。

（7）对恶意窜货的经销商严格处罚，维护市场正常经营秩序。

Q 案例分析

案例：

小王是某知名制药企业驻南方两广（广东、广西）交界的某地级市市场经理，该市辖区人口近600万，一直兢兢业业做终端促销维护工作的小王，由于自己的辛勤付出，销量一直在稳步增长。最近他发现公司产品在本地的销量出现明显下滑，经销商进货周期延长，进货量减少，但是终端零售商销量却还在增长。经过深入了解，得知本地很多零售商不愿意从本地自己建立的经销商处进货，原因是在本地进货价格比到毗邻的广东市场要高，利润空间不大。小王经过调查分析，得知原因是广东市场每年销量大，公司政策是销量越大，年终折扣越多，因此不少经销商以低于市场批发价甚至以出厂价销售，导致出现广东市场价格低于广西的现象。

分析：

窜货是药企难以避免的现象，它是企业销售开始红火的表现，但是大量窜货是很危险的；它会大大打击中间商的积极性，扰乱市场秩序。小王应立刻与广东经销商召开会议，并要求厂家对窜货的经销商按规定进行处罚，并进行警告，同时要继续加强跟踪广西地区终端货品来源的信息调查。

五、分销渠道成员的评估与调整

（一）评估分销渠道

企业应通过各种途径了解中间商履行合同的状况，包括推销商品的数量，商品库存状况、售前、售中、售后的服务及回款情况等。对中间商进行考察和评估，目的是及时采取相应的监督、控制与激励措施，保证销售活动顺利而有效地进行。生产企业需将现有客户的资料登记造册，建立客户数据库，通过对现有客户资料分析，将潜在的市场机会变为现实的销售，将分散的客户资源、组合成企业整体的可大力开发的资源。具体工作有以下几个方面。

1. 客户构成分析　通过对一定时期内全部企业或某个大区，或是某销售人员的产品销售、回款情况统计分析，将客户区分为不同类别，以便企业或销售人员在日后营销工作中对其分清主次、区别对待，也可作为信用度、回款期限等判断的标准之一。通常可根据销售量及回款额的大小确定客户的不同地位：A类重点客户（占累计销售额或回款额的75%）、B类客户（占20%左右）、C类客户（约占5%），C类客户所占销售比例较小，可将其视为具有未来潜力的客户。

2. 重要客户的交易业绩分析　企业应随时掌握各客户的月交易额或年交易额及回款额，统计出各重要客户与本公司数月交易额或年交易额回款额，计算出各重要客户占本公司总销售额（回款额）的比重。通过对比其业绩与计划要求，认真找出原因，以采取相应措施保持企业总体销售的稳定增长。

3. 不同品种的销售和回款构成分析　将本公司销售的各种产品按销售额和回款额从高到低排列，分别计算出各种产品销售额和回款额占总销售额和回款额的比重，对比公司销售及回款计划及销售回款实绩，找出差距与问题所在，配合企业营销策略的调整，确定今后工作的重点。

4. 客户业绩的其他分析　各种商品毛利率、周转率、费用率等的计算与分析，对不同客户、不同商品销售情况与销售计划进行比较分析，找出存在的问题及以后的重点产品和重点客户。

（二）调整营销渠道成员

医药企业营销工作者不仅要做好营销渠道的建立与运行管理工作，而且还需要根据实际情况进行及时修正。特别是当市场环境发生变化，如购买方式发生变化、市场扩大、产品处于不同生命周期阶段、国家相关政策变化如处方药品变成OTC药品、新的竞争者兴起、企业整体营销策略变动、中间商不能成功地完成任务，企业应当及时地对原有营销渠道进行修正，主要的调整措施如下。

1. 增减渠道成员　即保持原有渠道模式不变，只是增加或减少个别渠道成员。这时需要认真权衡增加或减少中间商所能带来的销售量增加或减少与所付代价之间的关系。

2. 增减渠道环节　即原有基本营销渠道类型不变，根据需要适当增减渠道环节，如在原有市场区域内增加或取消代理商这一层。一般情况下，需对通过增减渠道环节可能给企业盈利带来的影响进行比较、决策。

3. 对原有渠道进行彻底调整　　这是根据产品不同生命周期而对渠道策略进行的必要调整，或是由于经营产品的改变而对渠道进行根本性的重新设计。

●····**章末小结**

1.　根据分销渠道中是否有中间商可分为直接渠道和间接渠道，按渠道中每一环节使用同类中间商的多少可分为宽渠道和窄渠道。

2.　医药产品分销渠道的作用：使药品能快速到达消费者、风险分担、整买零卖与仓储运输、信息交互。

3.　医药产品分销渠道的设计：确定渠道的目标、设计分销渠道的长度和宽度、设计分销渠道替代方案。

4.　分销渠道成员激励包括直接激励（价格折扣激励、奖惩激励、促销激励）和间接激励（信息支持、建立战略同盟）。

●····**思考题**

一、简答题

1.　简述医药产品分销渠道的功能。

2.　分销渠道的类型主要有哪些？

3.　如何选择分销渠道成员？

4.　如何处理分销渠道中的冲突与窜货现象？

二、案例讨论

X制药公司分销渠道的分析

　　X制药公司是一家较有实力的医药企业，2011年春节刚过，公司决定上马Y项目。经过长期筹备，公司形成如下共识：Y项目目标市场容量巨大，且无全国性的强势品牌；产品疗效确切，又是传统的民族老药，便于市场宣传和操作；产品价位具有强大的竞争力；同时公司在本行业代理商中具有一定的感召力，有望成功地迅速建立分销网络。2012年3月份，公司制订了全套营销策划方案，并于同期展开招商工作。公司先后召开了全国营销会议，参加了全国性药品招商会，招商条件如下：①销售政策是底价包税，按照代理商前期现金提货，且备好相同数量的底货；②市场保证金为地级市场2万元、省级市场5万元，前期一次交清，用以规范经营，保护代理商的区域独家代理权。经过最大限度的努力，合作代理商累计覆盖全国21个省，上下齐心，可谓全国形势一片大好。但是，2012年8月，公司来了两位年轻人，要求代理山东市场，前期要求现金提货250件。遇到这样的大客户，公司十分高兴，但对方声称由于资金所限，5万元的市场保证金只能交3万元。经过简单的审查，公司结合行业惯例，同意了对方的要求。双方当即签署协议，现金交货，一切进行得非常顺利。公司也按照销售政策的承诺，为对方备好底货250件，总共500件货一起发往山东市场。接下来，公司所有的人都在期待市场热销的捷报。可时隔不久，接到河北急电，发现区域识别代码窜货。经查，三层识别码共同指向一个结果，正是发往山东的货号。这个结果让企业大吃一惊。于是企业立即联系山东代理商，结果所有的电话均无法接通。那两个人所留身份证经查也是伪造的。最担心的事发生了，这是一次有预谋、有组织、数量巨大的恶性窜货，无疑公司此刻面临着一场巨大的危机。

讨论：

1. Y项目销售渠道是什么？

2. 公司的恶性窜货危机是如何引起，应该如何避免？

3. 如果你是X制药公司的招商部部长，如何化解此次危机？

第九章
医药产品促销策略

学习目标

- 掌握　医药产品广告、公共关系、营业推广、人员推销的特点及策略。
- 熟悉　医药产品促销、促销组合的基本内涵及影响因素。
- 了解　人员推销的步骤及推销技巧。

情境导入

情境描述：

　　小王是某卫生学校药剂专业毕业的学生，在一家医药公司做推销员。该公司有一款传统中成药产品在OTC市场一直销量不佳，小王主要负责某地区的促销推广活动，于是小王决定结合该产品特点进行促销策略调整，以提高销量。首先，小王根据产品的购买和使用人群进行中药传统文化宣传，让中药的好处和优势在大众中形成广泛的认知；其次，为了与其他同方同名而异牌异厂的产品进行市场竞争，小王通过地方电视频道增加了该地区广告宣传的次数和频率，提高品牌知名度；最后，小王又联合该产品厂家，以该企业的名义在门店多次开展中医义诊服务，提高了该药厂的知名度和美誉度。经过多方努力，该传统中成药产品销售量有了大幅度提高，小王也因为销售业绩良好而升职加薪。

学前导语：

　　传统中药是中华文明中的一颗明珠，以其博大精深的内涵而享誉世界，但是中成药产品却往往因为促销不当而失去市场。小王灵活地运用各种促销方式，制订符合产品特征的促销策略，充分发挥了传统中医药的优势，让产品重新占有市场，同时也让自己的事业和人生上了一个新的台阶。本章将带领大家学习医药产品促销以及促销组合的内容，通过对各种促销手段的分析，掌握医药产品促销方案设计的基本技能。

第一节　医药产品促销与促销组合

一、医药产品促销

（一）医药产品促销的概念

所谓医药产品促销，是指医药企业在符合国家法律法规的前提下，通过人员推销和非人员方式将医药产品或所提供的服务以及医药企业的信息与潜在顾客进行信息沟通，引发并刺激顾客对医药企业及医药产品或所提供的服务产生兴趣、好感与信任，进而作出购买决策的一系列活动的总称。其基本含义有以下几层。

1. **医药产品促销的对象**　医药企业除了将目标消费者、中间商作为促销对象外，还需要将医疗机构的医师、专家、教授、护士作为重要的信息传递对象。

2. **医药产品促销的核心**　促销的核心就是信息沟通。一方面，通过各种各样的手段和方式，将企业的经营理念和产品的特性传递给中间商或目标消费者；另一方面，通过信息沟通传递中间商或目标消费者对企业及其产品的各种评价，加快商品流转和资金回笼。

3. **医药产品促销的方式**　主要有人员推销和非人员促销两类。人员推销就是企业派出推销人员，与消费者进行面对面的直接沟通，说服其购买。非人员促销主要是指借助广告、公共关系、营业推广等销售促进方式进行信息沟通，达到促进销售的目的。

（二）医药产品促销的作用

在市场竞争日趋激烈的今天，促销活动对医药产品销售的影响已越来越明显。促销的作用主要表现在以下几个方面。

1. **传递信息，引导消费**　开展有效的医药产品促销活动，可以增强消费者或客户对医药产品功能和服务价值的了解，激发其购买欲望；另一方面，通过对消费者或客户反馈意见的跟踪记录，企业可以了解和掌握消费者或客户不断变化的需求状况。

2. **扩大需求，促进成交**　通过有效的促销活动可以刺激目标消费者对本企业产品的购买需求，甚至在一定条件下还可以创造需求。促销可使市场需求朝着有利于企业产品销售的方向发展。

3. **突出特点，树立形象**　恰当的促销活动可以借助突出企业产品的商标、特征、价格和效能等因素，使消费者了解其相对于其他品牌的优势，形成对本企业产品的偏好心理，建立起与众不同的产品形象，从而在与其他同方同名而异牌异厂产品的市场竞争中占据优势。

4. **稳定销售，巩固市场**　消费者对形象好、声誉高的企业及其产品普遍有信任感，并且愿意购买这些企业的产品。企业通过开展促销活动，在公众间树立良好的品牌形象，使更多消费者了解、熟悉和信任自己的产品，逐渐成为企业的忠诚顾客，这对稳定销售乃至扩大企业的市场份额、巩固企业的市场地位均有重要作用。

案例分析

案例：

M公司决定将某款补钙产品在H市开拓新的市场。这个产品在别的省市有一年多的销售经历，但从未进军H市市场。公司先对当地市场上的同类商品进行调查，发现当地市场补钙产品高达几十种，外资品牌和国内的主力品牌都有较大的广告投入，终端也有较强的操作能力，价位从几块钱到几十块的都有。如果按传统的营销模式进行客情、店面促销，根本卖不出产品。但在调查中也发现，80%以上的人对补钙的概念很模糊，不知道补钙的作用，15%的人意识到自己要补钙，但不知如何去做，只有5%的人对补钙的知识非常了解，自己很有主见地进行补钙。因此公司觉得该市市场仍有很大空间，但开拓市场并不是只靠一句广告语就能解决的，从而决定把所有的精力放在社区推广上，把老年补钙制剂作为主推产品，对消费者进行深度及反复的补钙教育。社区推广面临最大的困难就是可信度的问题，因此公司跟该地电视台某个著名老年人栏目进行合作，同时联合社区居委会及社区药店进行一系列的补钙科普宣传活动，并且把活动的主题确定为"奉献某某钙，共享夕阳红"。经过一段时间的宣传活动，该市老年消费者大多数都知道和了解该品牌的补钙产品，门店的销售量也有了逐步的提高，M公司的补钙产品终于在H市打开了新的市场。

分析：

医药产品促销活动是一种宣传行为，是医药企业向目标市场宣传介绍其药品特点，引导和激发消费者的购买欲望，以实现现实和潜在的购买行为。其目的是鼓励消费者购买的积极性，或是宣传某一企业或药品，提高企业或药品在消费者中的认知度，同时也可使企业树立良好的形象，增加销量。

二、医药产品促销组合及影响因素

（一）医药产品促销组合的含义

具体说来医药产品促销可以分为四种方式：人员推销、医药产品广告、公共关系、营业推广（后三种方式又称为非人员推销）。医药生产企业或经营企业根据促销的目标要求，结合本企业产品的特点，在促销预算约束下，有计划地综合运用以上促销方式进行适当的选择和综合编配，形成的一个完整的医药产品销售促进系统，称为促销组合。

四种促销方式中，推销员能面对面地说服消费者购买医药产品，广告能传递企业及产品的有关信息，公共关系能提高企业和产品的知名度，营业推广能吸引消费者注意。不同的促销方式有不同的优缺点和营销目标，如表9-1所示。

表9-1　各种促销方式的比较

促销方式	优点	缺点	营销目标
人员推销	灵活性、针对性强，反馈及时，直接沟通信息，有利于加强服务	优秀促销人员培养难度大，成本高，促销范围有限	与顾客建立良好关系
广告	传播范围广，形式多样、可控	信息量有限，针对性差，总成本高	提高企业及产品知名度
公共关系	影响面广，信任度高，可提高企业知名度和声誉	花费精力大，效果可控性差	树立良好的公众形象
营业推广	吸引力大，效果显著	覆盖范围窄，有局限性	短期内增加销售量

（二）影响医药产品促销组合的因素

要实现医药产品促销方式的最佳组合，除了必须考虑各种促销方式的优缺点，还应整体把握影响促销组合策略的各种因素。这些因素包括以下几方面。

1. 促销目标　促销目标是企业进行促销活动所要达到的目的。医药企业在不同时期、不同医药产品、不同市场环境下都有其特定的促销目标，因此所需要的促销方式、促销组合也不同。如某医药企业的营销目标是迅速增加销量，扩大企业的市场份额，其促销组合将更多地选择广告和营业推广；而另一医药企业的营销目标是在该市场树立企业形象，稳固市场份额，其促销组合将会更多地选择广告和公共关系。

2. 促销预算　促销预算是医药企业为从事促销活动而事先确定支出的费用预算，是企业促销活动的经济基础。促销预算的多少，直接决定了医药企业可供选择的促销组合方式。一般来说，广告的费用较高，人员推销次之，营业推广较少，公共关系的费用最低。但在不同时期不同市场环境下，它们的促销效果也是不同的。这就要求医药企业根据自己的促销目标，全面衡量主客观条件，从实际出发，制定出经济而又有效的促销组合。

3. 促销总策略　医药促销策略包括推式策略和拉式策略，其信息流动方向（图9-1）和适用对象（表9-2）都有所不同，医药企业对其选择会影响各种促销方式的协调分配。

（1）推式策略：指生产企业通过各种促销方式将医药产品推销给中间商，由批发商或代理商将医药产品推入销售渠道，最后由医院的处方医师或药店的药师将医药产品推销给消费者。当医药企业采用推式策略时，会把更多的资金投入到医药产品的专业渠道促销上，如医药产品交易会、医师联谊会等。

（2）拉式策略：是指生产企业采取促销方式直接针对最终消费者或购买者进行产品推荐，以刺激其对医药产品的需求进而向医院或药店求购，医院或药店在消费者需求的拉动下向中间商求购，中间商继而向医药生产企业求购，拉动医药产品在整个销售渠道的流动。当医药企业采用拉式策略时，会把更多的资金投入到广告和销售促进上，激发目标消费者的潜在需求。

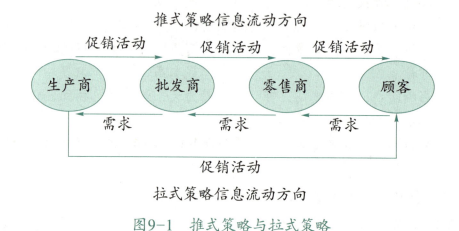

图9-1　推式策略与拉式策略

表9-2　推式策略与拉式策略的适用对象

策略	适用对象
推式策略	单位价值较高的产品、性能复杂需要做示范的产品、根据用户特点单独设计的产品、渠道较短的产品、市场比较集中的产品
拉式策略	单位价值较低的日常用品、流通渠道较长的产品、市场范围较广的产品、市场需求较大的产品

⑦ 课堂问答 ——————

请判断下列促销活动是属于推式策略还是拉式策略。

1. 某保健品推出多25%装量的优惠装上市。
2. 某药品进行广泛的电视、报纸广告。
3. 某药品印在药店促销单页上的满减优惠券。
4. 某药厂针对销售人员业绩设置销售佣金及年终大奖。
5. 某药品在某医药专业杂志上进行广告宣传。
6. 某药厂为零售药店配备促销员。

4. 市场特点 针对不同的目标市场，医药企业应采取不同的促销组合策略。如市场范围广、潜在顾客多而分散、产品技术性不强、消费者可以自主选择使用的OTC药品，多以广告、营业推广为主要促销手段；若目标市场空间小、潜在顾客数量有限、产品技术性强、需要在医师指导下使用的处方药，则多以人员推销为主。

5. 医药产品的生命周期 医药产品从进入市场到退出市场，要经历投入期、成长期、成熟期和衰退期。在产品生命周期的不同阶段，销售量、成本、竞争等市场状况均不同，企业的促销重点和目标也不同，因而要制订不同的促销组合策略。医药产品在不同生命周期的促销目标和适宜选择的促销组合见表9-3。

表9-3 医药产品在不同生命周期的促销目标和适宜选择的促销组合

生命周期	促销目标	促销组合
投入期	让消费者认识了解新品	广告为主，辅以人员推销、营业推广
成长期	激发消费者的购买需求和兴趣	广告和公共关系为主
成熟期	塑造企业形象，培养顾客的品牌意识	公共关系为主
衰退期	维持消费者对产品的信任感和购买偏爱	营业推广为主，辅以广告
各阶段	消除消费者的不满意	变换广告内容和形式、公共关系

6. 医药产品的性质 不同性质的医药产品，消费者和用户的购买行为、购买过程及影响因素均不同。一般来说，消费者对药品的专业知识掌握较少，购买非处方药时受影响因素较多，广告一直是影响其购买的主要促销方式，医药企业在制订促销组合时主要在广告、营业推广等促销方式之间组合使用；处方药的决策者一般是医疗机构的处方医师，制定促销组合时应更多考虑人员推销、公共关系和营业推广等促销方式的组合使用。

7. 其他 除以上因素之外，企业在竞争中所处的地位、竞争对手的情况、医药产品的渠道策略和价格策略、广告媒体的多样化、广告成本的不断提升、消费者需求的不断变化等都是医药企业在制订促销组合策略时应综合考虑的因素。

第二节　医药产品广告

一、医药产品广告的概念及特点

（一）医药产品广告的概念

1. **广告**　广告包括非商业广告和商业广告，促销方式中的广告是指商业广告，是指广告主以付费的方式，通过特定的媒体传播商品或服务的信息，以促进商品和服务的销售为主要目的的一种信息传播方式。

2. **医药产品广告**　广义的医药产品广告是指一切面向大众的与医药产品相关的公开宣传，包括商业性的和非商业性的医药产品广告；狭义的医药产品广告也称医药产品商业广告，是指医药企业承担费用，通过特定的广告媒介和形式传递医药产品或服务信息，提高产品或企业的知名度，以促进销售为目的的促销手段。狭义的医药产品广告是市场营销学主要研究的广告。

> **课堂问答**
>
> 2015年，常州市食品药品监督管理局为进一步保障百姓网上购药安全，在门户网站"互联网购药安全警示"专栏转发监督检查发现的互联网站违法发布的虚假信息，提示消费者加强警惕，防止受骗。深圳市药品监管部门发布"消费者一定要从药店、医疗机构等合法渠道购买药品，确需网购药品的，应通过药监部门公布的、具有合法经营资格的网站购买"的具有提醒作用的广告视频，属于促销手段吗？

（二）医药产品广告的作用

现代社会，广告是市场经济和社会生产总过程的润滑剂，医药产品广告宣传已经成为我国医药企业使用最广泛的促销方式。在市场营销活动中，广告的主要作用如下。

1. **提供药品信息**　药品是一种特殊的商品，认识药品是购买医药产品的前提，提供信息是广告最基本的作用。向市场提供有关的信息，如把医药产品的适应证、作用机制、毒副反应、用法用量、注意事项等传递给医师和患者，帮助专业医疗人员和消费者合理的选择用药。这类广告常见于医药产品生命周期中的投入期。

2. **促进药品销售**　随着医药经济的迅速发展，医药产品种类繁多，药品市场的竞争也越来越激烈。药品销售问题，已成为制约药品生产、经营企业进一步发展的瓶颈之一。广告作为一种营销手段，可以唤醒消费者的潜在需求，扩大药品在社会公众中的认知率，帮助消费者识别医药产品，培养消费者的品牌偏好，鼓励消费者改用本企业医药产品，说服消费者立即购买等。在医药产品成长期，这类广告很重要。

3. **树立企业品牌形象**　目前我国医药企业众多，市场上的同品种药品特别多，一药多名现象非常普遍，仅阿奇霉素已知的就有近60个商品名。因此采用品牌战略，树立本企业的品牌形象是非常有必要的。药品广告不仅可以宣传药品信息，同时还能为企业树立良好的品牌形象，加深消费者对医药企业的好感，使自己的产品在众多的同品种药品中独树一帜，从而促进消费。这类广告能够保持医药产品的高知名度、支持中间商，可以用于医药产品的各个生长周期。

🔍 案例分析

案例：

某品牌太太口服液的产品广告，通过妻子因服用太太口服液而脸色日益变好，丈夫百看不厌这一虚拟的广告场景，"还是太太好"一语双关的广告语，将夫妻之间伉俪情深在不经意间表露无遗。它既能让看到此广告的已婚男性猛然醒悟自己是否在工作忙碌之中忽略了对妻子的关怀，又能使看到此广告的女性为那一句"还是太太好"怦然心动，对产品产生好感。

分析：

"还是太太好"这一广告语既突出了产品的定位着力于产品肤色改善的功效上，又以夫妻之间伉俪情深打动消费者，引起消费者的情感共鸣，对产品产生好感。

（三）医药产品广告的特点

1. **以信息传递为手段**　非处方药，尤其是乙类非处方药，可以通过医药产品广告进行大众化的信息传播；处方药，必须通过专业医药学杂志向医疗机构的处方医师、专家等人士宣传，实现营销信息的定向传播。

2. **以诱导为方式**　医药产品广告通过对文字、音效以及色彩的艺术化处理，将医药企业及其产品或服务的信息传递给社会大众，形象化、艺术化、多渠道的信息传播，使公众更易于接受并被吸引，从而刺激需求，扩大销售。

3. **渗透性**　医药产品广告具有信息传递的重复性，同时多种广告媒体的传播面广而及时，深入社会各个角落，具有较强的渗透性。

二、医药产品广告媒体及其选择

（一）广告媒体的种类及特点

广告媒体是指把广告内容所包含的信息传递给广告对象的中介物，所以又称广告媒介。在传播业高度发达的现代社会，可供企业选择的广告媒体种类繁多，如报纸、杂志、广播、电视、电影、幻灯片、户外招贴、广告牌、传单、霓虹灯、商品陈列、包装纸、现场POP（购买点）广告、网络广告等，不同的广告媒体有不同的优缺点，如表9-4所示。

表9-4 不同广告媒体优缺点的比较

媒体	优点	缺点
报纸	读者众多而且较为稳定，传播迅速、时效性强，影响力大，制作简单、灵活，成本较低	方式单一、持续时间短、感染力差、要求传播对象有一定文化
杂志	读者稳定而且集中，针对性强，印刷效果好，易于保存，持续时间长	灵活性差、信息传递不及时、读者面窄、成本较高
电视	传播范围广，传播迅速及时，表现手法多样，形象直观生动，娱乐性强，宣传效果好	展露时间短，针对性差，费用高
广播	传播范围广，传播迅速及时，制作简便，费用低廉	表现手法少、时间短、不易记忆
网络	无时空限制，多媒体内容丰富、形象生动，易于实时修改，费用低廉	网络广告的覆盖率低，针对性差，访问者对网络广告有"过滤"作用，效果评估困难
户外广告	传播主题鲜明，形象突出，不受时间限制，比较灵活	传播内容受一定的限制，创造力受到局限

② 课堂问答

举例说明你所见过的各种不同种类的医药产品广告及其特色。

（二）影响广告媒体选择的因素

1. 市场竞争情况 当竞争激烈时，要求传播次数多、立即传送到目标顾客，可选择影响力大且影响面广的广告媒体；当竞争不激烈时，广告媒体的选择则相对自由。

2. 医药产品的特征　不同的药品要选择不同的广告媒体。对于非处方药，一般选择影响面大的普通杂志、报纸、广播、电视等大众媒体。而对于处方药，根据药品分类管理的有关规定，只能在有关药品监督部门与卫生部门联合指定的医学类、药学类杂志媒体上做广告。

3. 媒体的特性和费用　不同的广告媒体有不同的特性和影响力，其费用的差异也很大。医药企业在选择媒体时必须要考虑其传播范围、影响力、声誉、被收听（看）的情况以及广告成本、企业广告费用的支付能力等因素。

4. 目标消费者的特点　目标消费者即广告受众，是广告信息的接受者。广告要做到有的放矢，就必须考虑目标消费者的特点，尤其是要了解消费者的消费习惯、购买力、对媒体的依赖程度等。如老年人经常听广播，年轻人对网络接触较多等。

三、医药产品广告的原则

广告是以盈利为目的的，但医药产品关乎消费者的身体健康，它的特殊性决定了药品广告与其他产品的广告相比有着更加严格的规定，应特别注意其真实性、专业性等。药品广告应遵循以下原则。

1. 真实性原则　是医药产品广告的基本原则。药品的特殊性决定其广告所传播的药品信息必须以《中国药典》（2020年版）或国家食品药品监督管理部门核定的药品说明书为依据，不得进行扩大或者恶意隐瞒的宣传，不能弄虚作假、欺骗消费者。广告所传播的药品信息必须真实、准确、无误。这样才能赢得消费者的信任，达到预期的促销作用。

2. 合法性原则　鉴于药品的特殊性，国家在对药品进行监督管理的同时，对药品广告也作出了专门规定，药品广告不但要遵守一般广告的法律法规要求，还必须经有关部门审批，并严格按照有关法律、法规的要求进行宣传，不得擅自更改审批内容。

3. 科学性原则　药品广告对消费者用药具有诱导作用，因此药品广告设计的科学性体现在药品广告的计划完整性和策划创意的科学性。所宣传的内容不能违背药学与医学的基本原理与常识，不能使消费者产生任何歧义，绝对不能采用杜撰药物作用机理等方式误导公众。

4. 经济性原则　经济效益是企业生存和发展的基础，企业的一切经营活动都围绕着经济效益开展，广告促销也不例外。这就要求企业要从实际出发，费用需控制在一个合理的范围之内。

四、医药产品广告的管理

广告能帮助医药企业达到促进销售的目的，对企业营销带来事半功倍的效果。但激烈的市场竞争和丰厚的利益回报也诱惑着营销者做出了大量虚假、夸大宣传性质的医药产品广告，不仅损害消费者的身体健康，甚至给人们的生命安全带来威胁。

由于医药产品的特殊性，国家对医药产品广告有一系列的要求与规定。医药企业发布广告，必须遵守《中华人民共和国广告法》（简称《广告法》）、《药品管理法》、《药品管理法实施条例》、《药品广告审查发布标准》等，以及国家有关广告管理的其他规定。作为医药企业营销者，必须全面了解并掌握国家在医药产品广告监管方面的特殊要求，合法利用广告对医药产品营销的积极作用。

🔗 知识链接 ··

某处方药因违规推广被罚20万元

2021年4月10日，某药物研发公司为了推广其研发的药品"甲磺酸伏美替尼片"（该片已通过国家药品监督管理局批准并已取得"药品注册证书"，属于处方药），委托某信息咨询服务中心在一家酒店举办了一场学术推广会。

会议期间，当事人委托信息咨询服务中心在酒店大堂、会议签到处及会场内放置了6个易拉宝印刷品广告。印刷品广告由当事药物研发公司提供且案发时尚未取得"甲磺酸伏美替尼片"广告发布的许可。

当事人的上述行为，违反了《中华人民共和国广告法》第四十六条及《中华人民共和国广告法》第十五条第二款的规定。考虑当事人发布广告时间短，能如实陈述违法事实并主动提供证据材料，根据《中华人民共和国广告法》第五十七条第（二）项及《中华人民共和国广告法》第五十八条第（十四）项规定，决定对当事人从轻处罚如下：①责令停止发布广告、在相应范围内消除影响；②罚款20万元。

《中华人民共和国广告法》第十五条规定：麻醉药品、精神药品、医疗用毒性药品、放射性药品等特殊药品，药品类易制毒化学品，以及戒毒治疗的药品、医疗器械和治疗方法，不得作广告。

前款规定以外的处方药，只能在国务院卫生行政部门和国务院药品监督管理部门共同指定的医学、药学专业刊物上作广告。

《中华人民共和国广告法》第四十六条规定：发布医疗、药品、医疗器械、农药、兽药和保健食品广告，以及法律、行政法规规定应当进行审查的其他广告，应当在发布前由有关部门对广告内容进行审查；未经审查，不得发布。

根据2007年5月1日施行的《药品广告审查发布标准》，应注意以下内容。

1. 下列药品不得发布广告。①麻醉药品、精神药品、医疗用毒性药品、放射性药品；②医疗机构配制的制剂；③军队特需药品；④国家药品监督管理局依法明令停止或者禁止生产、销售和使用的药品；⑤批准试生产的药品。

2. 处方药可以在国家卫生健康委员会和国家药品监督管理局共同指定的医学、药学专业刊物上发布广告，但不得在大众传播媒介发布广告或者以其他方式进行以公众为对象的广告宣传。不得以赠送医学、药学专业刊物等形式向公众发布处方药广告。

3. 处方药名称与该药品的商标、生产企业字号相同的，不得使用该商标、企业字号在医学、药学专业刊物以外的媒介变相发布广告。不得以处方药名称或者以处方药名称注册的商标以及企业字号为各种活动冠名。

4. 药品广告内容涉及药品适应证或者功能主治、药理作用等内容的宣传，应当以国家药品监督管理局批准的说明书为准，不得进行扩大或者恶意隐瞒的宣传，不得含有说明书以外的理论、观点等内容。

5. 药品广告中必须标明药品的通用名称、忠告语、药品广告批准文号、药品生产批准文号；以非处方药商品名称为各种活动冠名的，可以只发布药品商品名称。药品广告必须标明药品生产企业或者药品经营企业名称，不得单独出现"咨询热线""咨询电话"等内容。非处方药广告必须同时标明非处方药专用标示（OTC）。药品广告中不得以产品注册商标代替药品名称进行宣传，但经批准作为药品商品名称使用的文字型注册商标除外。已经审查批准的药品广告在广播电台发布时，可不播出药品广告批准文号。

6. 处方药广告的忠告语是"本广告仅供医学药学专业人士阅读"。非处方药广告的忠告语是"请按药品说明书或在药师指导下购买和使用"。

7. 药品广告中涉及改善和增强性功能内容的，必须与经批准的药品说明书中的适应证或者功能、主治完全一致。电视台、广播电台不得在7:00—22:00发布含有上述内容的广告。

8. 药品广告中有关药品功能疗效的宣传应当科学准确，符合《药品广告审查发布标准》的有关规定。

9. 非处方药广告不得利用公众对医药学知识的缺乏，使用公众难以理解和容易引起混淆的医学、药学术语，造成公众对药品功效与安全性的误解。

10. 药品广告应当宣传和引导合理用药，不得直接或者间接怂恿任意、过量购买和使用药品，符合《药品广告审查发布标准》的有关规定。

11. 药品广告不得含有利用药品科研单位、学术机构、医疗机构或者专家、医师、患者的名义和形象作证明的内容。药品广告不得使用国家机关和国家机关工作人员的名义。药品广告不得含有军队单位或者军队人员的名义、形象。不得利用军队装备、设施从事药品广告宣传。

12. 药品广告不得含有涉及公共信息、公共事件或者其他与公共利益相关联的内容，如各类疾病信息、经济社会发展成果或医药科学以外的科技成果。

具体内容请以国家最新发布的有关法律法规为准。

案例分析

案例:

办案人员在日常监督检查中发现，节目《吐槽大会》第三季第四、六、七期片尾小剧场中发布含有主持人和嘉宾手持999皮炎平口述"999皮炎平绿色装，止痒就是快，无色无味更清爽；挠痒啊，不用那么麻烦，推荐您用999皮炎平绿色装"等内容的植入广告，涉嫌违反《广告法》相关规定。

经查，本案植入广告由重庆盖勒普霍斯医药有限公司委托发布，华宇乐视（北京）文化传媒有限公司具体创意、设计和制作，涉及广告主、广告经营者、广告发布者、广告代言人等10个主体，涉案当事人跨我国上海、北京、深圳、重庆、香港5个地区。

本案药品植入广告利用广告代言人推荐、证明，未标明禁忌、不良反应等，且未经广告审查部门审查发布，违反了《广告法》第十六条第一款第（四）项、第二款以及第四十六条之规定。鉴于含有上述违法内容广告在《吐槽大会》第三季第四、六、七期播放，播放量大且发布时间跨度长；广告代言人具有较高社会知名度，社会影响力大；同一违法行为触犯同一法律的3个不同条款，情节严重，办案机构对深度参与的广告主重庆盖勒普霍斯医药有限公司和广告经营者华宇乐视（北京）文化传媒有限公司分别给予90万元的从重处罚。

分析：

本案的成功办理，明确了植入内容的广告属性，为植入广告的监管提供了借鉴意义和案例支持，对药品广告活动主体在发布植入广告之前需提交相关部门审批起到警示作用。

药品广告一直是市场监管部门重点监管领域。随着植入广告的兴起，越来越多的药品广告进军植入广告领域。通过本案调查发现，999皮炎平在《吐槽大会》中的贴片等成熟互联网广告都取得了药品广告审批，唯独片尾小剧场植入广告未经审批。经了解，植入广告未经审批是基于当事人对品牌植入内容广告属性的认识错误，当事人不认为植入内容属于广告，认为不需要审批。通过本案的办理，警示药品广告活动主体——植入广告不是法外之地，必须审批。

第三节　医药企业公共关系

公共关系是当今社会常见的一项公共活动，从营利性组织、企业到非营利性组织、机构都有在进行。医药企业公共关系作为医药产品促销组合因素之一，是医药企业市场营销必不可少的一部分。

一、医药企业公共关系的概念与特点

（一）医药企业公共关系的概念

医药企业公共关系，是指医药企业为取得社会公众的理解、信任和支持，加深公众印象，扩大知名度而运用各种传播手段进行的一系列旨在树立企业产品形象的管理活动。这一概念包含以下几方面含义。

1. 公共关系包含三要素，其主体是医药企业，其客体是与企业或产品关系密切的社会公众，其主要手段是双向沟通。

2. 公共关系是一种有计划、有目的的传播活动，也是一种管理职能。

3. 公共关系的基本原则是实事求是，保持与公众利益、社会利益一致。

4. 公共关系的直接目标是建立并完善医药企业和公众间的社会关系，树立企业及其产品良好的社会形象，以实现促进产品销售的目标。

公共关系与广告的区别

公共关系一词源自英文的 Public Relations。Public 意为"公共的""公开的""公众的"，Relations 即"关系"之谓，两词合起来用中文表述便是"公共关系"，有时候又称"公众关系"与"机构传讯"，简称 PR 或公关。公共关系与广告都具有传播信息的共性，公共关系对广告有指导作用。公共关系与广告的区别如下。

（1）传播的目标不同：公共关系的目标是赢得公众的信赖、好感、合作与支持，树立良好的整体形象，即"让别人喜欢我"。广告的目标是激发人们的购买欲望，对产品产生好感，即"让别人买我"。

（2）传播的周期不同：广告的周期性一般不会太长，有比较明显的季节性、阶段性。公共关系的传播周期则是长期的，其任务主要是树立整个企业的信誉和形象。

（3）所处的地位不同：一般来说，广告在经营管理的全局中所处的地位是局部性的，其成败好坏，对全局没有决定性的影响。公共关系在经营管理中处于全局性的地位，贯穿于经营管理的全过程，公共关系工作的好坏，决定着整个企业的信誉、形象，决定着整个企业的生死存亡。

（4）传播的效果不同：广告的效果是直接的、可测的，其经济效果是显而易见的。就某一项产品来说，其广告的效果又往往是局部的，只影响到这个产品的销路。所以，广告的效果是局部性的、战术性的。而公共关系的效果则是战略性的、全局性的。

（二）医药企业公共关系的特点

对于医药企业来说，改善与社会公众的关系，促进公众对企业的认识，理解及支持，达到树立良好形象、促进医药产品是公共关系的核心内容，也是企业能够长远发展的根本保证。公共关系是社会关系的一种表现形态，有其独特的性质特征。

1. **双向性** 公共关系不是单方面的企业向公众传达信息或公众监督企业，而是以真实为基础的双向沟通。企业一方面要接收民意人情以调整决策、改善自身；另一方面又要向外传播，使公众认识和了解企业。

2. **广泛性** 包含两层意思：一是公共关系存在的广泛性，即公共关系无处不在、无时不有，贯穿于任何组织的整个生存和发展过程中；二是公共关系对象的广泛性，可以是任何个人、群体或组织。

3. **可信性** 公共关系活动本身并不直接介绍医药企业的产品，大多数公众认为媒体上有关医药企业的报道比较客观、真实，比医药产品广告宣传更为可信。

4. 持久性 公共关系不是水龙头，想开就开，想关就关。医药企业要想在公众心目中树立良好的信誉和社会形象，需要一个连续不断、持之以恒的过程，绝不是靠一两项公共关系活动就能达到的，也不是一朝一夕的短期行为所能实现的。而一旦良好的企业形象在消费者心目中树立起来，个别失误一般不会对企业造成巨大影响，或者恢复良好形象也比较容易。

5. 间接性 公共关系既非人员推销那样介绍宣传医药产品，也非营业推广那样刺激消费者的购买欲望，而是通过传递医药企业在社会中的竞争地位和整体形象，使公众对企业（包括其产品）产生整体性的认识，即通过推销企业来推销企业的医药产品，其营销作用需要间接转化。

二、医药企业公共关系的类型与作用

（一）医药企业公共关系的类型

医药企业的公共关系与医药企业的规模、活动的范围、医药产品的类别、市场的性质等密切相关，不同的企业不可能有相同的模式。概括起来公共关系的活动类型常见的有以下几种方式。

1. 撰写新闻稿件 医药企业自己撰写或请媒体人撰写企业或产品的相关新闻报道稿件，如企业的政策、参与的活动和事件等，通过新闻媒介予以宣传报道，以引起消费者对企业和企业广告的注意。除了新闻价值很高的企业活动外，公司的历史和内部的趣闻，只要故事性和趣味性强，也是报纸生活版、休闲杂志、有关的电视或电台节目乐于采用播出的。许多著名公司不只是被动地发现新闻，也善于制造新闻。这种免费的促销手段不仅比广告节省成本，而且由于新闻报道的客观公正性，也比广告可信度高，其营销效果远远超过广告。所以，医药企业要特别注意协调好与新闻媒介的关系。

> 🔗 **知识链接** ·······································

聚力行业资源，传播中国OTC品牌

2018年6月23日，由中国非处方药物协会、中国医药新闻信息协会、人民网舆情数据中心联合主办的"中国首届OTC品牌宣传月"启动仪式在人民日报社新媒体大厦隆重举行。

经活动组委会多角度审核评估，共确认25家OTC品牌企业入围此次"中国首届OTC品牌宣传月"活动。此次活动以"我身边的品牌药"为主题，旨在搭建权威的OTC宣传推广平台，通过凝聚行业力量，形成品牌合力效应，使公众更深入地了解身边的OTC品牌，最终实现OTC品牌药品更好地服务大众健康。

仪式现场，25家品牌药企代表宣读了《中国OTC品牌企业社会承诺》。此次活动经新闻媒体报道后，参与宣传月活动的企业在消费者心目中建立起诚信经营、值得信赖的优质OTC品牌的企业形象。

2. 散发宣传资料　医药企业可以制作各种宣传资料，在适当的时机向有关公众团体、政府机构和当地居民散发，传递有关企业及其医药产品的信息，吸引目标消费者的注意。宣传资料可以是印刷资料，如企业宣传册、年度报表、企业刊物、照片等；也可以是音像资料，如幻灯片、光盘等。

3. 参加公益活动　作为社会的一员，医药企业有义务参与各项社会公益事业和慈善活动，如关心城市建设和环境保护、赞助文体活动、节日庆祝、扶持学术研究基金会、捐助慈善和教育事业等。这些活动为万众瞩目，影响较大，通过新闻媒体的广泛报道，医药企业可以迅速赢得各界的信任，提高企业知名度和美誉度。这是赢得良好社会关系的重要途径，也越来越被医药企业采用。

4. 组织新闻发布会　企业可以选择具有性格魅力和语言表达能力强的企业发言人，经常通过宣传工具介绍企业及其医药产品的情况，回答公众关心的问题，或者在有关业务会议上发表演讲，这也是提高企业及其医药产品知名度的一种有效方式，尤其在企业由于管理不善、同行竞争甚至遭遇恶意破坏或是外界特殊事件的影响而给企业或品牌带来危机时，组织新闻发布会更是争取新闻界客观报道的重要途径。

5. 设立热线电话　通过设立热线电话，可以在医药企业与消费者之间建立一条方便、快捷和便宜的信息沟通渠道。消费者可以通过这条渠道咨询、投诉、建议等；医药企业则可借助这条渠道听取消费者的意见和建议，提供消费者所需的信息和服务等。这样既能提高消费者的满意度，又能加强医药企业与公众的关系。

6. 举办专题活动　结合节假日或当地的市场情况，举办与企业或医药产品相关的专题活动来加强与公众的信息沟通和情感联络，扩大企业的影响。专题活动形式多种多样，有公益性质的、交流性质的、娱乐性质的、传播性质的等，如"3·15"消费者权益保护日家庭过期药品回收活动。

7. 建立广泛的联系　医药企业同政府部门、社会团体、新闻媒体、相关企业建立公开而广泛的信息联络，举行一些答谢会、交流会、展览会、联谊会、招待会等。在活动过程中，医药企业既能与各界联络感情，又能积极主动地传递企业的最新动态，听取各界意见、争取其理解支持，有利于塑造企业形象，扩大企业影响。

② 课堂问答

请列举你在生活当中所见到的公共关系活动，说出它们分别是企业处理哪种关系的公关活动。

（二）医药企业公共关系的作用

公共关系对建立良好的企业形象有着至关重要的作用。医药产品是关系到人们健康与生命安全的特殊商品，消费者对医药产品及其生产企业的形象与声誉往往特别关注。在医药产品差异化越来越小的今天，公关危机如何处理成为其产品竞争的手段之一，将会影响到企业的生存和发展。医药企业公共关系的作用主要表现在以下几方面。

1. 树立信誉，建立良好的企业形象　企业的信誉是指企业在市场上的威信、影响，在消费者心目中的地位、知名度。建立良好的信誉是企业经营成功的诀窍。树立信誉首先要创名牌企业，树立企业的良好形象。公共关系是促销方式中最能帮助企业建立良好形象的营销手段。医药企业通过深入细致、持之以恒的宣传企业的经营理念或企业文化的核心和精髓，与竞争对手相区别，利于创造"消费信心"，赢得公众的理解和支持。成功的公共关系运作可以促进公众对企业及其医药产品的了解，形成正面的、积极的口碑效应。最终促进企业目标的实现。

2. 搜集信息，为企业决策提供科学保证　激烈的市场竞争中医药企业每时每刻都会遇到大量的问题，市场需要产品质量、产品开发、竞争者动向、企业形象等方面的信息，医药企业通过公共关系活动利用各种渠道和网络搜集与企业发展有关的一切信息，了解消费者最真实的想法，通过收集、整理这些信息，企业可以有针对性地调整决策，改善营销工作效果。为企业决策科学化提供强有力的保证。

3. 协调纠纷，化解企业信任危机　随着经济社会的不断发展，任何企业都处于复杂的关系网络之中。由于企业与公众存在着具体利益的差别，必然会充满各种矛盾。一旦发生，必然会导致消费者对企业的不满，使企业面对一个充满敌意和冷漠的舆论环境。如果对这种状况缺乏正确的认识，对问题处理不当就会产生纠纷，甚至导致严重的公共信任危机。而公共关系就是企业与公众沟通的桥梁。通过公共关系活动，增加企业与公众之间相互了解，公众可以与医药企业进行深入的情感交流，增强其对企业的理解和信任；通过公关手段将已经发生的信任危机所造成的损失降到最低，进而因势利导，使坏事变为好事。这种功能是广告、人员推销、营业推广所不具有的。

4. 统一协调，促进整体目标实现　企业在生产经营管理过程中，会出现偏离企业预期的各种摩擦和矛盾。通过公共关系活动可以协调各方面的行为，纠正偏差，达到各方面的统一和谐，保证企业整体目标的实现。

第四节　医药产品营业推广

一、医药产品营业推广概念与特点

（一）医药产品营业推广的概念

营业推广也称销售促进，被誉为现代营销的开路先锋、销售的推进器。医药产品营业推广，就是指医药企业短期内在特定的目标市场中，针对目标消费者或中间商运用各种营销活动，直接刺激需求，从而鼓励目标消费者或中间商大量购买企业产品或服务的促销方式。总而言之，它是一种强刺激、短时间的促销手段，能够直接、迅速地提高营业额。

（二）医药产品营业推广的特点

1. 方式多样，灵活性强　医药产品营业推广的方式繁多，可因地制宜，在不同时期适当调整。另外，医药企业还可以根据医药产品的品种不同（非处方药还是处方药）、目标市场不同（医院还是经销商）等，将营业推广分别与人员推销、广告或公共关系等促销方式一起组成促销组合，灵活性强。

2. 刺激性强，见效迅速　医药产品营业推广大多方式对目标消费者具有相当的诱惑力。特别是对关注医药产品价格的经济型消费者，价格的变动可在较大范围内收到立竿见影的功效，刺激作用既直接又强烈。但若推广方式固定不变，刺激力就可能减弱。

3. 表现形式直观　医药企业通过营业推广吸引消费者或用户的注意，干扰消费者对其他竞争医药产品的品牌忠诚。它们告诉顾客说这是永不再来的一次机会，这种吸引力对于擅长精打细算的消费者是一种极为直接的吸引力。

4. 即时与短期效应　医药企业进行营业推广更关注销售目标，通过灵活运用各种推广方式，使医药产品快速引起关注，收到迅速扩大销售的效果。此外，营业推广活动的开展只在特定时期内进行，活动期间采取的促销优惠政策，也只能在活动期内有效。如果营业推广经常化、长期化，那对消费者和中间商的刺激就会减弱，失去了销售促进的意义。

5. 具有空间上的局限性　营业推广的影响范围受到时间和空间的限制，它的刺激范围往往是有限的，需要医药企业配合以大规模的广告宣传，而且营业推广方式很容易被其他医药企业模仿，减弱对目标群体的吸引力。

二、医药产品营业推广的目标与方式

医药产品营业推广是一种辅助性的、非常规性的促销手段，一般与其他促销方式组合使用，因此其目标的确定取决于医药企业的整体营销战略和目标市场的类型。概括而言，医药产品营业推广的目标有四类：对消费者的营业推广、对中间商的营业推广、对推销人员的营业推广、对医院的营业推广。

医药企业在选择营业推广的方式时，应综合考虑当时、当地的市场特点、营销环境、竞争状况等因素，并根据营业推广的对象和目标而定。

（一）对消费者的营业推广方式

对消费者的营业推广一般在新产品进入市场时或产品处于成熟期阶段时采用。它也是对抗竞争者的销售活动的有力措施。目的是鼓励老顾客继续使用，吸引潜在顾客注意并促进其使用，动员顾客购买新产品或更新设备，引导顾客改变购买习惯，或争取竞争对手品牌的使用者等。其方式有以下几方面。

1. 免费赠送　即医药企业将一部分医药产品或专门制作的样品免费赠送给目标市场的消费者试用，让其认识到产品的优越性能和价格后，购买或重复购买产品。这种方式，一般应用在医药产品的投入期，包括样品赠送、礼品赠送、包装赠送、赠券等，可直接赠送，也可在销售产品时附送或凭广告、传单上的标识领取。这种推广效果好坏的关键在于赠送品的吸引力及赠送时机的把握。

2. 价格推广　即生产企业与零售药店联手，对特定医药产品，限定期限直接降价、优惠折价或发放优惠券抵用一定金额销售。OTC药品经常采用这种形式。实践证明，采用价格推广，无论是在新产品投入期或产品成熟期，均能刺激消费者消费，效果显著。

3. 有奖销售　消费者购买某种医药产品后，按消费金额比例获得相应数量的抽奖券，凭券参加抽奖活动获得奖金或实物。例如，某药店举行幸运抽大奖活动，购物满68元可凭购物小票获得一次抽奖机会，多买多抽，中奖率100%，奖品包括液晶电视、豆浆机、食用油、纸巾等。

4. 换购　消费者购买医药产品时给予相应数量的印花标识或积分，积攒到一定数量后可兑换同一产品或某种奖品，一方面吸引消费者购买，另一方面也是对消费者的回馈，维护忠诚顾客。

5. **现场演示**　企业通过在销售现场示范展示自己的医药产品，一方面可以将某些需要一定技术操作的产品的使用方法介绍给消费者，另一方面也可使消费者直观地感受到产品的使用效果，从而打消顾客的某些疑虑，使其接受并购买企业的产品。这种方式特别适宜于推广使用技术比较复杂或效果比较直观的新产品。

6. **专家义诊**　组织本企业医药产品相关行业内的专家在公共场所进行大型义诊或咨询服务，通过活动宣传来反映自己产品的机制、功效，提高企业知名度，增强消费者信任感，塑造品牌形象。

7. **健康知识讲座**　组织行业专家或权威人士举办健康知识讲座，向目标消费者普及与讲授本企业医药产品相关的专业知识，在讲座中融入推广产品的功效与机制，起到宣传的作用。

? 课堂问答

1. ××制药公司在促销"××感冒颗粒"时，凡是购买两盒"××感冒颗粒"者，即可获得体温计一个。
2. ××集团公司在举办"口腔溃疡贴"的促销活动，每购买口腔溃疡贴一盒，留下包装上的凭证累积到一定积分，就可以兑换与口腔卫生健康有关的奖品，如牙刷、牙膏、漱口水等。

以上案例属于哪种营业推广方式？

（二）对中间商的营业推广方式

绝大多数医药产品都需要经由中间商或零售商才能从生产企业转移到消费者手中，因此生产企业需要对中间商，特别是零售商进行营业推广工作，目的是增强厂商合作规模，巩固中间商的忠诚度，促使其更加努力地推销自己企业的医药产品，打击竞争品牌，提高市场占有率，其方式有以下几种。

1. **价格折扣**　这是对中间商进行营业推广使用最多的方法，也是激励中间商增加订货量的最有效的方法之一。医药生产企业通常根据中间商销售的品种和数量的不同，在某一时期内给予不同的折扣率，如新产品推销折扣率大。折扣的形式可以是折价、数量折扣，也可以是附赠产品。这种方式可以吸引中间商增加订货量，尤其是购进原本他们不愿经营的新产品。

2. **回款返利**　中间商购进生产企业的医药产品并帮助企业推销，生产企业在商业回款后返回中间商一定利润，以鼓励和酬谢其在推销本企业产品方面所做的努力。这种方式可以提高中间商的销售积极性，加速企业资金回笼。

3. 销售竞赛　这是利用人们的竞争心理，通过组织与医药产品销售有关的竞赛活动来达成促销目的的推广方式。根据中间商销售本企业产品的业绩，分别给优胜者以不同的奖励。这种奖励可以是现金，也可以是实物，或是其他方式，如免费旅游、度假等。尤其对于在同一市场上通过多家中间商来销售产品的医药生产企业，发起销售竞赛活动可以激发这些中间商的合作兴趣，加大订货和销售力度，同时也可以拉近与厂商的关系，加强彼此的协作。

4. 销售援助　即医药生产企业在中间商销售产品过程中提供各种帮助，包括对店铺的布置、装潢等进行经营或财务诊断；分担部分市场营销费用，如广告费用、摊位费等；对中间商的销售人员进行培训，提高其推销本企业医药产品的能力。

5. 销售会议　包括新品推介会和经销商联谊会。生产企业在推广新医药产品时，可以召集医药公司或零售药店采购人员举行新品推介会，集中介绍推广产品的功效和市场发展前景，促进中间商订货。每半年或一年举办一次全国性或区域性经销商联系会，介绍最新的经销政策，奖励优秀经销商，促进经销商与企业的长期合作。

6. 医药展销会　通过参加或举办医药产品交易会或博览会，医药产品生产企业可以在现场开展各种产品宣传、推广和销售活动，展示本企业的产品与品牌形象。这类展销会由于能集中大量优质资源，并能形成对促销有利的现场环境效应，因此对中间商有很大的吸引力，是企业对中间商进行集中营业推广的较好形式。

🔗 知识链接

医药产品行业展会介绍

我国医药产品行业展会众多，比较有影响力的展会有全国药品交易会、中国国际医药（工业）展览会、中国国际医药保健产业博览会、中国国际医疗器械展览会等。

其中，作为中华人民共和国商务部重点支持和评选出的"A级展览会"之一，全国药品交易会是中国领先的医药制剂及相关技术、服务交易会，是中国医药领域历史最悠久、规模超大的行业品牌盛会。

中国国际医疗设备展览会在经历了10年的不断发展之后，现已成为全国最大的医疗器械展览会之一。

（三）对销售人员的营业推广方式

对企业内部推销人员进行营业推广的目标主要是鼓励他们努力推销本企业产品，明确销售重点所在，积极开拓新市场，寻找更多潜在客户，提高推销业绩等。常用的营业推广方式有以下几种。

1. 业务培训会 生产企业根据需要，在零售药店不定期举办以推销人员为对象的医药产品相关知识培训会，提高推销人员对产品特性的认识，了解医药产品营业推广计划，促使其有效进行推广促销活动。同时可设置有奖互动，激励推销人员积极推广医药产品。

2. 销售竞赛 为促进阶段性推广医药产品的销售，在推广期间举办营业额、陈列、客户量等方式的竞赛，形式可以多样，以不同等级的奖金和奖品刺激推销人员的销售激情，激励其提高销售业绩。

其他方式还有奖励、销售提成、技术指导等。

（四）对医院的营业推广方式

一般消费者对于医药产品知识了解得非常少，其购买主要是通过医师的处方推荐。医师在医药产品销售中的特殊身份使得医师对企业和消费者双方都有很大的权力，因此医药企业需要对医师进行全方位的沟通。

对医院和医师的营业推广方式主要是针对处方药的学术推广，这也是医药企业近年来日益重视的促销方式。在明确产品定位和市场定位的基础上，学术推广可以采取不同的途径进行。例如，在重点医院相关科室中举办医药产品介绍会，进行学术会议推广，树立该品牌在医师心目中的地位；邀请与促销医药产品领域相关的专家开展学术报告，介绍使用该医药产品的特色和优势；征文也是一种非常好的与医师互动来推广医药产品的方式。

对医院和医师的其他营业推广方式还有折扣、赞助、赠送礼品或纪念品等。需要强调的是，医药企业在针对医院和医师的营业推广活动中，应严格遵守相关的法律法规和社会公共道德，不能以变相行贿的方式进行推广促销，那样虽然会在一定时期内产生效果，但长期来看却会损害企业的社会形象，甚至卷入法律纠纷，造成信任危机和重大经济损失。

🔗 **知识链接** ··

"4+7带量采购"

2018年11月14日，中央全面深化改革委员会第五次会议审议通过《国家组织药品集中采购试点方案》，明确了国家组织、联盟采购、平台操作的总体思路、确定北京、天津、上海、重庆（4个直辖市）和沈阳、大连、厦门、广州、深圳、成都、西安11个城市（即4+7个城市）将进行国家组织药品集中采购试点——11个城市的集中采购新政，后来被简称为"4+7带量采购"。

带量采购是相对集中采购而言的，指的是在药品集中采购过程中开展招投标或谈判议价时，明确采购数量，让企业针对具体的数量报价。这种采购方式也是我国多年来药品采购一直争取达到的目标。

"带量采购"其实就是政府出面的药品"超级团购"，以量换价，要求商家降低价格换取销量。目前从采购方，很多医院组成GPO形式进行类似"拼团"的采购。而目前实行带量采购的区域，采购产品需要占到总使用量的60%~70%，相当于一个大的"团购"。带量采购能明确采购量，厂家进行报价及议价，价低者中标。企业可以通过带量采购的市场化竞价，以量换价，降低采购药品的价格，提高产品市场占有率，从这个角度上，对供需方及老百姓都有利。

三、医药产品营业推广方案的制订与实施

（一）制订营业推广方案

医药产品营业推广的形式多样，各有其适用的范围和条件。企业制订医药产品营业推广方案的基本步骤如下。

1. **确定推广目标**　营业推广目标的确定，就是要明确推广的对象是谁，是消费者、中间商，还是推销人员，只有知道推广的对象是谁，才能有针对性地制订具体的推广方案，采用何种营业推广方式。

2. **确定推广规模**　推广规模关系到促销的成本，影响企业的利润。要想获得一定的促销效果，必须提供一定金额的销售奖励来刺激，但如何把握成本和销售额增长所带来的利润，需要医药企业研究推广费用与销售回报之间的关系，合理确定推广规模，保证企业的收益。

3. **确定推广途径**　就是确定通过什么样的具体途径来传递营业推广信息或分发刺激物。例如，实行折价优惠可以通过在产品包装内分发优惠券的方式，也可以通过广告媒体进行传送、发放。不同的途径，其推广效果、推广范围和推广成本也不一样。

4. 确定推广时机　即在什么时候进行医药产品的推广活动。营业推广的市场时机选择很重要，时机选择得好往往能收到事半功倍的效果。企业可以根据节日的不同进行相关联医药产品的宣传推广，如以"过年送健康"为主题推广健身医疗器械或保健品，可以在春节前做营业推广，否则就会错过推广时机。

5. 确定推广期限　即推广活动持续时间的长短。营业推广是一项特定时间内的促销活动，旨在通过这一活动刺激消费者购买其产品。推广期限要恰当，过长则消费者新鲜感丧失，吸引力逐步递减，不能促使消费者立即作出购买决定，不但会增加促销成本，还有可能使消费者对产品产生不信任感；过短则一些消费者还来不及接受营业推广的实惠，没有来得及购买，使企业的促销目的无法达成。

6. 确定推广预算　企业的目标是以最小的成本获取最大的利益，因此通过事先促销组合策略的制订，做好促销预算，再根据推广目标、方式的不同确定各项营业推广预算费用。

（二）医药产品营业推广的实施过程

1. 确定营业推广的总体目标　营业推广作为医药企业促销组合的方式之一，必须服从并服务于企业的整体营销策略。根据企业目标市场和营销对象的不同，可以选择不同的营业推广方案。

2. 选择适合的营业推广方式　不同的营业推广方式可以实现不同的营销目标。医药企业在选择营业推广方式时，应综合考虑目标市场类型、当时当地的市场特点、促销时机、促销周期、促销预算、竞争对手状况等因素，结合各种推广方式的特点，并根据营业推广的对象和目标而定。

3. 试行营业推广方案　为确保营业推广方案合理有效，在方案正式实施之前，企业可采用不同方法进行检验，从中预测产品营业推广方案成功的可能性和预期效果。

4. 实施和控制营业推广方案　按照实施和控制计划逐步推进营业推广活动。实施计划中应明确规定准备时间、实施时间和营业推广持续时间，还包括销售现场的广告设计、医药产品陈列、人员配备、奖品设置及宣传资料的准备等。

5. 评估营业推广效果　常用的评估方法是用营业推广前、活动中和营业推广后3个时期的销售额进行比较，可评估营业推广活动的有效性。

第五节　医药产品人员推销

一、医药产品人员推销的概念与特点

（一）人员推销的概念

医药产品人员推销，又称直接推销，是指医药企业派出营销代表直接与目标顾客、中间商进行面对面沟通、洽商，促进医药产品和服务的销售，并且通过信息的反馈来发现和满足消费者需求的促销方式。

人员推销是一种十分有效的推销方法，是一种面对面的交流，特别是在洽谈磋商、完成交易手续等方面，更是其他促销手段所不能代替的。因此，医药产品的销售离不开人员推销。

（二）人员推销的特点

1. **信息交流的双向性**　人员推销注重和强调推销员与顾客面对面的交流，医药产品推销人员不仅能将本企业产品的信息准确地传递给目标顾客，还能经常了解到市场信息、顾客对企业及产品的意见和要求等信息，并及时反馈给企业，为调整和改善企业营销策略提供依据。

2. **针对性和灵活性**　由于目标顾客是明确的，医药产品推销人员可以根据顾客的特点和购买动机，在访问顾客之前进行详细的客户资料收集和研究，拟定一套有针对性的、具体可行的推销方案。在访问顾客时，可以及时捕捉和把握顾客对本企业产品或服务的反应，通过观察顾客的眼神、动作等，及时做出改进，提供能满足顾客个性化需要的服务，帮助顾客辨明问题，最终达成实际的交易。

3. **便于维护顾客关系**　现代市场营销注重交易双方需求的满足和利益的共享，建立长期、持续的合作关系并实现共赢。医药产品推销人员与顾客直接接触、提供一对一的服务，有利于满足顾客需求并充当顾客的购买顾问，建立起超出单纯业务关系的友谊和信任，为企业赢得大批忠实客户，巩固企业的客户资源。

4. **业务关联性**　医药产品推销人员与顾客直接接触，主要目的是促进消费者对产品的需求从而购买产品，在推销过程中需要展示样品，进行操作示范，介绍产品，帮助安装调试，同时还需要根据顾客的需求、动机和行为，采取灵活的协调措施，解答顾客的质疑。在推销的同时，还可能兼做许多相关性的工作，如售后服务、调研、情报搜集等。

5. **应用范围有限**　人员推销固然有效，但成本高，以推销人员作为信息载体的，是一项极为昂贵的促销工具。每个推销人员接触顾客数量和范围十分有限，面对较大

的目标市场时，不利于企业的竞争；同时缺少优秀的销售人员也制约着它的应用范围的程度，另外推销人员的管理也比较困难。

二、医药产品推销人员的素质和能力要求

如表9-5所示，医药产品推销人员应具备下列素质和能力。

表9-5　医药产品推销人员的素质和能力要求

思想素质要求	知识水平要求	岗位技能要求
诚实守信的职业道德	医药产品的基础知识	具有良好的市场运作能力
积极向上的职业精神	简单的医药学基本知识	掌握一定的沟通销售技巧
坚定不移的职业信念	基本的销售知识	具备综合协调能力
高度负责的职业态度	药事法规及其相关的法律法规	合理安排时间能力

（一）推销员的素质要求

医药产品推销人员直接与广大顾客接触，他们既是企业的代表，又是顾客的顾问和参谋，是医药企业的重要资源和财富，其素质的高低，直接决定着企业营销活动的质量和效果。

1. **基本修养**　医药产品营销人员和客户进行面对面的接触，彼此之间既有专业知识方面的沟通，也有情感方面的交流。由于客户的职业、工作性质、文化修养以及兴趣、爱好、习惯等不同，要和顾客产生共鸣，建立良好、稳定而又持久的沟通，就要求推销人员具有宽泛的知识面和广泛的兴趣爱好，在业余生活中博览群书、提高文化修养，建立对生活的饱满激情和热爱。具有谦虚、谨慎、友善、正直等传统美德也是一位专业推销人员的基本素质，更是与客户长期合作的基础。此外，推销人员还应注重自己的仪表和谈吐举止，要谦恭有礼、热情礼貌，尽力给顾客留下好感，为推销活动打下良好的基础。

2. **良好的职业态度**　在市场营销活动中，医药产品推销人员的行为不仅仅是个人行为，更是企业行为和社会行为。因此，要求推销人员首先要有高尚的职业道德和商业诚信。在推销过程中，严格遵守国家相关的法律法规，对推销的医药产品不做功效和使用范围上的夸大宣传，不回避医药产品的缺陷或不良反应，不恶意贬低竞争对手的同类产品，不使用不正当的竞争手段，不对医师做无原则使用或大处方量使用的误导，充分考虑患者使用的有效性和经济承受能力。

3. **坚定的信念和责任感**　坚定的信念来自对自己、对企业和对产品的信心，为

企业、为产品、为自己的工作而自豪，使之感染顾客，赢得顾客。高度的责任感能够驱使推销人员积极主动、任劳任怨地去完成推销任务：①重视对企业的责任，在工作过程中为企业树立良好形象，不会因为要完成任务而不惜损害企业形象和信誉；②重视对客户的责任，使推销的医药产品能真正满足客户的需求，为客户解决实际问题，不会因为要获得企业和自身利益而牺牲客户的利益。

4. 乐观向上的性格和不怕挫折的勇气　医药产品营销人员在工作中经常遇到困难和挫折，一要保持良好的心态，乐观面对各种推销任务；二要具有屡败屡战、不达目的不罢休的精神；三要具有接受现实的勇气，调整好自己的状态。通常，推销员听到"不"远比听到的"好"多，但一个优秀的推销员绝不会由于这些客户的拒绝而气馁，相反，他会仍然坚定从容地面对困难并坚持下去永不言弃。

5. 充沛的体力　推销工作是一项艰苦的工作，也是极具挑战性的工作。推销人员往往要起早贪黑地东奔西走，交涉各种推销业务，每天要与不同的人打交道，连续工作的时间长，而且进食和睡眠都没有规律，如果没有良好的身体素质、健康的体魄和旺盛的精力，即使工作能力再强，也是不可能做得好的。

6. 丰富的知识结构　医药产品推销人员应掌握的业务知识包括以下几方面。

（1）企业和产品知识：全面了解本企业的历史、经营理念、组织机构、发展现状、发展战略、营销政策、营销渠道、产品种类、服务项目以及企业在市场竞争中所处的地位等；熟悉本企业医药产品的成分、疗效特点、工艺、用法用量、不良反应和价格及同类竞争产品的有关情况等；明确定价策略、交货方式、付款条件和付款方式等。

（2）药学专业知识：这是医药产品推销人员必须具备的基本知识，包括药理学、药剂学、药物治疗学等。掌握丰富全面的药学专业知识，能帮助推销人员对医药产品加深认识和理解，在宣传推广时能够准确无误地介绍产品的新理论及临床研究成果，并能对新产品的成分、功效、使用方法、不良反应、价格及与同类产品的比较作出正确、客观的说明，从而更好地被顾客和医师所接纳。

（3）医学专业知识：包括内、外、妇、儿等各种疾病的发病机制、诊断治疗方法等内容，以及医药产品在临床研究和实际应用中的具体情况等内容。掌握一定的医学专业知识，能够使医药产品推销人员完整而准确地向医师和顾客介绍产品，从各个方面解答医师和顾客提出的疑问，从而在短时间内被医师和顾客接受和认同。

（4）营销专业知识：医药产品推销人员需要对客户或消费者开展说服、诱导、动员工作，因此必须掌握专业的销售知识和推销技巧，学会分析了解不同客户的需求、购买行为过程，适应多样复杂的市场环境。

（5）管理和法律法规知识：如《中华人民共和国药品管理法》《药品生产质量管

理规范》《药品经营质量管理规范》《中华人民共和国产品质量法》《中华人民共和国消费者权益保护法》等，以及相关的经济法律知识。

（二）推销员的能力要求

1. 市场运作能力

（1）市场分析能力：是指医药产品推销人员对目标市场的需求、状况、走向、顾客的购买需求及变化等进行综合性调查与分析，整理情报后进行正确的判断。一个优秀的推销人员必须具备独立完成目标市场分析的能力，否则推销工作根本无从做起。

（2）市场开拓与管理能力：这也是医药产品推销人员必备的能力。表现为通过前期的市场调查与分析，把握产品与目标市场的特性，分析产品价格与患者承受的能力，选择合适的销售渠道进行促销策划，迅速占领市场。同时还要有客户管理的经验，顺畅地处理市场开拓和管理中的各种问题。

（3）市场推销与回款能力：医药产品推销人员的最终目的是实现销售回款。因此，推销人员在营销活动中所呈现的服务精神和提供的服务项目必须要赢得客户或消费者的满意，才能成功完成产品的市场推销，实现销售回款。

2. 客户沟通能力　医药产品推销人员是企业的"外交家"，需要同各种客户打交道，因而沟通能力是推销人员最应具备的综合能力之一，包括利用信息的能力、逻辑推理能力、文字能力、语言表达能力和人际交往能力等。其中最重要的是"说"的能力，表现为语言要清晰、简明扼要、突出重点、直击顾客心理。"听"的能力同样也很重要，推销人员应积极聆听，不但能去听顾客所讲，还要深入体会并理解顾客言语中透露的信息含义。

3. 综合协调能力　医药产品推销人员大多是远离企业独自在外开展工作的。在复杂多变的市场环境中，突发事件经常发生，遇到的各种问题和困难都需要推销人员独立去解决。因此，要求推销人员要有灵活的应变协调能力和较强的综合能力。

4. 时间安排能力　医药产品推销人员每天要与不同的人交涉各种推销业务，能够合理安排工作时间和优先顺序就显得尤为重要。一个优秀的推销员善于分配自己的时间，把大部分时间用在能产生最大利润的客户身上。

三、医药产品人员推销的方式与步骤

（一）人员推销的方式

1. 上门推销　这是医药产品推广期促销最常见的人员推销形式，尤其是处方药的销售。它需要由推销人员携带产品样品、说明书和订单等主动拜访目标客户，进行面对面交流沟通，推销产品或提供服务。这种推销形式可以针对客户的需要提供直接有效的服务，主动性强，成功率高，同时又可以便于企业搜集产品和市场信息，故为广大医药企业采用。但缺点是成本高、范围小、耗时长、工作量大。

2. 柜台推销　又称药店营销，是指医药企业在适当地点设置固定门面进行促销。门店营业员是广义的推销人员，负责接待顾客，向其推销医药产品。柜台推销与上门推销完全相反，它是等客上门的推销方式。店面内的产品种类齐全，能满足顾客的不同需求，为顾客提供较多的购买方便，并且可以经由推销人员专业化的服务，帮助顾客作出正确的选择，让顾客对产品产生信任感。柜台推销主要用于OTC药品的推销。

3. 会议推销　会议推销是利用各种相关的会议向与会人员宣传和介绍医药产品，开展推销活动。例如，在订货会、推广会、交流会、贸易会、学术会、厂商联谊会等会议场所推销产品。临床推广、学术推广是常用的会议推销方式。这种形式接触面广，有助于集中宣传企业形象、集中进行业务洽谈，效率高，成交额较大，推销效果显著。目前，我国每年都会举办全国性的大型医药产品交易会，这是医药企业进行产品推广的最佳平台。

4. 通信推销　即利用电话、网络聊天工具、微信等现代通信手段向消费者进行医药产品促销。其中，电话招商最具有代表性，微信营销最有潜力。通信推销的优点是省时、费用低、促销范围广、针对性强，长期积累的目标顾客信息资源利用率高；缺点是可信度低，不能单独用于复杂药品市场促销。

（二）人员推销的过程

人员推销方式比较灵活，没有固定的模式。大致可以概括为以下几个步骤。

1. 确定目标客户　明确目标客户是人员推销活动的第一步。寻找客户的方法多种多样，推销人员通过市场分析，根据所推广产品的种类，明确推销目标，开展进一步的营销工作。如对处方药的推广，要以处方医师、专家以及护士为临床促销对象。

2. 前期准备　在确定目标顾客后，为了能够使拜访工作顺利进行，做到"知己知彼，百战不殆"。推销人员在确定推销对象后，应尽可能了解其基本情况，分析他们的实际需求，做好充分的准备工作。如拜访处方医师前，可以多方面了解他的工作经历、家庭成员、业余爱好、交往密切的同事、处方习惯等个人资料，有针对性地制订拜访计划，同时准备好工作证件、医药产品说明书、样品、药品临床报告、医药产品宣传册等业务资料，选择合适的拜访时机。这些充分准备有利于实现交易成功。

3. 实地拜访　即医药产品推销人员主动上门拜访，直接与目标客户沟通。在拜访时，推销人员要做到提前有预约、仪容举止得体。从初次接触客户到使客户接受产品并达成交易的完整过程可以分为以下6个步骤。

（1）开场：寒暄、简短的自我介绍、说明拜访原因、因为打扰对方而表达歉意等是推销人员常用的开场白。

（2）探询：以客户的需求为话题导向，有目的地提问。可采取开放式探询和封闭式探询两种类型。

1）开放式探询：能让医师有思考的空间，并做详细说明，其目的是鼓励医师自由作答。例如"对我们这个新产品，主任您怎么看？"

2）封闭式探询：只能以"是"或"不是"作答。例如"主任，医院是否把××药作为首选的抗生素？"，等待客户的作答再将谈话引入假设的需求，争取得到客户的认同。

（3）聆听：在与客户交流过程中，应仔细听取客户的观点、陈述、疑惑、抱怨等，快速找出对方的需求信息与有疑惑的地方，注意不时点头附和或简短重复重点。在不打断对方的情况下可以简明扼要地作出答复或解释。

知识链接

聆听的层次

聆听，指集中精力、认真地听。在沟通聆听的过程中，因为我们每个人的聆听技巧不一样，所以看似普通的聆听又能分为5种不同层次的聆听效果。

1. **层次一** 听而不闻。所谓听而不闻，简而言之，可以说是不做任何努力的去听。听而不闻的表现是你可以从他的肢体语言看出，他的眼神没有和你交流，他可能会左顾右盼，意味着不可能有一个好的结果，当然更不可能达成一个协议。

2. **层次二** 假装聆听。假装聆听就是要做出聆听的样子让对方看到，当然假装聆听也没有用心在听。在工作中常有假装聆听现象的发生，出于礼貌他在假装聆听，其实他根本没有听进去。

3. **层次三** 选择性的聆听。选择性的聆听，就是只听一部分内容，倾向于聆听所期望或想听到的内容，这也不是一个好的聆听。

4. **层次四** 专注的聆听。专注的聆听就是认真地听讲话的内容，同时与自己的亲身经历进行比较。

5. **层次五** 设身处地的聆听。不仅是听，而且努力在理解讲话者所说的内容，所以用心和脑，站在对方的利益上去听，去理解他，这才是真正的、设身处地的聆听。设身处地的聆听是为了理解对方，多从对方的角度着想：他为什么要这么说？他这么说是为了表达什么样的信息、思想和情感？这样做将为你们的合作建立基础。

（4）讲解展示：是产品销售环节中最重要的一环，同时也是体现销售能力的一环。讲解过程中需提供专业的医药产品介绍，包括产品简介、产品的特性和利益介绍、有关的临床报告和证明文件的使用等。可以用示范操作、PPT讲解、动画演示等方式展示产品的特性，借助信息化手段，生动形象地将医药产品信息传递给客户，吸引客户注意，提高讲解展示效果，加深客户对产品的印象。

（5）处理异议：推销人员常会被客户因购买习惯、品牌忠诚、价格、配送时间等因素不满意而提出反对，可能对产品的功效、质量、不良反应、用法用量等因素产生疑惑，也可能对企业和推销人员的信誉、服务等因素产生质疑。面对客户质疑，推销人员必须积极面对，应主动对客户提出的异议及时解释，并设法加以解决。客户提出最难以处理的异议时，往往是准备购买的前奏。

（6）达成交易：当客户的异议被排除后，推销人员要通过观察客户的言语举止、神态表情等，密切注意客户所表现出来的满意度，做出正确判断，适时抓住达成交易的成熟时机，促进客户购买行为的发生，达成交易。

4. 跟进服务　即提供拓展延伸服务。达成交易并不代表推销工作的结束，推销人员仍需要与客户保持联系，了解产品供货情况，了解客户对产品的满意度，了解药品是否有不良反应，为客户解答各种疑问、提供相关技术支持等后续服务工作。同时还要加强与客户的信息沟通和记录，促进双方之间的交流，有利于建立持续稳定的合作关系。

四、医药产品推销人员的管理

（一）医药产品推销人员的选择

医药产品推销人员是医药企业与医师、患者和社会之间的桥梁。医药产品推销人员的素质高低对实现企业营销目标、开拓市场、扩大销售起着举足轻重的作用。因此越来越多的医药企业意识到，选拔高素质、高效率的优秀推销人员是推动企业发展的首要问题。

企业选拔推销人员可以从两方面进行：一是来自企业内部，即把本企业内品德良好、作风正派又比较热爱推销工作、能力也比较强的人调至推销部门实践，使他们成为好的推销人员。二是从社会上公开招聘，即企业从医药及相关专业院校的毕业生、其他企业单位的推销人员等群体中招聘选拔。

选拔推销人员要经过严格的考核，择优录用，一般采用自荐、笔试和面试结合的方法，综合考察应聘者的营销专业知识、医药学基础知识、企业产品知识、文化素养、仪容谈吐、性格特征、语言表达能力、应变能力等。

（二）医药产品推销人员的培训

在选聘工作结束之后，医药企业需要对新进推销人员进行系统的岗前培训，使他们具备本企业产品销售的基本知识和技能，尽快熟悉和掌握推销工作。对在岗推销人员，企业也需要每隔一段时间进行培训，使其了解企业的新产品、新的经营计划和市场营销策略，不断提高自身素质。

培训的内容通常为企业的有关情况、产品知识、市场知识、政策法规知识、推销技巧、竞争对手的情况等，时间可以从几周到几个月不等。

培训的形式主要包括以下几种。

1. 课堂培训　是通过举办短期培训班或进修等形式，由专家、教授和有丰富经验优秀推销员来讲授基本理论和专业知识，介绍推销方法和技巧。这种形式能在一个稳定的场所传递信息，特别是产品或行业知识。

2. 模拟培训　是假设一种特定的工作情境，由若干个受训者组织或小组，代表不同的组织或个人，扮演各种特定的角色。在培训中，受训者要针对特定的条件、环境及工作任务进行分析、决策和运作。这种模拟培训旨在让受训者身临其境，以提高自身的适应能力、处理工作的能力和实际工作能力。

3. 实践培训　是运用最广泛的培训方式，也是一种岗位练兵，即推销人员直接上岗，和有经验推销人员学习，尽快熟悉业务。经历是最好的老师，具有将受训人引入真实世界的优势。

（三）医药产品推销人员的报酬

推销人员一般远离企业工作，条件艰苦，责任重大，他们的报酬一般应高于企业其他人员。建立合理、有效的激励制度，对于调动推销人员的积极性、提高工作效率有着重要作用。一般来说，现代医药企业推销人员的报酬形式有以下几种。

1. 固定工资加奖金制　强调的是固定工资，一般用于非一线推销人员或推销人员的试用期。其优点是便于管理，能给推销人员较大的安全感。但灵活性较差，激励作用不强，不利于调动推销人员的积极性。

2. 销售额提成制　即医药企业为推销人员制订销售任务指标，根据其完成的销售量或利润额，按规定的分成比例支付报酬。这种形式强调的是业绩与报酬紧密挂钩，刺激性强，有利于调动推销人员的积极性，保证企业销售任务的完成。但这种方法重刺激、轻管理，推销人员承担较大的任务压力和风险，安全感相对较低，容易急功近利追求销量而忽视了对市场的培育工作和企业的长期利益。

3. 固定工资加提成制　将推销人员的报酬分为两个部分，一部分是相对固定的底薪，包括基本工资、福利补贴等；另一部分是提成，与推销人员的销售业绩挂钩。这种形式综合了前两种形式的优点而又避免了各自的缺点，即刺激与管理并重。采用这种报酬形式的关键在于如何确定底薪和提成的合理比例，以及如何准确考核推销的各项工作。

（四）医药产品推销人员的考核

在现代医药企业的日常管理工作中，必须对推销人员建立完善、有效的考核管理制度。企业通过监督考核，对推销人员的销售业绩进行评价，作为报酬分配的依据，同时也能加强管理，促进推销人员更好地为企业服务。

推销人员考核设计的基本内容有以下几个方面。

1. 考核途径　包括推销人员的工作记录、销售工作报告、客户的评价、内部员工的评价等。

2. 考核标准　包括访问客户的数量与频率、访问新客户的数量、访问成功率、客户流失数、销售计划完成率、销售额的增长率、货款回收率、顾客投诉次数等。考核的标准要有统一性、科学性和客观性，同时根据销售人员的工作环境、区域市场的潜力、工作量和推销难度灵活掌握，综合评价。

•····· 章末小结 ·····•

1. 医药产品促销组合是指医药企业综合运用人员推销、医药产品广告、公共关系、营业推广四种方式所形成的医药产品销售促进系统。

2. 医药产品广告是促销组合中重要组成部分，具有传递信息、利于竞争、促进营销的作用。影响广告媒体选择的因素有市场竞争情况、医药产品的性质、媒体的特性和费用、目标消费者的特点。

3. 公共关系是医药产品促销方式中最能帮助企业建立良好形象的营销手段。公共关系的类型包括撰写新闻稿件、散发宣传资料、参加公益活动、组织新闻发布会、设立热线电话、举办专题活动、建立广泛的联系等。可以树立医药企业的形象、开拓医药产品的销路、创造良好的营销环境。

4. 营业推广旨在短期内在特定的目标市场中，激发消费者购买和调动经销商经营的积极性，针对目标消费者或中间商运用各种营销活动，直接刺激需求，从而鼓励目标消费者或中间商大量购买企业产品或服务的促销方式。

5. 人员推销是指医药企业派出营销代表直接与目标顾客、中间商进行面对面沟通、洽商，促进医药产品和服务的销售，并且通过信息的反馈来发现和满足消费者需求的促销方式。这种方式既可以迅速收集消费者的反馈意见，又可以当面促成交易。

思考题

一、简述题

1. 什么是促销组合？影响营销促销组合的因素有哪些？
2. 试分析医药产品促销方式的优点和缺点。
3. 药品广告有哪些特点？药品广告管理有哪些特殊规定？
4. 医药产品营业推广的方式有哪些？
5. 结合实例，简述医药产品的人员推销过程。

二、案例讨论

公共关系对医药企业经营的影响

伴随着社会的不断发展，公关事业的重要性日益显现。中国国际公关协会统计数据表明：截至2009年，国内的公关市场规模预计将会突破170亿元，国内公关行业的扩张速度自2006年以来平均年复合增长率为30%以上，继续保持井喷的增长态势。公关推广越来越成为企业营销传播不可忽视的重要工具。而根据业内专家的评估，医疗保健行业——包含医药生产企业、医药销售企业、医疗机构和保健品，其所占的市场份额比例应该在10%以上，即17亿元人民币（根据2009年国内公关市场规模测算），一个国内医药公关的灿烂初春已经在我们面前展现。

1. 背景分析　国家宏观层面，万众瞩目的国家医改新政在前所未有的层次上对医药行业的产业链进行重新梳理，尤其是，随着这次国家医药政策的重大调整，医药营销的重点——"终端"已经悄然上升到国家层面。这些都为未来医药行业公共关系的切入提供了重要市场契机。

行业微观层面，医药行业是一个特殊的行业，与国计民生关系密切，医药行业具有政策性、专业性和限制性等特点。特别是近几年来，医药企业又面临由于媒体的负面报道、降价等政策风险和违法广告带来的种种问题，在医改新政的背景下，这些问题促使政府加大管理力度，制约了其他营销工具进一步发挥作用，而这正是公共关系大有作为的地方。

2. 公共关系在当今社会医药企业的重要性及成功案例　近年来医药行业的发展证明了公共关系在其中所扮演的重要角色，其中有两个事件尤为引人注目，那就是美国默沙东公司全球范围内紧急召回儿童用疫苗注射剂——普泽欣（B型流感嗜血杆菌结合疫苗）和香港澳美上书国家卫生行政部门，建言普及肺功能检查。

适逢我国《药品召回管理办法》出台不久，美国当地时间2007年12月12日，默沙东公司宣布，在全球范围内紧急召回约120万剂儿童用疫苗注射剂——普泽欣（B型流感嗜血杆菌结合疫苗）。理由是美国Merck公司在对其设立在美国宾夕法尼亚州的一家工厂进行检查时，发现一台生产设备可能受到了某种细菌的污染，因而"无法确保这些批次的疫苗的无菌性"。尽管当时尚未在具体的疫苗中发现污染，而且"潜在的污染可能性很低，即使存在，污染程度也很低"，但公司依然决定主动召回相关批次的全部疫苗。国家食品药品监督管理局于2007年12月13日接到默沙东（中国）有限公司北京办事处关于美国Merck公司主动召回B型流感嗜血杆菌结合疫苗的情况报告，根据《药品召回管理办法》启动了相应监督工作。CFDA要求美国Merck公司严格按照我国《药品召回管理办法》规定，提交对于该疫苗安全隐患的调查评估报告和详细召回计划，切实落实相关规定要求。所有使用单位应当立即停止使用该批号疫苗，加强对注射后出现不良反应的监测，并协助进口单位做好疫苗收回工作。相关药品经营企业应当及时传达、反馈召回信息，按照召回计划积极协助控制和收回该批疫苗。事件发生后，公司首先和包括新华社在内的几个重要媒体进行了一对一的解释，务求媒体了解事件的全过程。这些媒体对整个事件客观事实的报道为全国媒体的后续报道定下了公正的基调。在疫苗召回的过程中，药厂还积极与各地疾控中心和接种单位合作，帮助家长解决疑问，并密切关注不良反应的情况。默沙东通过危机公关的得力措施，在消费者心目中塑造了可信赖的良好企业形象，让我们看到了医药公关的巨大影响力。

香港澳美制药公司由于其产品阿莫灵（阿莫西林胶囊）、澳广（阿莫西林双氯西林钠胶囊）都是处方药，无法在公众媒体上进行广告宣传，于是香港澳美精心策划了一起新闻事件。2005年8月，一封向国家卫生部建言普及肺功能检查，将肺功能检查列入常规体检项目的特快专递自中国香港寄出，建议单位正是香港澳美。第二天，《慢阻肺成生命第四杀手香港澳美建议：将肺功能列入常规体检项目》《药企上书卫生部体检标准不该重肝轻肺》《体检不该"重肝轻肺"》等相关新闻报道纷纷见诸媒体，近三百家平面媒体参与了报道。这次新闻事件，使得香港澳美、阿莫灵、澳广被作为一个有机整体出现在公众的视野中。同时，香港澳美这一公司品牌第一次曝光了除了引起了业界的关注外，同时因为其从患者利益出发、为患者健康着想的真诚举动而赢得了医院、渠道和广大消费者的尊敬和称道。香港澳美很好地利用公关帮助产品推广，也以此加强企业品牌形象的塑造，从而带来更好的正面影响。

由上述例子可以看出，公共关系在树立企业和产品良好形象、协调关系、增加沟通、处理危机、引导和教育消费者等方面有着不可替代的重要性。

讨论：

1. 分析公共关系在医药企业经营中产生了哪些影响和作用。
2. 你从本案例中受到了什么启发？

第三篇

医药市场营销技术的岗位运用

第十章
医药终端市场营销

学习目标

- 掌握　医药终端市场客户类型、营销模式和营销技能。
- 熟悉　医药终端市场的分类、终端市场的建设与管理。
- 了解　医药终端市场的概念和发展趋势。

情境导入

情境描述：

　　小陈刚从某卫生学校药剂专业毕业，为了尽快获得工作经验，决定先从门槛相对较低的医药销售工作做起，通过求职网站成功应聘进了省内一家中型医药公司，成为医药公司的一名医药销售专员。在入职培训时，小陈了解到，医药销售专员的工作既有章可循（依照医药销售专员的基本工作流程即可完成工作任务），又有灵活机动之处（要实现优秀的业绩还需要多积累、多留心、多琢磨），但最重要的是做好长期的职业规划，遵纪守法，合规促销，真心实意地为医药事业和人类健康事业服务。经过一段时间学习后，小陈已经对医药销售专员的工作职能有了基本的了解和认识，兴冲冲地迎接第一个工作任务：拜访辖区内零售药店，或者开发某县医院。面对选择，小陈有些犹豫，哪个选择更能提升自己呢，要如何完成任务？

学前导语：

　　医药终端市场营销将帮助大家学习医药终端市场营销的概念、医药终端销售类型、特点、销售模式，让大家清楚地认识到医药终端销售的一些基本规则。通过本章学习，掌握医药终端市场销售技能，既可以帮小陈解除困惑，又能让你思考，是否有兴趣、有志向从事医药终端销售工作。

第一节　概述

一、终端市场的概念和意义

（一）终端市场的含义

终端，是"最后的端头"的意思，指商品买卖结合处。

终端市场是指产品销售渠道的最末端，是产品从生产企业到购买者手中的最后一个环节。狭义的终端市场是指商品的零售场所，一般包括品牌专卖店、零售店、商超等，广义的终端市场是指从事商品交易所进行的营销活动。

（二）医药销售终端的意义

医药终端市场属于企业营销渠道中最前线、也是最重要的环节，它不仅是医药产品销量的源头，也是企业和消费者接触的最后枢纽，更是品牌推广竞争的利器。随着药品分类管理办法的实施，卫生体制、医疗保险体制、药品流通领域等改革对医药行业产生巨大的影响，开创有特色的终端工作对药品营销显得尤为重要。

二、医药产品终端市场分类

我国医药市场销售终端渠道分布广而散，除了大、中、小型各级医疗机构、零售药店以外，还有最近几年迅速发展的网上药店等，主要划分为三大医药终端市场。

（一）医院终端医药市场

医院是第一终端医药市场，一般县、市二级以上的医院为大型医院。虽然医疗体制改革和医保制度的完善释放了人民群众的就近就医需求，但"大病上医院"的认知，导致患者向大医院集中，门诊量和住院患者数持续维持较高数量，药品需求量大，使得第一终端医药市场占据了医药市场的"半壁江山"。

（二）药店终端医药市场

药店（包括实体药店和网上药店）是第二终端医药市场。新的医疗保险制度改革的实施，以及处方外流、医药分开等医改政策的落地，使"小病到药店"的理念成为趋势，零售药店医药市场的发展空间迅猛扩大。药店终端始终是消费者自我药疗及保健的重要场所，也是非处方药品销售的主阵地。

（三）第三终端医药市场

第三终端医药市场是指基层医疗服务机构，包括城市、城乡接合部以及农村地区的个体诊所、卫生服务站、民营小医院、防疫站、乡镇卫生院，乡村个体药店或个体商店中的常用药品销售小柜，企业和学校的医疗保健室等。近年来基层医疗卫生事业得到扶持，特别是农村合作医疗的推进，使得第三终端医药市场发展迅速，越来越多的医药企业重视第三终端医药市场，甚至作为重点开发市场。

? 课堂问答

请判断下列场所是属于哪一个终端市场？

1. 你所在学校的校医诊室
2. ×××大药房
3. ××县中心医院
4. 你家楼下社区便利店的常用药窗口
5. 你将要去实习的市第二人民医院
6. 肝胆专科药店

第二节 医院终端医药市场

一、医院客户类型分析

医院是依法成立的从事疾病诊断、治疗活动的卫生机构，作为医药消费的第一终端市场，在医药消费者市场中不容忽视。作为医药代表要想顺利开发医院，首要任务就是弄清楚谁是自己要拜访的客户。一般把对采购医药产品和使用医药产品有重要决策作用的人员作为主要客户。

🔗 知识链接

医药代表

医药代表（medicinal representation，MR），简称"药代"，是指受过医学、药学专门教育，具有一定临床理论知识及实际经验的医药专业人员，又称为学术代表、学术专员。一般而言，医药代表特指负责医院终端市场的销售代表，主要维护医院的药品销售。负责药店终端市场的销售代表被称作OTC代表，又称药店代表，主要维护药店的药品销售。

医药代表作为一种职业最早出现在发达国家。在美国，每个医药企业都有着庞大的医药营销队伍。但是医药代表在中国的出现，只有几十年的时间，还有很多人不知道这个职业的存在。在2017年国务院办公厅发布的《国务院办公厅关于进一步改革完善药品生产流通使用政策的若干意见》中明确指出："医药代表只能从事学术推广、技术咨询等活动，不得承担药品销售任务。"《中华人民共和国职业分类大典》（2015年版）确认了医药代表为代表生产企业，从事药品信息传递、沟通及反馈的专业人员。主要从业活动包括学术推广、技术咨询、协助医务人员合理用药、收集、反馈药品临床使用情况和药品不良反应信息等。

（一）医院领导决策层

医院领导决策层指院长以及分管药剂科、医务科、设备科或器械科的副院长等医院高层管理人员。他们都对新药开发、药品配送、采购分配计划、款期及回款等事宜发挥重要决定作用。

（二）药事管理委员会

药事管理委员会是研究并审定医院有关药事工作重大问题的组织，主要作用就是审定药品的进入，新产品进入医院一般都要经过药事管理委员会批准。一般由会长（会长多由院长担任）、药剂科主任和临床科室主任共9~15名专家组成。

（三）药剂科

药剂科是医院重要技术职能部门，分担着临床用药的选购、储存、调配及临床药学研究和药物咨询等工作，越来越多地参与到临床用药的各个环节中，是医院药品的物流中心。医药代表在药剂科的主要客户包括以下人群。

1. 药剂科主任　负责药剂科的全面工作，新品种进入医院由药剂科主任筛选提交给药事管理委员会讨论，药剂科主任直接影响药品能否进入或进入难易程度，对于急救药、紧缺药等可由药剂科主任直接安排申请采购，不用通过药事管理委员会讨论。通过药剂科主任还可以了解医院药品产值情况、市场需求情况等信息。

2. 门诊、住院部药房主管　负责药品调剂和药房日常管理工作，负责药品从药库到药房、从药房到患者的流通，提供药学服务等。通过药房主管可以了解到竞争对手药品情况、本产品使用情况等丰富信息，有利于制订销售策略。

3. 采购员　负责全院医疗所需药品的采购工作，处理药品相关事务的信息量大。医药代表与其建立良好关系有利于药品顺利流通。

4. 药师 药师目前主要承担工作是药品调剂，随着药学服务的发展，药师越来越多参与临床用药，大大影响药品的使用，对医药代表而言会在一定程度上影响药品销量。

（四）临床科室

1. 临床科室主任 负责管理该科室的大小事务，是学科带头人，对本科室常规用药有直接的指导作用。药剂科提交进药申请时也要附临床科室用药申请，药品进入医院时少不了科室主任的支持，在药品进入后更需要科室主任指导使用药品，是医药代表比较重要的客户。科室主任一般负责主持科内的科研课题，所以会特别重视新药或药品临床使用的研究进展。

2. 其他临床医师 包括主治医师、住院总医师、住院医师，他们是科室主任治疗意图和用药指导的执行者或修订者。可以说是药品间接使用者，决定了患者的用药，对医药销售有很大影响，特别是对销售量起着决定性作用。

3. 护士 是医嘱的执行者，需要随时随地观察患者情况，监护患者诊治过程，大多数药物的不良反应是由他们发现的，对用药疗效有直接建议权，医药代表可通过影响护士而影响医师。另外，护士是医药代表获得科室信息的重要客户，也是向患者宣传产品的重要角色。要重视护士，特别是护士长在营销工作中的重要性。

（五）医疗器械科或设备科

有的医院成立医疗器械科，有的医院成立设备科，他们的工作职责是在院长和主管院长的领导下负责全院医疗设备采购、供应、管理及维修工作，根据各科预购设备申报情况，合理制订医疗器械和设备采购计划。

（六）医务科

医务科是医院对医疗工作人员进行监督和管理的职能部门，主要工作是安排全院的日常诊治工作，管理人员变动情况，确定各项业务实际内容等。医药代表企业与医院的各项合作均要通过医务科批准及安排，如药品临床试验、药品知识培训、义诊咨询活动、学术研讨会等。

◎ 案例分析

案例：

小陈所在的A医药公司，是本市最大的药品批发企业，其主要业务为代理销售国外的一些新药，以市内的各大医院销售为主。前段时间公司先后代理了国产的××他汀片、××冻干粉针剂等多种药品，在质量、价格、政策扶持范围内都有很大的竞争力。销售总监特地交代小陈做好拜访工作，提升业绩，小陈也很有信心。然而恰逢本市的药品招标采购、城镇职工基本医疗保险药品遴选工作先后开展，这些工作结束前所有医院都暂时不考虑购进新药。小陈只能暂停了手里的拜访计划，除了积极配合所代理药品的生产企业做好公关工作，收集一些临床数据，剩下的只能等待。

过了一段时间，传来了好消息，A医药公司代理的多个药品均已中标，而且进入了《医保目录》。小陈在第一时间与市中心医院药剂科的王主任联系，商量进药事宜。王主任告诉小陈，最近医院的业务院长刚刚调整，新来的院长对购进新药把关很严，要求必须通过医院药事管理委员会讨论通过，一切按照规定程序进行。小陈得知医院药事管理委员会即将召开，于是抓紧时间找到医院神经内科的刘主任，请他写了进药申请。因为对公司产品很有信心，等待的时间中，小陈已经在着手准备拜访临床医师的计划书了。

分析：

医院医药终端市场客户群体较多，医药代表必须明确拜访目的，而对相应客户进行有效拜访，一般而言临床科室作为药品使用者对医药产品采购的发言权较大，而医院药事管理委员会具有最终决定权，影响力更大。随着药品集中采购制度的推行，药品进入医院终端的难度加大，作为医药代表，需要及时调整工作目标，提升专业素养，合法合规，才能应对各种挑战。

二、医院医药营销的特点

药品作为一种特殊的商品，不同于一般的消费品，与大众的身体健康和生命安全息息相关，药品不能直接从厂家送到消费者手上，需要经过医院规定的程序，而且主要决定权在于医师，因而决定了医院医药营销的特点主要有以下几点。

1. 处方药销售的主战场　虽然受新医改政策的影响，医药分离、处方外流成为不可避免的趋势，但处方药营销模式变动不大，医院终端仍然集中了绝大多数的处方药品种。

2. 市场细分度和集中度高　基本由几家大型药品生产企业垄断。医院是新特药上市的主要目标市场，也是药品相关信息的集散地。大型药品生产企业的产品在主流治疗领域占绝对优势。

3. 服务营销和关系营销理念逐渐盛行　随着医师职业技能和医药职业道德水平的提高，原有的行贿受贿、带金销售等不法行为渐渐消失，为医师提供差异化服务以及长久的协作关系成为发展趋势。

4. 对销售人员素质要求高　由于医师学历层次的不断提高，作为沟通企业和医师群体的销售人员，要具备系统的、全面的职业技能。

5. **受政策影响较大**　国家基本药物纳入各省市药品集中采购目录，并优先列入招标采购计划。基本药物的最终价格取决于实际交易中的地方政府招标采购价，所以药品的招标采购直接影响医院用药。

知识链接

药品集中采购

2000年，相关部委联合发布了《医疗机构药品集中招标采购试点工作若干规定》，药品集中招标采购在全国开展起来。2015年2月，国务院办公厅印发了《关于完善公立医院药品集中采购工作的指导意见》；同年6月，国家卫生计划生育委员会发布了《关于落实完善公立医院药品集中采购工作指导意见的通知》，要求各省在2015年完成省级的集中采购。至此，公立医院药品集中采购进入了新阶段。

在2017年2月国务院办公厅印发的《关于进一步改革完善药品生产流通使用政策的若干意见》中，有6个方面与药品集中采购相关：落实分类采购，提高医疗机构在药品集中采购中的参与度，鼓励跨区域和专科医院联合采购，允许联合带量、带预算采购，完善国家药品价格谈判机制，完善药品采购数据共享机制。

知识链接

双信封制度

2015年2月，国务院办公厅印发了《关于完善公立医院药品集中采购工作的指导意见》，文件中明确要求了双信封制度：投标的药品生产企业须同时编制经济技术标书和商务标书。

经济技术标书主要对企业的GMP资质认证、药品质量抽验抽查情况、生产规模、配送能力、销售额、市场信誉等指标进行评审，并将通过《药品生产质量管理规范（2010年修订）》认证情况，在美国、欧盟等发达国家/地区上市销售情况，标准化的剂型、规格、包装等作为重要指标。通过经济技术标书评审的企业才能进入商务标书评审。在商务标书评审中，同一个竞价分组按报价由低到高选择中标企业和候选中标企业。优先采购达到国际水平的仿制药。

三、医院医药营销的模式

（一）医院医药营销一般程序

1. 医院外程序　药品送达医院一般通过以下两种方式：一是医药生产企业委托某家医药经销单位作为其产品的代理，依靠经销商的力量使药物进入医院。二是医药生产企业直接派出营销团队去医院开展医药开发工作。

2. 医院内程序　药品进入医院一般要经过的程序如图10-1所示。

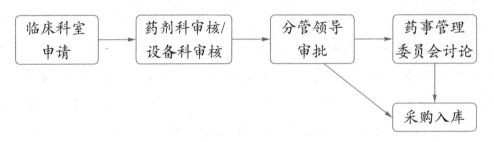

图10-1　医院药品准入的一般程序

医药代表需要跟踪全程，落实每个环节，一旦出现问题要及时解决，"各个击破达成成交"是医药代表工作的重点，也是难点。其工作流程如下。

（1）前期准备：计划好每次的拜访。计划的过程有助于医药代表厘清思路，确立每次拜访的目标，预想好将要采取的步骤。根据提前收集的要拜访医师的背景、研究成果、技术专长与观点、处方习惯、兴趣爱好等信息，准备好谈话大纲（推销叙述词），尤其是第一次拜访的时候，要避免面谈时或者介绍产品时惊慌失措。此外，还需要准备好产品资料、价目表、销售报表、促销计划书、产品样品等材料，以便在拜访时借助材料进行叙述，做到有步骤、有层次地引导谈话内容。

（2）实地拜访：实地拜访与客户面对面接触在销售过程中很重要，特别是第一次拜访。应注意以下四点。

1）选择一个适合的时机：以不妨碍医师工作为前提，一般选择临上班、下班的时候，医院患者少，容易等到医师的空闲时机。

2）做好开场白：开场白可按下述过程进行。①简短的寒暄烘托气氛，如"王医生，最近身体可好？"②做自我介绍，用1~2句话总结概括自己的姓名、所代表的公司、产品名称、药物治疗的疾病、产品优势等；③提出一个与产品有关的问题进入主题。好的销售拜访，倾听比陈述更重要，但好的倾听要基于好的探询技巧。医药代表可以提一些具体的问题，如"在遇到患者出现某症状时，您选择药品治疗的经验是什么？"通过这些具体讨论，试探性地去了解医师有什么期望和需求，再将产品推荐给医师。

3）做好产品介绍：尽量使用图表、调研报告或品牌提示物等视觉辅助资料。除了药品的基本信息，要重点介绍药品的特点，药品将为患者、医师带来什么样的方便等，将药品特性实现利益转化，来说服客户认可产品。例如，"该产品在某医院已经在用了，从反馈的情况看，效果还是很明显的，患者接受度很好。您看这边咱们是不是先给几例患者用起来？我想会给您带来满意的效果的。"

4）拜访尾声：预约下次拜访时间和地点。

（3）主动成交：推销人员应对客户发出的神态表情、言语行为等信号做出正确判断，抓住时机（产品得到认可即看到成交的信号）推动医师处方。

（4）市场维护：产品进入到医院临床使用后还需继续进行日常拜访，开展增强客情关系、促进双方交流的工作，跟踪销售和临床应用情况，处理药品使用过程中的问题等，为下次推销活动做准备，建立持续稳固的合作关系。

知识链接

目的性开场

医药代表拜访医师时，如何开场是面临的第一个挑战。需要反复练习目的性开场的技巧。完整的目的性开场一定要体现出以下3个要点。

（1）设定拜访目标。

（2）侧重于产品的特性能为医师带来的利益作为产品介绍的开始。

（3）以医师的需求为话题的导向。

根据以上三点请同学们判断下面开场中是否为目的性的开场：

1. 李医生，使用哌替啶治疗重度癌症存在药效短的问题，A产品采用先进的控释技术，镇痛效果长达12小时，有效缓解重度癌痛，更好减轻患者的痛苦，您在使用过程中，患者的反映如何？

2. 王医生，听说您治疗消化道出血患者时，普通的口服抑酸剂使用不方便，患者不易接受。我们公司的B产品通过静脉给药，起效迅速，患者易接受，您看我能不能为您介绍一下？

3. 马医生，我今天为您介绍一个我们公司去年刚刚在美国上市的新产品——全新的抗肿瘤药C产品。

你还能想到什么样的开场？试着练习一下。

课堂问答

请同学们两人为一组，轮流扮演医药代表和医院终端市场的不同客户，参照本节所学的内容，以对话的形式演绎实地拜访过程。

（二）医院医药营销方法技巧

1. 新产品医院推广会　这是医药企业开拓医院市场的一种常见模式。药企和医院联合、由医药代表组织召开，向药剂科人员、临床科室人员、药事管理委员会成员介绍产品，强调临床应用和学术背景，有利于产品顺利进入医院。具体而言，可分为针对整个区域所有医院的新产品推广会和针对某一医院的推广会，一般大型医院、中型医院采用后者推广会，基层乡镇医院多采用前者推广会。

2. 学术会议推介产品　系统性的专业化学术推广，是以产品的学术研究和市场定位为基础，以产品的核心价值为出发点，提炼产品与同类型产品的差异点，通过学术活动与目标群体沟通，以达到推广产品、促进销售的目的，是医药企业近年来日益重视的促销方式。

医药企业在明确产品定位和市场定位后，可以采取不同的途径进行学术推广，树立品牌在医师心目中的地位。包括专业学术会议、学术俱乐部（学术沙龙）、地方医学会或药学会的权威宣传、邀请医师参与临床验证研究、院内教育或疾病常识培训、开展继续教育项目、有奖征文等。

案例分析

案例：

西安杨森在多个领域都有非常优秀的处方药产品，并积极实施"让每一个中国医师了解西安杨森产品"的学术推广活动。根据临床医师的需要，每年拟定相应的交流内容，在全国各地进行上百次的相关学术交流活动。在学术推广这项宏大工程中，医药代表的辛勤耕耘功不可没。推广某一产品时，特别邀请了北京、上海的4名国内知名教授，在上海、广州、乌鲁木齐等40多个城市举行巡回演讲，全国有近4 000名医师聆听了专家的学术演讲，得到了他们需要的临床医学知识和医药信息，这对提高他们的临床用药和科研水平有很大的帮助。

其另一产品多潘立酮进入中国市场时，就在医院内推广，通过赞助全国性或地区性学术研讨会、举办胃动力研讨班、资助医师做胃肠动力方面的研究等方式，在医师心目中建立起极好的品牌形象，然后才通过报纸、电视等媒体向消费者宣传，成为了中国最佳零售药品品牌之一。多潘立酮销售持续十几年，目前每年销售额达5亿多元，是西安杨森利润最大的产品之一。

西安杨森还积极进行公益性质的学术推广，赞助了一系列重大的学术会议、活动，包括大型的管理巡回演讲、医院文化建设与GMP管理研讨会、销售管理培训班等，受到业内人士的交口称赞。

分析：

西安杨森是成立于1985年的中外合资企业，在短时间内一跃成为全国制药行业的翘楚，学术推广为其铺开了一条成功营销的坦途。一方面专门组建以处方药运营见长的团队，加强医院终端的建设，长期坚持开展各种不同类型的学术演讲活动，将自己产品的性能、功效、用途等全方位地融入学术推广之中，既为医师的合理用药打下了坚实的基础，也提高了产品的知名度和美誉度。另一方面，又通过广告覆盖在消费者心中树立良好口碑。

西安杨森树立品牌的做法值得其他药企借鉴。"专业和稳健"必将是今后医药营销的关键所在，而学术推广作为医药代表的主要任务，将越来越得到业界的重视和关注。

3. 医药博览会展示产品　一般医药博览会是吸引商家前来招商采购的展示会，医院专业人士比较少来展会，但是举行学术会议的会场内一般也会组织小型医药博览会，供医师、专家会后参观，医药企业产品参与此类会议，在展会上趁机向广大医师宣传，提高产品知名度，有利于医药代表的医院营销工作顺利进行。

◉ **案例分析**

案例：

2011年11月，武汉某医疗设备有限公司总经理刘先生在省贸促会的组织下，带着公司营销团队到加纳参展。展会期间，刘总主动拜访医院，"首先拜访了加纳最大的医院，但第一次吃了个闭门羹。"刘总说，他不放弃，当天下午再次来到那家医院。幸运的是，这次他们直接见到了医院院长。院长当即表示，第二天到展位上参观。见到实物，医院院长赞叹不已，当场买下了刘总带去的价值10多万美元的全部展品。在加纳参展的10余天里，团队拜访了加纳首都阿克拉的10多家医院，一举打开了加纳市场，回国后陆续接到700多万美元的订单。

分析：

在医药企业发展进程中，参加展会是一个实现品牌魅力的有效形式。可以同时做到品牌与宣传，有实力、有准备的品牌可以抓住时机脱颖而出，提高知名度。

拜访受阻，医药代表需要回归本质

2020年7月，国家卫生健康委员会办公厅发布的《关于印发2020年医疗行业作风建设工作专项行动方案的通知》明确表示，将重点整治医务人员收取回扣，以及药企或经销人员违规向医务人员推销药品、医疗器械，进行商业洽谈的行为。业内普遍认为，这意味着医药代表进入医院拜访医师的行为会受到很大限制。不少医院都出台了相关规定，严格限制医药代表活动，如落实供应商集中推荐日制度，普及医药代表登记备案管理等。综合来看，医药代表面对面拜访的受限以及营销合规化是个无法改变的趋势。

近年来，国家大力发展基层医疗，很多药企将业务下沉到基层医疗或四线、五线城市，积极组建基层销售队伍，开辟广阔的基层市场。包括华润双鹤、云南白药、辉瑞、阿斯利康、拜耳、葛兰素史克等国内外知名药企都在大力招聘基层医药代表，积极布局基层市场。行业的不断变迁，促使医药代表回归到技术咨询的本质上，提升自己，迎接新的机遇和挑战——学术转型刻不容缓，进行多渠道技能培训，才能适应未来的推广要求。

第三节　药店终端医药市场

一、药店终端营销的概念与特点

（一）药店终端营销的概念

药店终端营销包括药店终端市场和药店终端零售服务。药店终端市场指医药厂家或者医药销售公司对药店终端所进行的营销活动；药店终端零售服务是指面向消费者提供医药产品，产生销售、服务行为的营销活动。

（二）药店终端市场的分类

1. **大型连锁药店**　是药店终端市场发展的风向标，具有品牌效应，以及品种全、服务优及销售量大等特点。

2. **社区店**　分为高档社区店和普通社区店，能体现购药和健康咨询服务的便利。尤其是普通社区店，是终端拦截品种的主要营销场地。

3. **平价药店** 平价大卖场模式是顺应潮流的趋势，需要足够人流量的维持。

4. **药妆店** 源于国际上非常盛行的医学护肤概念，在许多城市形成了去药店购买护肤品、化妆品的消费文化。药妆店以健康概念经营药房，主要是与皮肤护理有关的药品和保健品。一般位于商业圈，人流量大。

5. **专业性疾病药店** 以某一类疾病患者为主要服务对象，提供更加细致、快捷、便利的专业化服务。如"糖尿病高血压生活馆"、"听力中心"、"生命元素（维生素与微量元素）生活馆"、肝胆专科药店等。

6. **加盟药店** 连锁形式，药店管理仍保持个体性质，经营以利润为目的。

> ❓ **课堂问答**
>
> 请同学们查询当前中国连锁药店综合实力百强榜及直营力百强榜。

（三）药店终端市场营销的特点

1. **服务性** 药店终端在销售的过程中注重服务，从消费者进入药店开始就要为其服务，提供咨询用药需求、根据症状推荐适用药品、陪同选购药品、介绍药品、指导用药及生病期间生活注意事项、指引结账、送顾客离开等服务。

2. **客户类型复杂** 药店的消费者不一定都是患者，男女老少皆可成为药店终端的客户，并有着千差万别的需求。需要迅速对消费者行为特点进行分析。

3. **区域竞争性大** 在"药铺多过米铺"的今天，多数医药零售企业仍以区域性经营为主，药店同质化严重。为吸引顾客前来消费，药店必须使出浑身解数，各出奇招，举行各种促销活动。

二、药店终端市场建设与管理

（一）药店终端市场建设

药店终端包括硬终端和软终端。

1. **硬终端** 指一经实施在一段时间内不会改变的设施。包括产品布货、展示和陈列、POP广告布设和其他宣传品。硬终端建设应符合以下要求。

（1）统一的原则：形式统一，宣传内容统一，与环境的统一，管理布置的统一。

（2）又多又好的原则：良好的终端可以促进消费者对产品的识别、了解、信赖，多角度刺激消费者的购买欲。例如，繁华街道设置醒目的路牌，流动车身广告，药店外悬挂横幅，门口放置展示板，室内天花板上挂有整齐的POP挂旗，货架上有排列美观的产品等，营造全方位、立体的宣传氛围。

（3）坚持长期开展：硬终端的铺设是长期性的，所以需根据市场实际阶段安排，有计划的实施。

（4）突出特色：每一种终端都要突出特色，如形象的图案、简洁的文字、冲击力强的视点等，突出产品名称和定位，使消费者对产品的功效一目了然。

2. **软终端**　指促进与零售场所从业人员及消费者保持良好沟通的各项工作。如果没有良好的软终端，大部分硬终端将难以实施，更不能发挥作用。所以，相比而言，软终端工作更加重要，难度更大。软终端建设包括以下内容。

（1）在客流量大的终端售点布设促销员：人员促销对快速提高单一产品的销量非常有效。促销人员须经过岗前培训（企业理念、产品知识、促销技巧），统一着装，佩戴胸卡，开展礼仪和导购服务，进行产品宣传、市场调查和公关等。

（2）拜访药店：药店是OTC药品销售的主战场。OTC代表通过拜访和慰问，帮助客户做些力所能及的事情，与店长、店员建立感情，有助于及时收集药店终端市场信息，掌握市场动态，防止断货和脱销；也有利于争取较好的产品摆放位置和宣传位置。

（3）店员培训：在很多情况下，店员愿意推荐某种产品是因为自己了解或者使用过，知道该怎样说服顾客购买。同时，OTC代表与店员交情的好坏也是促使店员愿意推荐产品与否的一个重要因素。所以，企业需要采取多种形式与店员加强沟通，把店员培养成企业的兼职促销员，建立相互信任协作的友谊关系。

（4）定期联络新老顾客：可设立专家咨询热线，解答消费者的用药困惑。发展并培养新老顾客成为会员，定期组织联谊活动等。

？ 课堂问答

请在下列内容中选出哪些属于硬终端，哪些属于软终端？

1. 宣传画张贴　　　　　　　　7. 店员教育

2. 悬挂条幅　　　　　　　　　8. POP广告

3. 产品出样　　　　　　　　　9. 拜访店长

4. 产品包装盒展示　　　　　　10. 灯箱摆放

5. 病例的回访　　　　　　　　11. 台卡展示

6. 柜台的促销　　　　　　　　12. 专职导购

（二）药店终端市场管理维护

1. 科学规划拜访路线 药店终端市场客户数量庞大，分布范围广，几乎遍布所管辖区域的每个角落，使得药店终端市场维护比医院终端市场维护耗力耗时。一般情况下，医药代表只负责一家或者几家医院开发、维护工作，而OTC代表要负责几十家甚至上百家药店开发、维护工作，不可能在每间药店花同样的精力，所以必须要对客户进行分级（表10-1），进行有针对性的拜访。

表 10-1 药店一般分类及特点

分类	药店的特点	管理特点
A类	店面大，经营品种多而且齐全，位于商业集中区或主干道两旁，客流量大，销量在当地达到平均销量以上，一般为国营药店、连锁药店、医药超市等	该类药店一般要求上货率达到100%，拜访率每周2次以上
B类	B类终端介于A类和C类终端之间	该类药店一般要求上货率达到80%以上，拜访率每周1次以上
C类	店面较小，一般不足20m²，经营品种少，主要位于生活小区、市郊、工厂区、辅干道两旁，客流量，销量在当地平均销量以下，一般为小型私人药店、个体诊所、商店和便利店	该类药店一般要求上货率达到60%以上，拜访率每月2次以上

科学规划拜访路线尤为重要，一般考虑以下几点。

（1）覆盖率高：保证拜访路线能覆盖所辖区域内的每个药店。

（2）路线合理性：制订路线时要综合考虑乘车路线、交通以及天气等各方面情况，制订路线取向为连贯性强、行程短、省时，保证拜访效率高。

（3）拜访的规律性：规律进行拜访，有利于处理问题的连续性。

2. 日常拜访药店的工作要点

（1）建立药店终端档案，完善拜访路线：区域内的药店不是固定的，有新开张的也有倒闭的，所以日常拜访过程中要注意更新药店档案。药店档案包括药店名称、地址、负责人姓名、联系方式、门店周围环境情况、门店类别、每次拜访情况等内容。在拜访过程中如发现路线不够科学则要不断完善。

（2）采集信息：收集店员、消费者的意见和建议，核查店内库存和产品销售状况，了解竞争产品陈列促销近况，观察客流量和各类活动情况。

（3）与店长、店员搞好关系：店员的有效推荐是产品的生命线，而店员对产品的宣传很大程度上是通过OTC代表与之建立良好的人际关系而实现的。

（4）整理药品：拜访药店的时候一定要到自己所销售的药品处看看，观察产品摆放的位置是否在显眼处、是否为人流比较多的位置；顾客是否容易找到产品价格标签，价格是否在变动幅度之中。过期药品或接近过期药品要及时更换。缺库存时，及时督促药店进货。

（5）门店广告包装和促销检查：摆放POP广告牌、贴海报、贴窗花、贴推拉门贴、摆放模型盒等。检查该有的促销活动是否在店中出现，促销产品是否按规定进行货架陈列，促销的资源是否充足等。

（6）店员教育：目的是融洽公司与零售药店的关系，使店员熟悉产品知识，提高店员推荐率。培训内容包括有关产品的新闻资料或一些故事、产品功效与原理、服用方法和周期、适应人群和剂量、消费投诉处理、真假鉴别、回答消费者经常提出的问题、若干实例等。培训形式有书面、座谈与口头培训形式。书面培训应注意方式方法，最好结合小礼品赠送进行，座谈会培训现场布置温馨、舒适，并有礼品赠送，可安排抽奖和聚餐。

⑦ **课堂问答**

假设你是一名OTC代表，在拜访药店时如何说服店长给予自己产品好的陈列？

三、药店终端市场促销

药店终端市场促销是指以现场销售氛围为依托，综合病情诊断、病理知识咨询、赠品派送、礼品刺激等手段，针对目标消费者来开展的以促进非处方药销售为目的的一系列相关活动。

零售药店通常会举行各种各样的促销活动。药店的营业额提高，OTC代表所在厂家的产品销量不一定就提高，所以厂家要想增加销量也要想办法针对本产品进行促销活动，常见的促销方法有以下几种。

1. **广告促销**　除药企投放在电视、网络媒体等广泛宣传的大型广告外，OTC代表还可在药店内做门店包装广告，如在药店内贴宣传海报、摆放产品模型、天花吊旗、在柜台摆放招牌台历等宣传资料，吸引消费者注意，促成购买。

2. 人员促销 店员对产品的推荐和介绍，对消费者的购买决定起着举足轻重的作用，甚至可改变消费者原来的购买决定。尤其在新品上市期，店员推荐比广告、产品陈列等对消费者的影响更大，是衡量药店促销成效的一个重要指标。

3. 服务促销 定期举行义诊活动，聘请专家或医师在店堂内为目标消费者进行免费诊治，患者在明确自身病症的情况下，根据医师指导去选购医药产品。

4. 卖点促销 选择合适的药店，定期定时于药店内开阔地方或门口进行循环摆摊促销，现场讲解产品卖点（剂型、功效、成分、价格等），这是大厂家常常采用的促销手段，能起到很好地宣传促销效果。

5. 实施终端拦截 OTC代表或另安排人员进驻大型药店，一般于开张日、节假日、店庆、周年庆等时间实施此促销方法较为合适。

🔗 知识链接

终端拦截

　　终端拦截就是整合并利用终端所有的广告、促销、渠道等资源，在消费者购买过程中，不断思考、反复比较分析产品时，去影响消费者选购意向和消费决定的手段和方式。通俗说，就是"引、抢、围、逼"，即引导消费者的思考、从竞争产品中抢顾客、以更多的产品信息对购买者心理进行包围式的诱导，来强化消费者的选购意向，用各种手段吸引促成消费者迅速成交。采用的方式包括源头拦截、联合拦截、人员拦截、产品拦截、POP拦截、人气拦截等。

四、药店终端营销服务技巧

（一）准备工作

1. 药店营业前准备

（1）环境卫生准备：做到地面、墙面、商品、货架干净。劳动工具放在顾客看不到的地方，无刺激性气味。顾客较多时播放轻柔音乐、减低噪音。

（2）商品陈列整齐：良好的陈列不仅会给顾客留下经营有方、认真待客的印象，而且能帮助零售药店实现较好的商品管理。

2. 营业员的准备

（1）岗前培训：药店要对新进营业员进行岗前培训，熟悉药店营业模式、岗位人员分布、销售过程，掌握常见疾病的相关知识（病理、症状、药物作用原理、联合用药搭配知识、食疗、理疗、保健知识等），以便能迅速、流畅地为顾客服务，有针对性地推广药品。

（2）仪容仪表准备：店员的仪容仪表、言谈表情、举止行为等决定了顾客的第一印象，直接影响了顾客的购买情绪。要求为：①着装统一、干净整洁，佩戴工牌。②保持个人清洁卫生、面容干净、精神饱满；避免佩戴显眼的首饰。③避免上班前吃有刺激性气味的食品，如大蒜、洋葱等。④在岗位上应站位服务，站姿端正。不得趴伏柜台、倚靠货架等。⑤不得扎堆聊天、玩手机等。

（3）心态调整上准备：①不被私事影响到工作情绪，或将不满情绪发泄到顾客身上；②使用礼貌用语，不与顾客吵架顶嘴；③不以结账、点货等内部工作为由怠慢顾客；④以专业服务的职业形象留给顾客良好的第一印象。

② 课堂问答

请同学们回忆并思考，在你购买药物的过程中你经历过哪些营销服务流程？面对店员推荐你是否接受？打动你的原因是什么？

（二）营销服务流程

1. **迎接、问候**　见到顾客时恰当的打招呼，微笑接待。常用的服务用语有"您好，里面请！""您好，欢迎光临！""请问有什么需要帮忙的吗？"等，要注意问候用语不要死板应用，避免打断顾客的购物行程。

2. **接近顾客**　迎接顾客后不要太靠近顾客甚至跟紧顾客，可以一边理货一边观察，寻找适当时机靠近顾客。通常遇到这四种情况时，顾客是需要帮助的：①顾客在货架前来回踱步或驻足不动时；②顾客用手触摸产品，比较几个产品时；③顾客抬头张望，表现出寻找产品时；④顾客视线寻找店员时。

3. **产品导购**　通过询问了解顾客的需求，即可对症治疗推荐药品。交流过程中要注意不得让顾客感觉被触犯、受到委屈，甚至是被伤害。

（1）明确顾客需求：可以选择封闭式问题（如"请问您是购买感冒药吗？"）或一些开放性的问题（如"请问想买什么样的药呢？"）来确定顾客的需求，引导顾客到相应的陈列区域，让顾客感受到所要推荐的药品与同类产品在功效、价格、规格上的差异，在顾客产生兴趣时，再引导顾客做出购买决定。如果遇到顾客回避询问、低头自己寻找药品，可以根据顾客年龄、性别以及看到的症状、表现，大概推测其用药需求，告之药品分区，引导顾客前往对应区域，再靠近进行推销。

（2）介绍产品：介绍过程中应注意，①用语应表示尊重，不要用命令性的语气；②推销要点要言简意赅，有针对性地强调主要特点；③配合顾客的认知进度，不要急于把所有的产品特点一口气讲完，要让顾客有思考的时间；④尽量使用客观的证据说明产品特性，避免掺杂个人主观臆断；⑤介绍产品时不要夸大其词，以免引起顾客反感；⑥尽可能让顾客触摸、操作产品，以增加其购买兴趣；⑦不要过于推崇某产品而贬低其他产品。

（3）应付异议：能否应付顾客异议，得到顾客认同是成交的关键所在。应付异议的办法有以下几种。①补偿法：如果顾客的反对意见的确切中了所推产品或药店服务的缺点，千万不得回避或直接否定。明智的方法是肯定有关缺点，然后淡化处理，利用产品或价格的优势来补偿甚至抵消这些缺点。这样可使顾客的心理达到一定程度的平衡，有助于顾客作出购买决策。②委婉处理法：承认顾客的观点，也就是向顾客作出一定让步，然后再讲出自己的看法。例如，顾客抱怨说："价格比去年高了，怎么又涨价了？"可以回答说："是啊，价格比起前一年高了一些，原材料价格上涨，所有东西都比以前贵。不过好多顾客反映这种药效果不错。"灵活掌握这种方法，尽量保持良好的对话气氛。③冷处理法：在不影响成交时，如顾客仍有不满，应遵循多听少说的原则，冷静地让顾客把他想说的抱怨都说完，同时用"是"或"的确如此"等语言及点头的方式表示理解，并尽量去了解其中的缘由，这样能避免冲突升级。

（4）用药指导：在得到顾客认可产品、达成成交后，需要进行详细的用药指导，包括用药注意和生活饮食注意事项等，顾客会因此产生更多的信任，有助于店员通过开放式的问话，发现顾客的其他需求而展开关联销售。

（5）关联销售：围绕顾客需求，为顾客提供完整的用药方案，既能保证疗效，又能在顾客满意的前提下，获得更好的客单价。

（6）提示当前促销：提示顾客店内或厂家正在进行的促销活动，帮助顾客理清需求，鼓励顾客多购买一些产品冲击赠品或参与满减。

4. 成交服务　成交后店员将顾客带至收银台结账，一是避免顾客在去结账路上有其他想法而放弃购买该药；二是收银结账前可邀请顾客加入会员，获得会员权益。顾客结账后也应跟随，送其离开药店，将最近要进行的促销活动提前告知顾客，邀请顾客参加，给其一个下次再来的理由。这样可以让顾客对你的优质服务有更深的印象，容易使其成为熟客而再次找你咨询买药。

5. 送客　送至门口，使用礼貌用语完成送客。如"谢谢您的光临，请慢走，欢迎下次回顾。"

案例：

小刘某天病倒了，感冒来势汹汹，全身酸痛发力，鼻塞、流涕、咳嗽，苦不堪言。带着一身疲惫，小刘去了药店，指明要买×康。

A药店　店员生硬的回复"没有"后，转去接待别的顾客。小刘只好转身离开。

B药店　店员说："小伙子，你买的这药价格贵，不如买××厂家感冒解毒颗粒，效果一样，价格更优惠。你看你咳嗽这么严重，还得买一个川贝止咳露，止咳效果好。感冒免疫力也下降了，再买个维生素C吧，我们正好搞活动，买这几样送口罩，刚好用得上。"小刘被店员说动，买回去吃了5天，感冒不仅没有好转反而加重了。小刘觉得自己被忽悠了。

C药店　店员听到小刘要购买×康后，主动询问了小刘的症状后直接去柜台取出递给他，并亲切地询问："你感冒多久了，服用过哪些药？"小刘告诉店员B药店推荐的药后，该店员说："根据你描述的症状，鼻塞、流清鼻涕、咳嗽、全身酸痛乏力，应该是风寒感冒，但你吃的川贝止咳露是治疗风热咳嗽的。"小刘说道："难怪吃了5天都没效果。"店员说："别着急，看你身体不错，只要正确用药感冒会好的。你买的×康是缓解感冒症状的，再加一个川贝止咳糖浆吧，这是治疗风寒咳嗽的。维生素C应该还有，吃完再买吧。这几天一定多喝水休息，如果吃了3天还没好转，你可一定要去医院看看，别耽误了。"小刘满意地走了，决定以后再买药就直接去C药店。

分析：

1. A药店缺少品牌药是一方面，店员缺少对顾客的关注才是整个过程的关键。作为店员，这种情况下可以增加提问，如询问顾客的症状等。通过聊天可了解顾客状态，再推荐用药。

2. B药店店员拦截顾客指名购买的药品，并强行替换销售，虽然产生了销售，但得不偿失。替换销售能否成功，关键要对症用药，需要药到病除，否则只会"伤客"。

3. C药店店员并未拦截，而是主动询问顾客用药史，关心顾客。推荐用药时既能考虑对症下药缓解顾客感冒症状，又中肯建议顾客提升抵抗力，最后小刘购买了×康，还接受了"关联销售"的推荐，可见店员的专业性自然会得到顾客信赖并由此产生良好的口碑。

五、药店终端市场的发展趋势

（一）经营模式趋向规模化连锁店

药店连锁经营实现了商业活动的标准化、专业化，节约经营成本，加上连锁经营辐射范围广、市场占有率高，使得药店连锁经营有很大的竞争优势。从目前中国市场来看，大型连锁药店逐渐吞并个体药店、小型连锁药店，不仅占领城市市场，也逐渐延伸至乡镇市场，药店终端的整体实力将越来越强。

（二）医药分家为药店终端营销带来机遇和挑战

随着医改政策的深入推进，处方外流已成趋势。药店经营处方药将更加规范化、专业化。根据商务部发布的《全国零售药店分级管理指导意见（征求意见稿）》，到2020年，全国大部分省市零售药店分类分级管理制度基本建立，这意味着零售药店行业将开启新的大变局。零售药店分类分级标准如表10-2、表10-3所示。

表10-2 零售药店分类标准

分类	分类标准	经营范围
一类药店	按照现有药品质量保障能力、人员配置、处罚记录等划分	乙类非处方药
二类药店		非处方药、处方药（不包括禁止类、限制类药品）、中药饮片
三类药店		非处方药、处方药（不包括限制类药品）、中药饮片

表10-3 零售药店分级标准

分级标准	环境设施	药品供应保障能力	信息化设备	人员服务水平	诚信情况	科普教育便民服务
A级	达标	基本能力	较强的信息化设备	合格	近一年无严重失信行为	营业时间内提供服务、科普宣传
AA级	良好	较强能力	药品可追溯管理系统	良好	近两年无严重失信行为	24小时内提供服务、经常科普宣传和便民服务
AAA级	良好	很强能力	成熟的药品可追溯管理系统	优秀	近三年无严重失信行为	24小时供药、咨询、服务，持续科普宣传

（三）多元化经营发展，药店转型升级

随着国家商务部将开展"多元化服务"作为推动药店转型升级发展的方向之一，药店终端市场也将把经营方向从疾病治疗拓展到预防、保健、养生、护肤美容等"大健康"领域。药店的产品线日益丰富，药妆、食品，甚至是日化用品都可在药店出现，消费者能享受到一站式购物的便利，以及专业和高质量服务。服务范围将从"个人治病"到"家庭成员生活健康与管理"转变；服务人群从患者向亚健康人群、再到所有人转变；盈利模式从"产品"经营向"产品＋服务"经营模式转变。

（四）专业化定位的药店将发展壮大

药诊店、坐堂药店、慢性疾病药房、健康管理药店等专业化药店的出现，不仅给药店经营带来新形式，也将推动药品零售市场的竞争向更高层次发展。竞争力下降的个体药店走专业化药店是提高竞争力的有效途径。

（五）发展专业的、快捷周到的药学服务

药店具有独有的聚焦于"用药合理性"服务能力的先天优势，通过深入挖掘和培育药店慢性疾病服务的功能，以专业化指导和个性化健康服务为支点，对消费者进行慢性疾病管理和亚健康指导。药店终端人才将由营业员向药学技术人员转变，为消费者提供指导用药、审核处方等专业服务。快捷周到的服务也是其特色之一，包括送药上门、代客熬药、全天咨询等。有关专家指出，药学服务将成为我国新一轮药店竞争的重要资本。

（六）线上线下结合的新型互联网药店

随着互联网和5G业务的深化，网络药店将随着线上药房手机app的推广迎来广阔的市场，通过"药店＋在线问诊"模式抢占处方药市场，也可促使等级医院以更加开放的姿态拥抱互联网。线上复诊、物流送药、线上预约将成为"互联网＋医疗"的三大"标配"。医药零售连锁企业可以进一步开拓网上市场，提高品牌影响力。未来医药电子商务的发展潜力巨大。

📀 案例分析 --------

案例：

根据全国肛肠病流行病学调查大数据启示，"马应龙连锁医院"将全面启动互联网医疗业务，实现马应龙整个诊疗产业从数字化医疗向智慧化医疗的过渡。

互联网＋肛肠医疗＝"马应龙健康云"，它以互联网为载体，以云计算、大数据为技术支撑，旨在打通"医—药—患"三者之间的壁垒，最终形成"互联网＋"下的肛肠健康服务互动大平台。积极构建战略性品牌合作关系，探讨县市级公立医院和马应龙品牌在特色专科建设方面医、教、研多方位合作模式。

分析：

从国家医疗保障局发布相关政策来看，明确互联网医疗机构为参保人在线开具电子处方，线下采取多种方式灵活配药，参保人可享受医保支付待遇。无论是政策还是举措，都表明政府积极推动互联网医疗建设，放开网上医保支付，对于连锁药店来说，无疑是挑战与机遇并存。

🔗 知识链接

医药电商布局实体药店

1. 店仓一体化　通过互联网系统，实现药品电子商务管理（一件购药、自动上下架、快速捡药、智能订单分配等），满足消费者"1小时送药上门"的需求。

2. 线上线下一体化　既有线下药店品类齐全的产品配备、功能完善的软硬件配置，实现销售功能，又导入互联网元素，成为网络购药的载体和入口。任意切换"网订店取"或"店订网络远程派送"等。

3. 体验式门店　有丰富的区域满足用户的体验需求。符合大健康领域的趋势。

4. DTP药房　DTP药房（DTP，是英文Direct to Patient的缩写，中文简称为"直接面向病人"）已经成为诸多医药电商布局线下的首选。

第四节　第三终端医药市场

一、概述

（一）第三终端医药市场的概念

第三终端医药市场定义为除医院药房、药店（包括商超中的药品专柜）之外的，直接面向消费者开展医药产品销售的所有零售终端。第三终端的主要阵地是广大农村和一些城镇的居民小区，如社区和农村的个体诊所、企业和学校的医疗保健室、个体商店中的常用药品销售小柜等。乡镇医院、乡镇药店终端医药市场尚无成熟营销队伍开发，该类市场也不属于第一、第二终端医药市场，所以也归为第三终端医药市场。

随着新一轮医疗改革的推进，新型农村合作医疗的推行，不仅城市基层医疗机构逐年增加，农村医疗保障体系的建设也在快速推进中。医药市场第三终端面临着新的发展机遇，市场容量迅速增加，已经成为我国药品销售最具活力的增长点。开拓第三终端医药市场，成了许多制药企业推广工作的重点。

（二）第三终端医药市场的特点

1. 分布广，密度小，开发被动，需要大量高素质高效率的专业推广人员。

2. 营销门槛低，竞争少。形式多样化，包括大篷车配送、乡镇订货会议等。

3. 销售网络复杂，渠道不畅通，难以形成寡头垄断。

4. 消费者购药多为习惯型、经验型，品牌忠诚度较高。对价格敏感，消费需求功能性强。

5. 普药是第三终端市场应用最广泛的药品，一般以治疗常见病、多发病为主。

（三）第三终端医药市场的发展趋势

1. 宏观层面　随着两网建设（农村药品监督网络建设、农村药品供应网络建设）及新农村合作医疗（简称新农合）等政策支持，医药卫生体制改革逐步推进，国家鼓励进一步发展城镇社区卫生服务，加大农村医疗卫生体系建设力度。第三终端医药市场药品需求总量不断增长，市场前景广阔。

2. 市场层面　随着国内外知名药企加入布局，第三终端医药市场竞争会逐渐加剧。

3. 人员层面　第三终端营销人员的培养和管理会成为一大难题。

二、第三终端医药市场的建设与管理

目前开发第三终端医药市场的主流模式是县级市场订货会、定点医药公司配送、大物流快批等。医药企业在第三终端的成功离不开以下三要素。

（一）做好产品组合

第三终端以农村及城市社区为主体，受消费水平和国家基本药物目录的制约，依照"低水平广覆盖"的原则，普药占据了药品消费的大部分，一般来讲，片剂、胶囊剂、颗粒剂、注射剂中的大部分常用药可归属于其行列。不仅要有利润高的药品，也要有价格低廉的常用药，在不同的环境下选择不同的产品组合，满足第三终端医药市场的营销需求。

（二）做好企业和产品的宣传推广工作

无论在任何终端，提高产品知名度，获得客户认可，才能促进销量。第三终端情况复杂，需要根据不同对象选择不同的推广形式。

1. **对乡镇卫生所和社区服务中心**　参照第一终端，向科室及医师传达最新的医药信息，组织医师参加产品宣讲会，加深医师对本公司药品的认识。

2. **对私人性质的小医院或药店**　以发放公司内部培训资料、印有公司标识的日常使用物品为主，加深其对企业的印象。协助负责人进行人员的医药相关知识培训，宣传自己公司药品。

3. **对城市小区医疗服务站和社区居民**　以开展公益活动为主要形式，邀请医师前往社区做健康知识讲座或咨询，以发放本公司的家庭常用药为参与活动奖励，作为产品推广，提高企业知名度。

4. **对销量重要客户**　可以搭建交流平台，如旅学活动、邀请去企业总部参观等，既能让终端客户感受到企业的重视，近距离接触和交流，也能通过展示企业先进的生产设备和强大的研发团队，树立品牌形象。

（三）做好终端客户的维护

对第三终端市场定期的拜访也是一个重要的环节。积极与目标客户交流，培养客户的信任感。拜访时，可以在力所能及的范围内给予客户一定的帮助，譬如某社区诊所的老年患者居多，不便手机支付，经常需要零钱，销售人员每次拜访时给诊所换点零钱，就容易获得医师的好感。

三、第三终端医药市场的营销模式

（一）依靠当地经销商力量销售

第三终端医药市场分散、配送成本高、网络管理难、回款不够及时、人员不足、运输成本较高、差旅费较高，以及在一些低端市场尚未建立良好的客户关系，这些因素成为开发第三终端医药市场的阻力。依托当地，选择一家具有覆盖第三终端重点区域能力的商业公司合力开发市场，是一种相对稳妥的方法。不仅能够事半功倍，同时还能最大限度地规避风险。

（二）教育培训学术推广模式

由于第三终端分布广泛，基层医疗机构缺乏人才，医疗水平偏低，医药信息相对滞后，医药企业组织各方力量以学术推广等形式进行促销，是目前比较适合第三终端的药品销售模式。通过教育培训，规范乡医的治疗行为，引导乡医的处方习惯，"处方是媒体，医师是广告"，通过适宜的技术服务进行产品推广，以学术性和权威性代替商业性，建立起乡医的信任感和对产品的接受度。

（三）人员和广告促销

广告促销借助于全国级电视媒体将产品覆盖到第三终端，一般是知名品牌产品。医药公司采购员、开票员、配送员可以解决第三终端产品知识和促销信息不到位的问题。此外，还有批发点户外广告、批发点POP广告、商业订货网站广告、产品目录促销、电话促销方式等。

（四）第三终端数据库营销

通过建立商业及终端客户数据库，应用企业网站、商业网站、短信平台等方式进行营销，使企业与商业及终端客户之间的信息点对点告知、互动式交流，及时反馈终端需求，持续产品知识教育，降低投入提高产出，逐步建立区域品牌，保持区域竞争优势，提升销售量，打造核心竞争力。

🔍 案例分析

案例：

四川蜀中制药有限公司成立之初，即根据企业自身的产品实际情况，将目光对准了广阔的农村市场为主力的第三终端。2003年，企业提出了"普药精做"的口号。2005年，四川蜀中药业（集团）有限公司销售额超过8亿元，其中30%以上是在农村市场取得的。当年，阿莫西林胶囊占该品种全国市场的三成以上，氨咖黄敏胶囊、板蓝根颗粒、氨酚黄敏片等普药品种的销量也居全国第一。

在第三终端遍地开花的营销战略指导下，四川蜀中制药有限公司一方面与安徽华源、湖北九州通等企业达成战略合作，另一方面积极与县级的医药公司建立新型工商联盟，利用其现有渠道和丰富的经验对农村医药市场进行深度开发，确保了四川蜀中制药有限公司对第三终端的广泛覆盖。在"价低一分就离市场更近一步"的思想指引下，规模化低成本成为"蜀中模式"的关键。为严格控制成本，四川蜀中制药有限公司建立了板蓝根种植基地，采用"公司＋农户"的生产模式，极大地降低了采购费用。同时企业不断扩大生产能力和提高生产效率，相继建成了年产130亿粒的中国最大的空心胶囊生产线，其产量目前稳居中国胶囊市场的十分之一。仅此一项，胶囊剂生产成本即下降20%，每年节约成本费用500万元。

分析：

第三终端医药市场中，消费者对药物价格敏感，消费需求功能性强，以治疗常见病、多发病为主的普药是应用最广泛的药品。制药企业想把第三终端市场作为增长点或者开发重点，就必须按照现阶段第三终端市场的实际情况、农村市场消费者的药品消费心理与习惯，制订长期发展计划，提高产品质量，降低生产成本，扩大终端渠道覆盖，消费者教育与药品销售并重。这样，才能使自己的产品逐渐进入农村市场、进入患者心中。

•···· **章末小结** ····

1. 终端市场是指产品销售渠道的最末端，是产品从生产企业到购买者手中的最后一个环节。医药终端市场分为第一终端医药市场（医院）、第二终端医药市场（药店）、第三终端医药市场（基层医疗服务机构）。

2. 医院进药程序一般由临床科室提出申请，药剂科审核，医院领导审批，医院药事管理委员会审批通过。医药终端市场的营销模式为新产品推广会、学术上会议推介、医药博览会宣传。

3. 药店终端营销包括药店终端市场和药店终端零售服务。药店终端市场建设包括硬终端建设和软终端建设，管理维护一般要先科学规划路线，然后进行拜访维护工作，通过门店包装、店员培训、终端拦截、摊位促销等方式进行促销。

4. 第三终端为除医院药房、药店（包括商店、超市中的药品专柜）之外的，直接面向消费者开展药品销售的所有零售终端。第三终端医药市场的主要阵地是广大农村和一些城镇的居民小区基层医疗单位及药品零售机构，其营销模式主要依靠经销商及教育培训学术推广、人员和广告促销、数据库营销。

•···· **思考题** ····

一、 简述题

1. 医院终端医药市场客户类型有哪些？其与药品准入医院有什么联系？

2. OTC代表管理药店终端医药市场的日常拜访工作要点有哪些？

3. 在药店终端营销中，影响店员推荐率的因素有哪些？

4. 药店终端医药市场零售服务的一般过程是什么？

二、 案例讨论

第三终端医药市场青睐怎样的药物？

国家基本药物政策和OTC药品扩容给药品生产企业和经销商带来新的市场

空间。企业如何应对第三终端，尤其是农村市场这个庞大的需求群体？农村市场需求最多的是什么样的药品？消费者喜欢的是什么样的OTC药品？药品生产企业和经销商应如何对普药进行商业包装才能获得农村消费者的青睐而占据市场份额呢？

针对农村市场的调研结果显示，除大众关心的药品质量外，消费者最关注的是OTC药品的使用说明、名称、包装、剂型、退还规定等。

95%的被调查者认为，目前大多数OTC药品的药品说明书虽然制作规范，但未将他们关心的药品使用办法、注意事项、禁忌证等重要项目作为重点内容进行特殊制作，如没有扩大字体、加深颜色、醒目位置提醒等，难以引起使用者的注意和重视。乡医、村医认为，OTC药品相对安全、副作用少，说明书不必要过多介绍药理、化学成分、代谢等，特别是中成药，企业应更重视农民的了解意向。

90%的被调查者认为，OTC药品的名称与命名应首先考虑大多数消费者的需求，不应该继续使用过去的化学名称，而应使用农村消费者易理解、易记忆、通俗易懂的药名，如"金嗓子喉宝""颈复康颗粒"等，从药名上就对药品的功效一目了然。一些新的OTC药品名称因不易理解而销路不佳。因此，要占据农村市场，首先要让农村消费者喜欢药品的名字。

75%的被调查者提出，部分OTC药品包装量过大，担心拆装后在有效期内不能使用完而过期，造成浪费。目前在农村市场还没有药品生产厂家和经销商，开展针对近期失效药品的回收工作。

70%的村医和农民喜欢片剂压膜包装，其安全、防雾、易携带。同时也喜欢液体塑料包装，冬季易于加温，而玻璃包装因易碎具有一定的危险性而不被喜爱。

除了药品经销商和部分村医之外，绝大部分农民对OTC药品目录，特别是新扩增的21个OTC品种了解很少，许多药品除了处方购买外无人问津。

OTC药品想要较快且顺利地占据庞大的农村医药市场，就必须从农村消费者的需求特点出发，在重视提高药品质量的同时，要在他们关心的药品使用说明、命名、包装量、包装方式上下功夫，让OTC药品以农村消费者喜欢的样子和特性出现在农村市场，同时药厂和经销商也要适当对靠近失效期的药品进行回收，在减少消费者损失的同时，也能增加企业诚信度，树立品牌形象。

讨论：

随着国家基本药物制度的实施以及新农合参保范围和人数的不断扩大，第三终端的市场容量还在持续增长。请根据案例，结合第三终端医药市场的特点和发展趋势，思考以下问题。

1.　谈一谈你如何看待"第三终端开发的实质是深度市场的开发"。
2.　请选择2~3个药物名称不好理解的药品，按照农村市场消费者的需求重新设计一下名称和药品说明书，使其在第三终端推广。

学习目标

- 掌握　医药市场网络营销的特点和方法。
- 熟悉　医药企业网络营销的模式，医药市场网络营销的相关法规和政策。
- 了解　医药电商的发展历程，医药市场网络营销的发展现状和未来趋势。

情境导入

情境描述：

　　冬日凌晨，S市一家药店的销售人员小王接到某医药网络平台客服的电话：附近某小区一位客户急需治疗脑卒中（中风）的药品，希望优先配送。原来该客户半夜突然觉得左耳后血管神经疼痛，还有想吐的感觉，于是通过某款药品APP应用进行在线寻医问药，在线医师经诊断推荐服用安宫牛黄丸并开具了处方，用户凭借处方在网上进行下单，基于"用户所处位置"，该医药网络平台就近选择了该药店作为药品配送点。不到20分钟，配送员将药送到，客户服药后症状减轻，因而省去了深夜去医院挂号急诊的麻烦。据小王反映，消费者通过这种"线上下单，线下取药"的方式购买主流药品包括治疗感冒、发热、腹泻等的非处方药非常方便，其他如保健品、家用医疗器械等也备受青睐，消费者不但没有到药店买不到想要购买的药品而被推荐购买其他药品的烦恼，而且网上药店还提供送货上门的服务，即使是在夜间购药也能送货上门，除了高峰时期药品基本一个小时内就能送到。由此可见，这种基于互联网新技术、消费者新需求的在线购药形式，深度挖掘和满足了用户的健康服务需求，并且通过对商品品类和用户健康行为的管理，实现了双方共赢。

学前导语：

　　2018年4月28日，国务院发布促进"互联网＋医疗健康"发展的意见，提到可在线上开具常见病、慢性病处方，经药师审核后，医疗机构、药品经营企业可委托符合条件的第三方机构配送，同时探索医疗卫生机构处方信息与药品零售消费信息互联互通、实时共享，促进药品网络销售和医疗物流配送等规范发展。政策破冰，在"互联网＋医药零售"监管上撕开了一个口子，医药电商的发展或上一个新的台阶。生活在互联网高速发展的时代，我们要把握国家政策、顺应时代要求。在本章我们将学习到医药市场的网络营销的特点和方法，医药企业网络营销的模式和相关的法规政策，以及医药电商的发展历程、发展现状和未来趋势。这些都将帮助我们为"互联网＋大健康""新实业＋新技术""新制造＋新零售"的中国医药行业的快速崛起中作出贡献。

第一节　医药市场网络营销的概述

一、网络营销的概念和特点

（一）网络营销的概念

网络营销就是以国际互联网为媒体，利用数字化信息和网络媒体的交互性来辅助企业实现营销目标的一种新型市场营销方式。简单来说，网络营销就是企业以互联网为主要手段，为达到一定营销目的而进行的营销活动。

网络营销的概念可以从广义和狭义两方面来分析。从广义上来说，凡以互联网为主要手段，为达到一定营销目标而进行的营销活动，都可称作网络营销（或网上营销）。也就是说，网络营销贯穿于企业开展网上经营活动的整个过程，包括信息发布、信息收集及开展网上交易等。

从狭义上来说，网络营销是企业整体营销战略的一个组成部分，是利用互联网技术，最大程度地满足客户需求，以达到开拓市场、实现盈利目标的经营过程。该过程由市场调查、客户分析、产品开发、销售策略和信息反馈等环节组成。网络营销与网上销售密切相关，但网络营销并不等于网上销售，它不涉及支付和送货，也不仅仅是在网上做广告。

网络营销与电子商务的比较

电子商务通常是指在因特网开放的网络环境下，基于浏览器/服务器应用模式，通过简单、快捷、低成本的电子通信方式，买卖双方不谋面地进行各种商务活动，实现消费者的网上购物、商户之间的网上交易和在线电子支付等活动的一种新型商业运营模式。

对于电子商务与网络营销的区别，可以从以下两方面考虑。

1. 网络营销与电子商务的研究范围不同。电子商务的内涵很广，其核心是电子化交易，强调的是交易方式和交易过程的各个环节；而网络营销注重的是以互联网为主要手段的营销活动。网络营销和电子商务的这种关系也表明，发生在电子交易过程中的网上支付和交易之后的商品配送等问题并不属于网络营销的范围；同样，电子商务体系中所涉及的安全、法律等问题也不是全部包括在网络营销中。

2. 网络营销与电子商务的关注点不同。网络营销的工作重点在于交易前阶段的宣传和推广，电子商务的工作重点则是实现电子化交易。网络营销的概念已经表明，网络营销是企业整体营销战略的一个组成部分，可见无论传统企业还是基于互联网开展业务的企业，也无论是否具有电子化交易的发生，都需要网络营销；但网络营销本身并不是一个完整的商业交易过程，而是为促成交易提供支持，因此是电子商务中的一个重要环节，尤其在交易发生之前，网络营销发挥着主要的信息传递作用。电子商务可以看作是网络营销的高级阶段，一个企业在没有完全开展电子商务之前，可以开展不同层次的网络营销活动。

综上所述，电子商务与网络营销有区别，但又密切相关，网络营销是电子商务的组成部分，开展网络营销并不等于一定实现了电子商务（指实现网上交易），但实现电子商务一定是以开展网络营销为前提。

（二）网络营销的特点

网络营销是互联网发展的产物，互联网可以将企业、团体、组织以及个人跨时空联结在一起。随着互联网技术的成熟和成本的不断降低，互联网已经成为企业开展营销的有力工具。网络营销具有以下特征。

1. **跨时空**　通过互联网能够超越时间和空间的限制进行信息交换，因此网络营销使得企业突破时空限制完成交易成为可能，企业可以每天24小时随时随地向全球的客户提供营销服务，以达到尽可能多地占有市场份额的目的。

2. **多媒体** 网络营销使参与交易的各方可以通过文字、声音、图像、动画等多种媒体信息进行交流，从而使为达成交易而进行的信息交换可以用多种形式进行。

3. **互动性** 企业可以通过互联网向客户展示商品目录，并提供相关商品信息的查询，可以和顾客进行双向互动式的沟通，可以收集市场情报，可以进行产品测试和消费者满意度的调查等。

4. **人性化** 在互联网上进行的促销活动具有一对一、消费者主导和非强迫式等特点，这是一种低成本与人性化的促销方式，可以避免传统促销活动所表现出的强势性。此外，企业还可以通过信息提供与交互式沟通，与消费者建立一种长期的、相互信任的良好合作关系。

5. **潜力性** 遍及全球的互联网上网者的数量正飞速增长，而且上网者中大部分是年轻的、具有较高收入和较高受教育程度的群体。由于这部分群体的购买力强，而且具有很强的市场影响力，网络营销是一种极具开发潜力的营销方式。

6. **全程性** 在互联网上开展的营销活动，可以覆盖从商品信息的发布到交易操作的完成再到售后服务的全过程，是一种全程的营销方式。

7. **超前性** 互联网同时兼具渠道、促销、电子交易、互动顾客服务以及市场信息分析与提供等多种功能，是一种功能强大的营销工具，并且它所具备的一对一营销能力，迎合了定制营销和直复营销的未来发展趋势。

8. **高效性** 网络营销可以帮助消费者进行信息查询，且所传送的信息数量与精确度远远超过其他传统媒体，并能顺应市场需求，及时更新产品或调整产品价格，因此能及时满足顾客需求。

9. **经济性** 网络营销使交易的双方能通过互联网进行信息交换，代替传统的面对面的交易方式，从而减少了印刷与邮递、店面租金、水电费等成本，并能提高交易效率。

10. **技术性** 网络营销建立在以高技术作为支撑的互联网上，这就要求企业在实施网络营销时必须有一定的技术投入和技术支持，必须改变企业传统的组织形态，提升信息管理部门的功能，并能实时跟踪最新的网络信息技术，这样才能增强企业在网络市场上的竞争能力。

案例分析

案例：

2010年岁末，海南亚洲制药股份有限公司把握营销契机，联手酷6网策划实施节日温暖营销"小快克送祝福温暖过大年"。基于春节这个全体中国人聚焦的特殊时段，借助春晚对小快克品牌进行集中展示，通过挑选适合家庭用户口味的内容和广告形式，定制家与温暖的主题，让明星和普通民众共同表达自己的新年祝福，传播温情与关怀，对目标消费者实施精准化营销，并通过网络留言和评论等形式与网友直接进行沟通互动，以达到刺激其消费的目的。整个营销过程结束后，小快克通过酷6视频实现了3亿次的曝光和1亿人的聚焦。

分析：

2020年，中国互联网总用户数已达到10.8亿，网络新媒体拥有诸多优势且影响力已越来越大。从小快克的成功营销中，我们可以看到网络营销具有跨时空、多媒体、互动性、人性化、潜力性等特点，这些是传统营销方式无法比拟的。

二、医药市场网络营销的内容与发展

（一）传统零售药店面临的挑战和不足

传统零售药店面临的挑战是严峻的，医药零售市场的增速在不断放缓，但是药店数量还在持续增加，导致单店服务人口平均数继续下降，传统零售药店市场呈现"超饱和"状态。除了来自外部环境的挑战，传统零售药店在自身能力上也面临诸多挑战，主要体现在以下几个方面。

1. 医疗服务能力不足　国家分级诊疗制度鼓励的方向是将医疗服务流转到基层医疗机构，并为此匹配了医疗保险、政策等资源予以支持，零售药店不仅缺乏政策的支持且在医疗服务能力上无法与拥有医师、护士，具备各项检测能力并且与大医院转诊打通的基层医疗机构相抗衡；而且传统零售药店在疾病预防指导方面的能力也不足，针对患者的保健指导、用药指导、日常饮食指导，以及管理患者的综合服务能力都比较欠缺，与医院相比存在很大的知识差异与水平差异。此外，与处方药相关的审方、用药指导、不良反应处理等服务能力也严重不足。因此在现实当中，患者更倾向于选择基层医疗机构而不是药店。

2. 顾客服务能力不足　我国传统零售药店主要靠高毛利驱动运营，在多年"以毛利为中心"的经营理念影响下，传统零售药店对高毛利养成了依赖性，对用户的服务能力却没有培养起来。购药前的售药咨询、销售后的用药指导等持续的药事服务能力不足；对相对固定的顾客（如慢性疾病、孕产期、特殊疾病顾客）的专项服务管理能力不足；精准用户管理与精准营销能力不足；多渠道整合服务能力不足。长此以往，药店已沦为厂家比拼毛利的渠道。

3. **品类扩张能力不足**　我国的传统零售药店很早以前就开始尝试学习日本药妆店的经营模式，但是多年来无论是在药妆方面，还是在母婴用品方面的品类扩张，都未形成足够的规模。以母婴用品为例，《中国药店》杂志调研显示：13%的药店设有母婴专区；24%的药店虽然没有设置母婴专区，但有销售奶粉、尿不湿等产品；59%的药店销售与母婴相关的药品和保健品。但调查也显示，近年来传统零售药店母婴产品的品类一直在下降，消费者也抱怨药店母婴产品品类少、卖场氛围差等。由此可见，我国传统零售药店仍然没有找到适合的品类扩张之路。

4. **店员专业水平不足**　传统零售药店除了管理人员，门店与顾客直接接触的店员等基本上都是中大专以下学历。药事服务能力的核心是执业药师，尽管GSP要求每家门店配备至少一名执业药师，但门店却往往难寻执业药师在岗，依赖普通店员远远无法满足顾客对药事服务的需求，同时处方外流又给店员带来新的疾病与品种知识学习的挑战。

传统零售药店面临的挑战决定了线下企业必须寻找新的出路。是转型线上，还是采用线上与线下融合；是转型医疗服务，还是探索人工智能替代店员；是精准营销，还是智慧门店，甚至是寻找更新的业态……这都成为了传统零售药店寻找的新突破口。

（二）医药电商的发展历程

我国医药电商主要由B2B平台和B2C平台构成，如图11-1所示。B2B医药电商平台主要为医药机构服务，其采购方主要为医院、基层医疗机构、零售药店等。B2C医药电商则主要为个人提供药品购买服务，按照是否自营又细分为平台型B2C和自营性B2C。前者引入不同药品商家入驻平台，为其提供药品展示、交易服务、IT支持、数据分析等服务；后者主要是自行进行药品采购并自建平台进行销售。

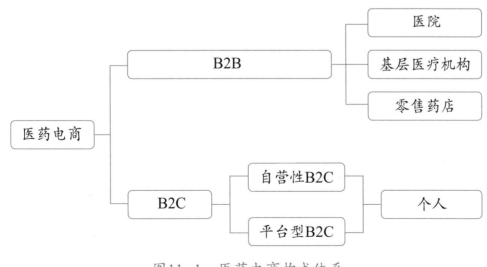

图11-1　医药电商构成体系

从首家网上药店开业至今，我国医药电商经历了探索期、启动期、成长期，目前已经进入发展期，并且有望在不久的将来进入成熟期。

1. **探索期** 配套政策缺失，医药电商昙花一现。1998年，国内还没有出台医药电商相关政策时，出现了首家网上药店"上海第一医药"。但随后在1999年12月28日，国家药品监督管理局出台《处方药与非处方药流通管理暂行规定》，禁止网上销售处方药和非处方药，上海第一医药被迫关闭。在以后长达14年的时间里，国内没有出现网上药店。

2. **启动期** 互联网药品销售政策出台，医药电商获得"准生证"。2004年7月8日，SFDA颁布《互联网药品信息服务管理办法》，允许取得"互联网药品信息服务资格证书"的企业通过互联网向网上用户有偿提供药品信息等服务活动。2005年9月29日，SFDA又颁布了《互联网药品交易服务审批暂行规定》，规定药品零售企业可以网售非处方药。上述两项政策的发布给予了医药电商的合法地位，京卫大药房获得国内第一张医药电商牌照，标志着医药电商开始进入药品零售领域。截至2012年，我国共有48家网上药店。

3. **成长期** 数量增长较快，商业模式仍在探索。2012年，天猫医药馆正式上线，作为天猫旗下专业的医药购物频道，汇集了OTC药品、医疗器械、计生用品、隐形眼镜、品牌保健品、传统滋补品等网购服务项目，搭建起了医药电商的标准化模板，为其他医药电商的发展提供参考借鉴。在2013年，网上药店数量陡增到134家，同比增长约2倍，诞生了七乐康、1药网、开心人等一大批知名医药电商。2014年5月28日，CFDA发布了《互联网食品药品经营监督管理办法（征求意见稿）》，允许互联网企业按照药品分类管理规定的要求，凭处方销售处方药。该征求意见稿的发布推动大量药品企业进入电商领域。在2012—2015年这三年间，我国共诞生了345家网上药店，虽然该阶段网上药店数量增速较快，但大部分药店没有成熟的商业模式，还在不断地探索。

4. **发展期** 政策逐步完善，产业格局基本成型。在2016年以后，医药电商企业的商业模式已经成型。以1药网、健客、阿里健康大药房、京东大药房为代表的B2C模式，以益药购、九州通网、我的医药网、未名企鹅、药师帮为代表的B2B模式，以快方送药、药到家为代表的O2O模式。我国医药电商的产业格局已经形成，在各自细分领域都出现了一批代表性企业。2016年，我国网上药店数量已经达到678家，医药电商进入了快速发展期。目前，我国医药电商产业生态已基本形成，以运营方为核心，对外链接资源方、第三方服务商和用户，打通了药品的生产、流通、支付及消费环节。在这一时期，政府也出台了一系列政策推动医药电商的发展，相关政策内容如图11-2所示。

《全国药品流通行业发展规划（2016—2020年）》，鼓励企业开展基于互联网的服务创新，丰富药品流通渠道和发展模式。

○ 2016年12月

《国务院关于印发"十三五"深化医药卫生体制改革规划的通知》，推广应用现代物流管理与技术，规范医药电商发展；《国务院关于第三批取消中央制定地方实施行政许可事项的决定》，取消互联网交易服务资格B证、C证审核。

2017年1月 ○

《国务院办公厅关于进一步改革完善药品生产流通使用政策的若干意见》，推进"互联网+药品流通"，支持药品流通企业与互联网企业加强合作，推进线上线下融合发展，推广"网订店取""网订店送"等新型配送方式。

○ 2017年2月

《国务院关于取消一批行政许可事项的决定》，取消互联网交易服务资格A证。

2017年9月 ○

《网络药品经营监督管理办法（征求意见稿）》，药品零售连锁企业不得通过网络销售处方药。

○ 2017年11月

《药品网络销售监督管理办法（征求意见稿）》，药品网络销售者为药品零售连锁企业的，不得通过网络销售处方药。

2018年2月 ○

《关于促进"互联网+医疗健康"发展的意见》，促进药品网络销售和医疗物流配送等规范发展。

○ 2018年4月

《互联网诊疗管理办法（试行）》《互联网医院管理办法（试行）》《远程医疗服务管理规范（试行）》，医疗机构、药品经营企业可委托符合条件的第三方机构配送。

2018年9月 ○

《中华人民共和国药品管理法》，正式认可网络销售药品，且除疫苗、血液制品、麻醉药品等国家明确实行特殊管理的药品不得在网络上销售外，正常处方药及其他药品可以在网络上销售。

○ 2019年9月

《药品网络销售监督管理办法（征求意见稿）》，药品零售企业通过网络销售处方药的，应当确保电子处方来源真实、可靠，并按照有关要求进行处方调剂审核，对已使用的处方进行电子标记。

2020年11月 ○

图11-2　2016—2020年政府出台的相关政策

第二节　医药市场网络营销的运行及管理

一、医药市场网络营销的运行

（一）医药市场网络营销的方法

网络营销方法是对网络营销资源和网络营销工具的合理利用，是网络营销各项职能得以实现的手段。医药市场网络营销的方法较多，常见的有以下几种。

1. **搜索引擎营销**　搜索引擎营销即SEM（Search Engine Marketing），它是指通过搜索引擎，让用户搜索相关关键词，并点击搜索引擎上的关键词创意链接进入网站、网页进一步了解他所需要的信息，然后通过与在线客服沟通或直接提交页面上的表单等方式来实现自己的目的，达成交易。

2. **搜索引擎优化**　搜索引擎优化即SEO（Search Engine Optimization），它指的是在了解搜索引擎自然排名机制的基础上，使用网站内及网站外的优化手段，使网站在搜索引擎的关键词排名提高，从而获得流量，进而产生直接销售或建立网络品牌。

3. **电子邮件营销**　电子邮件营销是指以订阅的方式将行业及产品信息通过电子邮件的方式提供给所需要的用户，以此建立与用户之间的信任与信赖关系。

4. **即时通信营销**　即时通信营销是指利用互联网即时聊天工具进行推广宣传的营销方式。

5. **病毒式营销**　病毒营销模式主要利用用户口碑相传的原理，病毒式营销是指通过用户之间自发进行的费用低的营销手段，它具有低成本、传播速度快、传递方式简单、影响力大等特征。

6. **微博营销**　微博营销是指通过微博平台为商家、个人等创造价值而执行的一种营销方式，也是指商家或个人通过微博平台发现并满足用户的各类需求的商业行为。

7. **微信营销**　微信营销是网络经济时代企业营销模式的一种创新，是伴随着微信的火热而兴起的一种网络营销方式。微信不存在距离的限制，用户注册微信后，可与周围同样注册的"朋友"形成一种联系，用户订阅自己所需的信息，商家通过提供用户需要的信息，推广自己的产品，从而实现点对点的营销。

8. 视频营销　视频营销是指以创意视频的方式，将产品信息移入视频短片中，从而达到营销的目的。它不会造成太大的用户群体排斥性，也容易被用户群体所接受。

9. 软文营销　软文广告是相对于硬性广告而言，由企业的市场策划人员或广告公司的文案人员来负责撰写的"文字广告"。与硬性广告相比，软文广告似绵里藏针，收而不露，追求的是春风化雨式的营销效果。

🔍 案例分析

案例：

某网上药店率先推出微信多客服平台，在现有电话客户服务为主的服务模式上，引领了手机服务平台新模式的创新。该药店的微信服务包括两种模式：疾病自查和微信药师。疾病自查服务是消费者通过药店微信公众号服务平台提供的病症目录和方便快捷的检索功能，直观地对不适部位进行症状和疾病的自查自诊，获得症状、诊断、治疗、防护等多方面的信息。而微信药师服务，则可使用语音、文字、图片等方式向专业药师咨询，并能及时获取药师专业建议和健康指导方案。同时，药店也利用微信公众号发布各种活动，如6月14日端午节就推出了"夏季常备防暑药"活动，盘点出防暑降温药品，如清凉油、藿香正气、金银花等，并详细介绍各产品的特点及用法，并在文末注有"点击右上角，分享到朋友圈"的字眼，以及购买链接。对于广大消费者来说，正当夏季，生活必需，因此吸引了消费者的眼球，药店营业额也有了激增。

分析：

医药企业在营销推广过程中，已经由原来的"尽可能使更多的人知道"转变为"为需要的人群提供更多的产品和服务"。企业只有通过正确的网络营销方式，把品牌信息传递给真正有需求的客户，才能实现最大的营销效果。而微信就是这种精准营销的雏形，它符合企业对精准营销的要求。随着微信功能的进一步升级，以及人们对使用微信形成依赖性，微信营销将会在医药企业中出现越来越多的成功案例，企业也将在微信上完成从市场调研到客户管理、客户服务、销售支付、老客户维护、新客户挖掘等工作。

（二）医药企业网络营销模式

药品的质量、包装规格、主要成分、主要功能、适用范围等都可以高度标准化，因此药品是非常适合网上交易的。网上售药作为一种新型的售药方式，凭借专业化的电子商务平台，能为百姓提供价格便宜、安全有效的药品，而且购买者足不出户就能在买到药品的同时享受到专业的用药指导，这种方式方便快捷，灵活性强，适合目前快节奏的生活方式。此外，网上售药会减少药品流通环节，为医药企业节省药品的流通成本。经过二十年的发展，我国医药电商已经形成B2C、B2B、O2O等多渠道的业务模式，这些模式的区别与不同如图11-3所示。其中B2C和O2O作为直接触达用户的渠道在医药营销领域发挥着越来越重要的作用，下面将详细介绍医药企业B2C和O2O的运营模式。

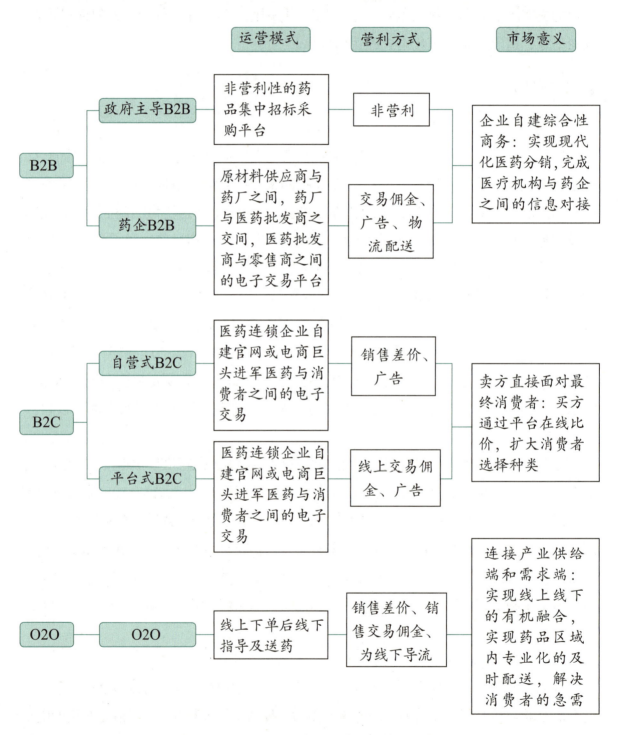

图11-3　医药电商三种运营模式对比

B2B、B2C、O2O营销模式

B2B（business to business）营销模式是企业与企业之间通过互联网进行产品、服务及信息交换的活动，也是电子商务系统的应用。它将企业内部网通过商务网站平台与客户紧密结合起来，通过网络的快速反应为客户提供更好的服务，从而促进企业的业务发展。

B2C（business to customer）营销模式是企业对消费者的电子商务模式，该形式的电子商务一般以网络零售业为主，主要借助于网络开展在线销售活动，然后消费者通过网络完成网上购物、网上支付等一系列行为。

O2O（online to of ine）营销模式又称离线商务模式，是指线上营销和线上购买带动线下经营和线下消费。O2O通过打折、提供信息、服务预订等方式，把线下商店的消息推送给互联网用户，从而将他们转换为自己的线下客户，这就特别适合必须到店消费的商品和服务。

1. **B2C药品营销模式** B2C药品营销模式是指企业直接面对终端消费者的模式。消费者通过在线平台购买所需药品，平台覆盖了众多的产品和品牌，消费者可以直观的进行比较选择，最后由物流企业进行配送。即将在线"互联网＋"平台与线下实体药店相结合，实现区域内药品的专业化即时配送，保证配送的及时性。B2C又分为平台型和自营型两种模式。平台型B2C通过引入不同医药商家入驻平台，为其提供药品展示、交易服务、IT支持、数据分析等服务，在药品品类多样性、用户流量、前期成本投入方面占有优势；自营型B2C主要自行进行药品采购，自建平台进行销售，在专业化程度、服务质量、用户黏性、采购成本方面占有优势。由于线上药品同质化程度高，用户注重药品质量，医药电商成本和品牌重要性凸显，自营模式具备成本、流量与品牌优势，成为B2C主要经营模式。这两种模式各有缺陷又各有优势，如表11-1所示，自营式B2C在专业化的医疗服务、药品品类供应、客户质量和服务等方面相较平台式B2C存在优势；而平台式B2C则在用户流量、商品品类多样性和企业前期投入等方面占有绝对优势。平台式B2C可以促进医药电商规模发展，而自营式B2C可以在医药电商的专业化方面推动行业的进步，两种模式可以共同促进医药电商的发展，因此医药电商往往也会二者兼顾。

表 11-1　自营式 B2C 与平台式 B2C 比较

	自营式 B2C	平台式 B2C
运营模式	属于渠道商，引入多个药品种类	类似购物平台，引入不同医药商家
核心竞争力	供应链管理，医疗服务	用户流量
主要客户	前端：网购用户；后端：供应商和商家	前端：网购用户；后端：商家
对后端客户服务范围	提供供应链相关服务，介入具体运营	提供交易服务、IT支持、数据分享等，不介入具体运营
商品SKU	各品类精选	海量商品
销售结构	全品类发展，重点发展药品品类，以此更加回归药学服务品质	全品类发展，医疗器械、隐形眼镜、计生用品是三大流量品类
服务质量	自建团队可控性好，在B2C和旗舰店统一客户服务内容，物流配送等服务均采用合作为主的方式	只提供交易服务平台，物流配送及售后服务方面可控性相对更弱
用户流量	流量相对较低，但用户黏度高	流量高，用户选择商家较多，竞争较大
成本费用投入	前期自建平台需要投入大量人力、物力进行网站运营	进入成本相对较低，运营成本较高，尤其是推广部分

◉ 案例分析

案例：

作为拥有B2C医药电商领域超过70%商品交易总额的超大平台，阿里健康可以说是医药电商领域的绝对霸主。2020年2月，阿里健康通过向阿里巴巴发行股份的方式收购了在天猫上销售的药品、特殊医学用途配方食品，以及在天猫超市上销售的医疗器械、成人用品、保健用品、医疗及健康服务、蓝帽子保健食品等类目，至此阿里健康完成了对天猫平台上所有大健康类目的收购，如今阿里健康的产品经营规模已达到7 500余种。

阿里健康严格筛选药店作为合作对象，主要与各地的连锁零售药店进行合作，保证品牌与质量；同时，药店也有强烈的与阿里健康合作的诉求。由于不具备处方权，处方药销售一直是药店的短板，仅20%的处方药通过药店渠道出售。如果通过阿里健康网络平台，利用阿里提供的医疗ET大脑、互联网医院、Doctor you等进行在线诊疗，患者就能在药店采购处方药，大大增加药店的收入和利润。另外，阿里健康还提供附加健康服务，其依托移动互联网和大数据技术，通过健康管理方案和智能健康设备为用户提供个性化健康管理服务，将检测的消费者健康数据上传至平台，自动形成健康趋势报告，并反馈给消费者和医疗服务提供商，医疗服务商将根据消费者的检测情况提供标准化服务和一系列增值服务。

分析：

医药电商线上提供的服务越多，越能提高对患者的便利性，越能增加网上药品的销售量。阿里健康提供药师咨询，主要解决购药问题，这是B2C医药电商平台提供的基础服务；阿里健康也提供在线挂号、预约医师，主要解决诊前挂号排队时间长、专家号难挂、看病难的问题；药品配送作为线上购药的配套服务，阿里健康也能提供；而慢病管理、健康体检、健康保险服务作为延伸服务，目前阿里健康也已能够实现。这些都是增加B2C医药电商竞争力的有效途径。

2. O2O药品营销模式　　O2O药品营销模式是指将线下的传统医疗、医药业务与线上互联网、移动互联网平台相结合，将线上线下资源相互转移，形成线上线下互动的高效、便捷和及时的医疗、医药服务体系。这种模式能够基于线下药店，利用现有资源，将门店的功能从售药转变为体验、提货和配送，贴合当地需求，完成和用户的最终接轨。同时利用互联网庞大的用户群，使用网站作为推广媒介、营销平台，将流量从线上导向线下。O2O作为B2C模式的重要补充，虽然都是直接面向消费者，但业务开展的侧重点不同，O2O融合线上线下购药流程，着重解决"最后一公里"的配送问题，目前O2O有五种模式，其区别与优劣如表11-2所示。

表11-2　O2O模式对比

	运营模式	优势	劣势
医药B2C+O2O模式	仅为自己的连锁药店搭建平台	进货成本、物流配送、医保结算、处方药销售、品牌建设等具有优势	需要有覆盖面较广的实体店
自建物流平台的O2O模式	重资产模式。与线下连锁药店达成合作，自建物流团队配送药品	发展灵活，物流配送标准化，易提升服务质量，线下合作药店也可节约配送成本	资金压力大；无法把控药品质量，存在法律责任风险；无法把控药店库存，有下单断货和积压库存的风险

运营模式		优势	劣势
依托连锁店物流的O2O模式	轻资产模式。订单完成由线下连锁店自己配送	节约物流配送成本；易进行规模扩张，快速完成全国布局；在速度和质量上占优势	难以把控配送服务的质量，药店需要O2O平台帮助其培训配送员
抢单模式的O2O模式	轻资产模式。由打车APP派生而来	资金压力小	药店对小单缺乏抢单积极性；消费者的急性寻求无法等待药店抢单
全产业链的O2O模式	将药企、药店、消费者联通	价值、品牌建设、配送速度等具有优势	资金压力大、工程量大、扩张速度慢

案例分析

案例：

广州首家医药电商康爱多O2O体验店于2015年5月30日在白云区云景路开业。该店以"互联网"为主导理念，构建以用户服务为基本、提升用户体验为核心的O2O模式。康爱多O2O旗舰店面积为400m²左右，门店设置品种规格过万，门店更为现代化、年轻化、互联网化、智能化。

从模式上看，康爱多O2O体验药房的优势在于集"低价＋体验＋服务"三者于一身。首先，门店WiFi全覆盖、开辟体验区、提供免费煎药服务和服药休息区、开通互联网支付，为顾客提供技术体验和购物方便。在体验区，门店配备互联网设备，安排销售人员引导顾客了解、熟悉、体验和下载APP。在服务方面，门店不仅提供线下快速配送服务，还针对不同疾病和不同人群设置了六大专业药师服务团队，为顾客提供健康咨询和用药指导，并且门店开通了网络医院，顾客可通过网络远程接受诊疗服务。

该店以O2O体系为基础，一方面将自身线上、线下业务全线打通，形成闭环；另一方面，打造连接药厂、医师和患者的新模式，承接处方药品市场份额，同时完善慢性疾病会员管理服务。截至目前，康爱多运用移动互联网，连接患者端、专业医务人员、上游药企的沟通平台已经完成搭建并运行良好。

分析：

医药O2O模式尽管运营方式各有差异，但其最终导向均以低价优惠以及线上下单线下送货为主。而药品作为特殊商品，对于顾客而言，O2O最核心的价值和优势在于无论是线上还是线下都能提供高效优质的专业健康医疗服务。因此如何以用户为核心，整合线上和线下资源，最大化程度发挥并提升专业价值是其未来竞争获胜的关键。

（三）网络营销对医药市场的作用

针对传统医药销售流通体系的痛点，"互联网+医药"可以使医药市场更透明、更高效、更专业。如图11-4所示，依靠"互联网+"的助力，各医药经营企业开始了供应链的整合、差异化的市场管理，从而使医药市场的发展日趋成熟，最终将带来医药行业的变革。

药企	药房	患者
药品流通信息不透明：各渠道药品零售价不同引发倒卖、窜货现象丛生。 **地域限制**：地方性中小型药企在药品销售上受到地域限制。	**客流逐年下降**：线下顾客多为中老年人，缺乏稳定且高质量的客源。 **服务范围有限**：线下药房规模有限，商品品种少且单一，缺乏灵活性；药品之外的服务等延伸不足。 **管理水平低**：缺乏数据支撑，管理成本高，对患者了解不足。	**买药贵**：价格信息不透明，陷入"药品回扣"陷阱。 **买药不便**：传统药店不提供送货服务，夜间用药及突发情况等需求得不到满足。 **买不到药**：线下药房铺货能力有限，无法满足多样的患者需求。

（传统医药痛点 ↓）

互联网+药企	互联网+药房	互联网+患者
药品流通数据化：所有数据均有迹可循，做到高效、透明、公开。 **打破药品的分布限制**：利用网络平台规避地域限制，可以通过互联网医药营销公平竞争。	**线上线下融合引流**：网购符合年轻人消费习惯，扩大药店服务群体。 **延伸服务范围**：通过消费者数据分析，及时更新药品种类；提供远程问诊等服务。 **高效管理**：利用大数据系统等工具，提升运营效率。	**药价更透明**：药品进一步市场化，消费者获得主动权。 **买药更便利**：1小时可送达，夜间送药等服务让药品唾手可得。 **更丰富的药品选择**：消费者能借助网络获得需求的药品。

（"互联网"+助力 ↑）

图11-4 "互联网+"助力医药行业的变革

请问大家有过网上购买药物的经历吗？请大家讨论一下，吸引你进行网上购药的原因有哪一些？

二、医药市场网络营销的相关法规和政策

医药行业是高度受法规、政策影响的行业，来自医药相关行业各监管部门或商业协会发布的法律法规及政策建议，无论是对传统医药销售还是对医药网络销售都是至关重要的。

（一）医药行业主要法律法规及政策意见

医药行业主要法律法规及部门规章涵盖药品管理、医疗器械管理、食品管理、经营资质管理、互联网药品经营管理及互联网医院管理等方面。在药品管理方面，主要有《中华人民共和国药品管理法》《中华人民共和国药品管理法实施条例》《药品流通监督管理办法》《处方药与非处方药分类管理办法》《国家食品药品监督管理总局关于调整部分药品行政审批事项审批程序的决定》；在医疗器械管理方面，主要有《医疗器械标准管理办法》《医疗器械使用质量监督管理办法》《医疗器械监督管理条例》《国家食品药品监督管理总局关于调整部分医疗器械行政审批事项审批程序的决定》；在食品管理方面，主要有《中华人民共和国食品安全法》；在经营资质管理方面，主要有《药品经营质量管理规范》《药品经营许可证管理办法》《食品经营许可管理办法》《医疗器械经营监督管理办法》；在互联网药品经营管理方面，主要有《互联网药品信息服务管理办法》《互联网药品交易服务审批暂行规定》《关于第三批取消中央指定地方实施行政许可事项的决定》；在互联网医院管理方面，主要有《互联网医院管理办法（试行）》。

医药行业主要政策意见涉及医药流通、医药卫生体制改革及其他相关方面，具体包括《关于深化医疗保障制度改革的意见》《关于开展药品零售企业执业药师"挂证"行为整治工作的通知》《国家组织药品集中采购和使用试点方案》《关于〈全国零售药店分类分级管理指导意见（征求意见稿）〉公开征求意见的通知》《深化医药卫生体制改革2018年下半年重点工作任务》《关于促进"互联网＋医疗健康"发展的意见》《关于做好2018年城乡居民基本医疗保险工作的通知》《关于进一步改革完善药品生产流通使用政策的若干意见》《深化医药卫生体制改革2017年重点工作任务》《关于进一步深化基本医疗保险支付方式改革的指导意见》《关于印发"十三五"深化医药卫生体制改革规划的通知》《"健康中国2030"规划纲要》《关于促进医药产业健康发展的指

导意见》《全国药品流通行业发展规划（2016—2020年）》《关于印发深化医药卫生体制改革2016年重点工作任务的通知》《关于印发推进药品价格改革意见的通知》《关于完善基本医疗保险定点医药机构协议管理的指导意见》《深化医药卫生体制改革2014年重点工作任务》《关于落实2014年度医改重点任务提升药品流通服务水平和效率工作的通知》《关于加强互联网药品销售管理的通知》《关于加强药品流通行业管理的通知》《关于深化医药卫生体制改革的意见》《医药卫生体制改革近期重点实施方案（2009—2011年）》《改革药品和医疗服务价格形成机制的意见》等。

（二）相关法规政策对医药网络营销的影响

医药行业相关法律法规、政策意见的核心内容及对行业产生的影响如表11-3所示。值得注意的是，《药品管理法》共155条，其中与零售企业相关的、最重要的是删除了需要《药品经营质量管理规范》认证的规定，并且2019年版《药品管理法》与前面版本相比有不少创新点，如首次提到国家鼓励、引导药品零售连锁经营，并首次给网络销售药品特别是网络销售处方药正名。其中《药品管理法》第六十一条提到了药品经营企业可以通过网络销售药品，进一步针对禁止在网络上销售的药品类型清单中也没有提到处方药，这对于医药电商产业来说意义重大。

表 11-3　医药零售行业核心政策及影响

政策	核心内容	短期影响	长期影响
处方外流	鼓励处方逐步从医药流向院外药店	受基层医疗发展限制以及医保统筹的影响，外流率有限	有望扩大院外渠道医药零售市场规模
执业药师	严厉处罚执业药师"挂证"行为	因执业药师配备不达标，零售药店无法开展业务	药品零售企业逐渐规范化，标准化
两票制	压缩药品流通环节	压缩渠道利润，考验零售药店议价能力	减少药品流通中间环节，解决药品价格虚高，减轻国民用药负担
带量采购	国家组织药品集中采购和使用试点，实现药价明显降低，减轻患者药费负担	降低中标药品价格，零售药店承压，甚至产生处方回流	医院药房成为成本端，加速推动处方外流
医保改革	取消城乡居民医保的个人账户；严查医保盗刷，加强医保控费	冲击零售药店OTC销售，中小药店的生存压力增加	影响零售药店医保销售额；公立医院周边医保门店优势凸显

政策	核心内容	短期影响	长期影响
药店分类分级	将药店按经营范围分类，并按经营服务能力分类	限制小型药店经营范围，政策支持高评级药店	提升大型连锁药店竞争优势，促进其高质量发展
互联网医疗	推动开展电子处方共享平台，发展第三方配送服务药店获利明显	以线上销售带动线下门店客流量，加速推动处方外流；加大实体零售药店竞争压力	线上平台逐渐完善线下销售网络布局
税费改革	上调小规模纳税人标准，下调增值税率；升级"金税三期"	降低税费，提升利润	严厉打击非法纳税企业，不合规小型药店逐步退出，大型合规药店竞争优势凸显

 知识链接

《药品管理法》中对医药网络营销的规定

第六十一条　药品上市许可持有人、药品经营企业通过网络销售药品，应当遵守本法药品经营的有关规定。具体管理办法由国务院药品监督管理部门会同国务院卫生健康主管部门等部门制定。

疫苗、血液制品、麻醉药品、精神药品、医疗用毒性药品、放射性药品、药品类易制毒化学品等国家实行特殊管理的药品不得在网络上销售。

与此同时，"互联网＋药品流通"行动计划的深入推进正不断改变着医药零售行业的经营模式，"网订店取、网订店送""互联网＋药品流通"等模式获得快速普及，互联网正在与医疗服务、公共卫生服务、家庭医师签约服务、药品供应保障服务、医学教育和科普服务等领域深度融合。部分具有较强实力的医药电商企业利用大数据、云计算、人工智能等新技术，积极探索社会资源整合，纵深拓展平台化发展模式，为上下游企业提供新型供应链服务，为患者提供专业的药事服务和贴心的购药体验。

2020年3月，国家医疗保障局、国家卫生健康委员会发布《关于推进新冠肺炎疫情防控期间开展"互联网＋"医保服务的指导意见》，将符合条件的"互联网＋"医疗服务费用纳入医保支付范围，鼓励定点医疗机构提供"不见面"购药服务，网络售药医保支付问题开始进入探索实施阶段。在"互联网＋"行动的推动下，医药零售行业进入转型升级的创新发展阶段。

2021年4月，国务院办公厅印发《关于服务"六稳""六保"进一步做好"放管服"改革有关工作的意见》（以下简称《意见》）。《意见》提到"在确保电子处方来源真实可靠的前提下，允许网络销售除国家实行特殊管理的药品以外的处方药"，这意味着一直游走在被禁边缘的"网售处方药"面临放开，千亿元处方药市场或将重新洗牌，未来可能将呈现线上线下融合的趋势，这为医药电商带来了新的机遇，医药电商行业或将迎来新的变局。

第三节　医药市场网络营销的现状及趋势

一、医药市场网络营销的发展现状

随着"健康中国"战略的持续推进，以医药电商为代表的"互联网＋医疗健康"医药市场网络营销正在成为新的趋势。医药电商平台将以专科化为基础，提升综合服务能力，而不再仅仅局限于卖药，而是以"医、药、服务一站式"为依托，渗透至用户生命健康全周期，具体表现为以下几个方面。

（一）提供闭环式诊疗给药服务，实现网络对症施治给药

每个患者都有其症状类别，每个患者的症状都有所不同，即使是同类病种也有不同的病症特征，因此对于医药电商来讲，不仅要根据患者疾病特征诊断病情，还要针对不同病情提出不同的治疗用药建议。针对OTC药品，患者往往能根据自己的表现、特征等自主预估病情或通过导购的诊疗建议选购药品；而对于处方药，因其涉及疑难病症，涉及更复杂的治疗手段，就需要与医院医师结合，即医药电商构建"网络诊断治疗体系"，为患者提供对症的诊断及相应用药指导，这种医药电商提供的线上线下协同服务，除了要对患者进行线上的对症诊断、网络沟通、用药指导外，更要指导患者在线下终端进行实际的病症复核、用药复核等，同时进行线上线下的患者数据同步、症状同步、用药方案同步等。只有线上线下的持续操作、复核设计，才能提升患者用药的安全感，提升其对医药电商平台的认同感，提高复购率。

（二）整合专业医疗医药资源，提供集合式治疗方案

对于患者来说，及时服药、科学用药是减少病痛的最佳方式，也是医药电商的最大用药价值。面对不同体质、不同病情、不同禁忌的患者，医药电商需要提供更集合

化的用药建议，提供更优质的用药服务，从而提升患者的整体诊治用药感受。这就需要医药电商整合更多医疗资源以服务患者，如整合当地的专业医院、专业科室和专业医师等，整合网络问诊平台等，从而为患者提供一站式、整合式的诊断、治疗、用药等服务，这些服务包括：针对病症提出更好的用药建议；针对同一病症提出不同的解决方案；对于OTC药品给予更加合理的组合建议；对于慢性疾病等提供更加全面的用药指南等。

（三）基于移动互联的"新地点服务"，实现线上指导、线下服务相结合

医药电商的药品销售不同于传统药店，患者首先接触的不是药品，而是网络沟通，如远程的诊断沟通、医药商城的在线咨询等，这些都是患者的"第一触点"，也是患者首先所能感触到的品牌体验。线上进行病症初诊、病情初断、用药建议，线下实际复核、用药指导等服务，都可以创造良好的医药体验。针对患者用药服务具有很强的地点特性，医药电商在推进"移动互联新地点"服务时更加强化地点的价值，即基于"用户所处位置"就近选择合适的医疗服务点、药品取药点等，把线下的优质服务终端整合进来，强化线下的复核服务、现场指导等环节以强化患者对电商平台的信任感、依赖度。

（四）建设医疗医药多圈层，强化医患社群交流互动，植入医药电商品牌精神

医药电商的推进无论是线上专业化的远程症状诊断、患者用药指导，还是线下的用药复核、家庭用药跟进等，都需要专业的医疗知识、精进的医药服务，这就需要更多专业化医师加入，需要更多终端药师服务人员，需要更多在线医疗医药客服，因此建设优秀的医疗医药圈层是医药电商成功推进的重点步骤。同时，良好的医患互动也是成功医疗医药事务顺利推进的关键环节，医疗医药多圈层的建设有助于提升医师对移动医疗的认同感、专业感，也能促进医患双方更多的互动、更多的交流，消减医患矛盾、提升医药电商社群黏性。在这个过程中，医药电商也能强化自主品牌价值，将品牌精神充分植入品牌到社群建设当中，从而充分发挥"电商平台品牌"的力量，这样医药电商才能快速成长。

（五）持续用药跟踪提醒，提供后期康复护理指导，进行高黏性健康管理

对于常见病，购药服用就能解决问题，但对于一些慢性疾病、大病种等，其不但需要购买医药产品，更需要持续的健康管理，需要从药片的服用到周期服药的设定、定时服药的提醒等的一系列服务，这也是提升医药电商品牌黏性的重要一环。医药电商利用网络可以实现对患者的用药跟踪服务，从单纯的卖药向"持续用药服务"发展，从定时的服药提醒到有规律、有周期的服药指导，从单纯的用药核对到集合式服药管理，从而提升患者的"贴心感"用药体验。另外对于一些慢性病，其治疗周期

长、治疗方案相对比较稳定，患者除关注药品安全性、高品质外，更关注药品的优惠价格、后期的康复指导等，但药品价格相对来讲是刚性的，医药电商在药品价格的可操作空间是有限的，因此更好地推进"慢性病健康管理"，推进后期的康复护理、用药指导等相关服务，可以最大程度地留住消费者，保证市场占有率。

◎ 案例分析 ··

案例：

京东健康是京东集团旗下一家"互联网＋医疗健康"服务提供商，主营业务包含医药供应链、互联网医疗、健康管理、智慧医疗，并构建了"医药联动"的闭环系统，公司致力于打造以医药及健康产品供应链为核心、医疗服务为抓手、数字驱动的用户全生命周期全场景的健康管理平台。目前，京东健康的产品和服务已经初步实现了对药品全产业链、医疗全流程、健康全场景、用户全生命周期的覆盖，构建了业内布局完整的"互联网＋医疗健康"生态。

1. 零售药房：自营、线上平台和全渠道布局相结合。零售药房业务通过自营、在线平台和全渠道布局三种模式运营，建立了涵盖制药公司和健康产品供应商的供应链网络。三种模式相互之间产生协同效应，满足用户多样化的产品选择和灵活的快递送达时间需求。自营模式主要指京东大药房，其具备易把控、可追溯、物流便捷、高效等优点，强大的供应链优势极大提升了运营效率。线上平台主要是第三方商家入驻，主要提供一些京东大药房不提供的长尾产品，京东健康已拥有超过9 000家第三方商家，与京东大药房形成良性互补，满足消费者的差异化需求。另外针对用户的紧急性用药需求，零售药房全渠道布局则为客户提供了当日达、次日达、1小时内达等快速送达服务，满足了用户在急、重等医疗健康场景下的不同需求。

2. 互联网医疗：提供便捷的远程医疗服务。互联网医疗服务包括在线问诊、家庭医师、慢病管理等。通过互联网医疗，患者可在家随时与医师交流身体状况、服药情况、病情进展和治疗方案等，避免了患者等候看病时间长、问诊咨询时间短的困扰，提高了效率和患者体验，让用户获得更加便利的医疗服务，突破了传统医疗的局限性。打造专业的在线医疗健康服务可以加速京东用户转化，并吸引新用户，进而帮助平台更好地获得处方药外流带来的院外市场。

3. 健康管理：全方位聚焦用户健康。京东健康于2020年8月打造了战略级家庭医师产品"京东家医"，通过为用户提供24小时健康咨询、不限次专科问诊、处方服务、病例更新、用药提醒、顶级专家面诊、医院门诊预约等一系列贴心服务，将健康管理融入日常。此外，京东健康还为用户提供包括体检、医美、齿科、基因检测、疫苗预约等消费医疗服务，全面满足消费者个性化、多元化的健康管理需求。

4. 智慧医疗：带领技术走近医院。京东健康基于云计算、人工智能、供应链、物联网等技术能力，为医院搭建智慧平台，帮助医院快速提升线上及院内的服务能力，如在线挂号、在线复诊、续方、购药、送药到家等，同时结合"智慧医院"的3个维度，帮助医院提高智能化水平。

分析：

京东在医药业务上布局可分为B2B、B2C（自营＋平台）、O2O（合作药店＋众包配送）等业务板块，这些业务互相协同，已经形成了从医药流通到终端消费者轻问诊及购药送药的全面覆盖，具有较强的业务关联性和协同性，这使得京东医药在医药领域具备了足够的影响力。这些成功取决于京东在医疗健康领域进行了广泛的布局，涉及智能硬件、电子处方、医疗信息化、互联网医院、互联网医疗、人工智能等细分领域，这对京东健康建立和完善自己的医疗健康生态体系有着重要意义。

二、医药市场网络营销面临的困境

虽然在诸多利好因素下，医药电商迎来了前所未有的发展机遇，如2019年B2C医药电商市场总销售额已经超过1 000亿元，但是阻碍医药电商发展的因素仍然存在。这些制约因素如下所述。

（一）医保的开放

医保是医药领域的最大买单方，也是许多购买决策的杠杆点。对价格敏感的患者，即使电商或者零售药店购买渠道再便利，他们也愿意去医院排队购买能够报销的药。目前医保支付并没有向医药电商开放，患者在电商渠道购药完全需要自付，这使电商销售渠道针对的主要还是自费市场，吸引的是那些对价格不太敏感或者医保额度已经用完的少数患者。

来自医保的另一个挑战是属地化管理，如某市的患者基本只有在某市就医时才能享受医保报销或者要进行复杂而又限制诸多的异地医保申请，而医药电商是面向全国的业务，电商渠道全面开放医保支付在短时间内较难有突破性发展，即便未来医保向医药电商开放，也许只有医药电商关联的线下连锁药店所在地的用户才能够享受医保报销，这也是摆在医药电商面前需要解决的难题。

（二）医疗服务场景的线上化

用药只是整个疾病诊断治疗过程中的一个环节，虽然药品的购买可以线上化，但由医师进行面对面诊断、各种生化指标的检测、手术治疗等无法实现线上化，目前的线上问诊更多是一种"轻咨询"的行为，是对既有诊疗流程的一种补充，无法取代线下医师与患者的面对面交流。对于患者来说，线下医师具有不可替代性，看病关乎自身健康安全，不是普通商品的交易，无论是疾病的诊断、治疗方案的确认，还是开始治疗后遇到的各种问题，患者更加偏好到医院征询医师的意见，即使医师给的意见和线上医师给的意见其实别无二致。

医疗服务场景线上化对于依赖于互联网技术的医药电商企业来说是较难完成的，如果要构建业务的闭环，电商企业需要注重线下布局，需要对线上线下进行深度整合并针对其中影响用户体验的点进行攻关，并通过与线下医疗机构等采取联营、自营等多种模式来形成对用户体验的完整掌控。但这种投入高、回报周期长、难以快速规模化、更需要顶层设计的运营模式并不是医药电商企业所擅长的。

（三）互联网发展红利的见顶

经过20多年的发展，我国互联网行业发展所具备的人口红利、流量红利、低成本物流红利、线下产业红利等诸多红利因素已经基本达到最高了，虽然现今医药市场监管政策越来越开放，医药电商企业能够享有的红利却已经基本没有了，其市场竞争的手段与线下零售药店相比差别已经很小了。

三、医药市场网络营销未来发展的趋势

面对政策利好但却发展缓慢的困局，医药电商开始布局供应链、拓展医疗服务及引入资本助力等，对市场和用户的争夺进入了白热化状态。针对处方药网售限制、医保对接、专业服务欠缺等薄弱点，医药电商选择从供应链、互联网医院、移动医疗、线下药房等方面进行突破，既有"曲线救国"的迂回，又构建出不同于线下的竞争优势。医药电商的挣扎努力主要表现在以下两个方面。

（一）强化供应链是医药电商存活的生命线

1. 强化供应链与医药工业进行广泛合作，为医药电商提供有力保障从而创造了品牌。医药电商的本质即为电商，尤其是其他领域的电商都已经发展成熟之后，医药电商可以从中学到经验，如供应链、营销、管理、成本控制等。纵观医药电商的发展历程，从早期的C2C交易，到现在作为主流的B2C，最根本的是供应链的变化。在自发的C2C交易中，最不受控制的就是商品交易的品质，而从医药电商的角度来说，最容易受到用户质疑的就是药品的质量，因此医药电商从供应链入手，采用"正品联盟"和"战略协同"的形式，让商品在质量、价格等方面保持高度的一致性。这也促使医药电商商品往更高标准化的路径上迁移，通过企业而非个人始终保持商品的一致性，

而这种采购的一致性又造就了企业或平台的口碑并形成品牌。

2. 强化供应链有助于扩充上架产品的品类，从而成为用户选择医药电商购药的理由。医药电商引入工业企业、强化供应链还有一个重要目的，即丰富产品品类以满足用户需求。同为零售渠道，医药电商与线下药店相比服务对象并无差异，而药店的高渗透率、高覆盖率、高连锁率已经让用户缺少去线上购买的理由，并且医药消费不具备多种个性化及自主性，即"创新"的可能性不大，医药电商的发力点就着重在药品种类的丰富性。一般而言，药店常备药品种类是有限的，主要是受库存和管理成本的限制，而医药电商在常备药品种类的扩展是无上限的，因此用户往往因为在线下找不到某款药品才选择通过医药电商这一渠道购买药品的。

> **🔗 知识链接** ···

医药供应链

医药供应链是指药品从供应端到需求端的整个流通增值过程，涉及上游的原料供应商、药品生产商，中间环节的药品批发与配送代理商，以及终端的各级各类医疗机构和零售连锁药店、最终消费者等。与普通供应链不同，医药供应链比较特殊，受限于《药品生产质量管理规范》（GMP）和《药品经营质量管理规范》（GSP）的要求，需要对药品从生产到流通的全生命周期进行严格全面的管控，在此过程中除了要考虑降低医药品的流通成本，还必须确保流通过程中药品的质量安全。其中居于中间环节的医药流通领域在整个供应链中起着承上启下的作用，是整个医药供应链的桥梁和纽带。互联网医药是互联网技术在医药领域的应用和发展，是互联网技术优化、改造甚至重构传统医药产业链的方式。互联网的发展对医药供应链的最大改变是大幅缩短了中间环节，用数据化的信息平台替代了传统供应链中复杂的分级销售网络，显著降低了供应链管理的难度，并且借助电子商务平台大数据的分析力量，市场上下游的供需信息可以被及时收集与分析，医药企业可以建立供应链的信息共享管理系统，提高供应链上各企业信息交换的效率，降低企业间的交易成本。

（二）构建差异化是医药电商发展的源动力

医药电商最早只能由连锁零售门店作为主体才可申请，即电商原本是作为线下零售的附庸存在，这也决定了处方药和医疗保险成为最沉重的"两道枷锁"，一直制约着医药电商的发展。

1. 处方药外流为医药电商的发展打开新的局面，医药电商业务可呈差异化拓展。在政策推动下，医改持续深入，处方开闸或成为医药电商业务拓展的重心。迎战处方外流，医药电商业务有3个方向可以选择，即线下药店、DTP药房、互联网医院。线下药店只能服务基于地理位置的对象，但如果信息化得当，即可大范围提升服务区域以扩充服务对象，初步的设想可为"店仓"一体模式，即作为区域配送的仓库，提高单店的利用效率；DTP药房是直接面向患者提供专业服务的药房，患者在医院开取处方后，药房根据处方以患者或家属指定的时间和地点送药上门，并且关心和追踪患者的用药进展，提供用药咨询等专业服务，DTP药房也被称为高值新特药直送平台，即专门售卖创新药、进口药，因此非常适合以互联网模式来运营；互联网医院就是提供在线咨询、智能问药、药品快递到家的线上医院，它有实体医院作为强有力的支撑，线上方便患者，简单的问题不需要到医院，在网上就可以进行，这种远程医疗作为最普遍的接入形式，可通过药店的视频通信设备、手机APP、网页等有效联通医患，并开具处方。

🔗 知识链接 ....

DTP药房

DTP（direct to patient）药房起源于美国，是一种专业化的药品销售模式。这种模式下，制药企业将产品直接授权给药店代理，患者拿着医师开具的处方直接去药店购药。DTP药房具有"双高"特点：①处方药销售占比高，超过90%，基本上不做非处方药的销售；②品牌集中度高，销售排名靠前的大多是来自大药厂的抗肿瘤用药。另外，这些药品大部分已经进了国家或地方医保。DTP药房的重要产品结构是面向肿瘤、自身免疫性疾病等的新特药，以及需要长期服用的慢性疾病用药。从药物供给看，随着中国执行抗癌药零关税、创新药优先审评审批等政策，新特药的供给将增加。而从获批上市到进入医保，有一定的时间窗口，DTP药房将成为过渡期的重要渠道。即使是在进入医保之后，DTP药房也能通过医保报销继续保持渠道优势。

2. 医疗保险的开放成为限制医药电商发展的因素，医药电商服务可呈差异化改变。虽然医保支付正在逐步对互联网医院开放，但这种开放仍然需要较长的一段时间，且这种开放更多的是针对互联网医院，对医药电商的开放力度是有限的。在医疗保险国内异地结算尚未成功全面推行的情况下，医药电商对接医保是不现实的，不过亦有两个突破口：药品福利管理和商业医保。药品福利管理（pharmacy benefit management，PBM）是医疗服务市场中的一种专业化第三方服务。提供该服务的机构一般介于市场内的支付方（商业保险机构，雇主等）、药品生产企业、医院和药房之间进行监督管理和协调工作。PBM基于患者就诊数据的采集分析，药品处方审核等对整个医疗服务流程进行管理和引导，从而达到对医疗服务进行有效监督、控制医疗费用支出、促进治疗效果的目的。医保控费一直是医改重点，PBM为医药电商留下发力空间，医药电商通过药品消耗数据和消费数据切入这一领域，并可利用与医药工业企业的良好关系介入商业保险的方案设计，起到医药消费上下游的承接作用。对工业企业来说，在工业企业—代理商—零售模型中，对市场情况的判断容易出现失真，在工业企业—电商模型中，则很容易追踪到消费数据和产品流向，获得市场反馈数据，对产出过程有一定的指导价值，这就成为其积极联合电商的原因。

🔗 知识链接

药品福利管理

药品福利管理（PBM）是一种专业化的第三方服务，主要利用市场的手段对药品费用进行管理，是美国商业保险公司对医疗保障基金控制的新型模式，以提高医保资金的利用效率为核心目标。药品福利管理公司作为第三方企业，平衡协调包括政府、保险机构、制药商和患者等多方的利益，渗透在整个医疗供应链条的各个环节中，提供的服务包括药品目录管理、药品邮购服务、处方赔付申请的处理、药品利用评价、推荐临床路径以及疾病管理等。药品福利管理模式的发展，在降低医药费用支出、综合评价药品信息、促进药品的合理使用、全面实施健康管理方面有着重要的作用，对美国市场化的保险制度产生了巨大的影响。目前中国也面临着医疗卫生费用支出飞涨的困境，医疗市场现状与二十世纪七八十年代美国的情况非常相似，如何建立完善的全民社会医疗保险制度，同时寻求商业健康保险的发展空间与发展路径，是中国亟待解决的问题之一。尽管药品福利管理模式在我国已经初现端倪，在医疗保险和商业健康保险中都有所运用，但并没有进行整合。随着PBM模式在我国进一步的推行和发展，有望将来能够在完善我国医疗体制改革，促进我国商业健康保险发展等方面产生积极的影响。

商业保险创造药店销售新流量

我国商业健康险市场的不断成熟及互联网等新技术的不断渗透，为疾病治疗创新支付提供了发展空间，隐藏在支付背后的流量也共同推动了我国医药零售药店的发展，为药店带来了新的流量，为药店的患者服务树立了新的标杆。

通过商业保险为药店创造流量的方法主要有四种：①通过指定药店为特定保险的核销点来引导用户流量，如慈善赠药项目的合作药店；②通过增加患者的用药依从性（复购）来为药店留住老顾客，提升用户终生价值，如持续购买指定慢性疾病用药免费获得疾病发作时的医疗费用报销保险；③通过创造新的服务来增加药店对顾客的吸引力，从而提升客流，如药品过期换新服务险、意外怀孕服务险等，为药店延展了创新性服务，成为新的获客手段；④通过将购买了商业医疗保险公司保险的消费者的医疗福利引导到药店落地，来为药店带来新的流量。

目前的医药市场上，健易保的主要目标市场就是药店，其通过与药企、保险公司合作提供创新保险产品提升消费者黏性；药联则主要通过与商业医疗保险公司合作共同管理消费者的与医疗相关的商保福利为药店带来流量，并通过向药店提供增值服务帮助药店吸引客户来提升消费者黏性；镁信健康与DTP药房深度合作，通过疗效险、慈善赠药项目等将消费落地场景导向到DTP药房来创造流量。此外，医卡通（现名健保通）、益企保、赔付宝、普康宝、钥匙卡等公司也通过各种方式进入商业医疗保险与药店业务结合从而创造了药店销售的新流量。

随着医药电商的继续发展未来的趋势可能会回归到线下。现在医药电商对线下的渗透尚浅，未来线上线下一体的业务模式或更能在市场竞争中崭露头角，其在合作方式上，可能是药品零售连锁引入互联网团队或者直接并购相关企业，或者二者深度合作，在业务层面进行联合运营。中国医药电商的成长空间还很大，如果能够把线上线下的优势结合起来，就是双赢过程。如今医药市场又提出了"药品新零售"的概念，新零售即是电商企业在线上流量见顶后，融通线上线下寻找新的生意增长点而创造出来的新概念，也是商家寻求新竞争优势的必然，更是经济时代消费者对创新体验追求的必然。这种新零售就是线上线下协同，医药电商回归线下，即演变成为医药新零售。

案例：

沃博联公司是美国最大的零售连锁，也是最大的医药电商。它的前身是1901年成立的沃尔格林药店，自成立以来，历经百年沧桑，一步步成为全球连锁药店领域里的殿堂级企业。纵观沃博联公司的百年发展历程，其之所以能够成长为行业龙头，主要是因为公司持续不断、与时俱进的经营方式。

1. 通过并购和自建，持续不断地扩大公司规模和市场占有率，形成强大的规模优势以降低成本。

2. 以专业、优质、高性价比的药品服务为核心，与时俱进地引进非药产品和服务，与便利店一体化拓展了公司的产品经营范围和品位，提高了客户流量、提升了客户黏性。

3. 多元化的自有品牌战略，在开展业务的各个领域均形成了独特的品牌优势，在消费者心中建立了良好的品牌知名度和美誉度。

4. 充分发挥药剂师的作用，整合产业链，及时切入专业药房、快捷诊所、线上药店、家庭输液、药品配送等服务，构建以客户需求为核心的医疗保健服务体系。

沃博联公司以创新为动力，不断在业态创新、资本运作创新、营销模式创新、服务理念创新、健康管理和健康体验创新等方面持续发力，创造了全球首个以药房为主导、以健康幸福为理念的企业，也是全球第一家完整意义上实现大健康产业整合的企业。

分析：

沃博联公司打通线上线下销售渠道，线上通过PC网站、移动应用为患者提供药品购买、在线问诊等服务。同时通过可穿戴设备，收集用户睡眠、运动等方面的数据，将相关数据上传云平台，免费供入驻平台的健康管理机构使用，同时也为用户提供在线健康管理服务；线下通过8 000多家实体药店提供药品零售服务，通过开设步入式诊所、专业医师定点驻诊，为患者提供诊疗服务，而且设立线下医疗中心，根据医院开具的处方为患者提供家庭注射服务等；沃博联公司还设立了健康服务中心，提供健康检查、疫苗接种等服务，还可以针对企业提供员工健康解决方案。由此可见，该公司完美地整合了线上和线下资源，构建了"医＋药"的健康服务闭环生态，是其取得成功的关键。

1. 网络营销的特点有跨时空、多媒体、互动性、人性化、潜力性、全程性、超前性、高效性、经济性、技术性。
2. 网络营销的方法有搜索引擎营销、搜索引擎优化、电子邮件营销、即时通信营销、病毒式营销、微博营销、微信营销、视频营销、软文营销。
3. 医药企业面向个人消费者的网络营销模式主要有B2C营销模式和O2O营销模式。

····· 思考题 ·····

一、 简述题

1. 简述网络营销的概念和特点。
2. 简述网络营销的主要方式。
3. 简述我国医药企业网络营销的主要模式。
4. 简述我国医药网络营销未来的发展趋势。

二、 案例讨论

"互联网＋医药"创新平台——泉源堂的成功

（一）四代医药世家，触网医药电商

泉源堂，始于1902年，是四川名医李希臣创立的。李希臣开馆行医，以其仁心仁术，福泽一方。百年中，家族脉络始终未离开一个"医"字。2012年，李希臣创立医馆110年之后，泉源堂第四代传人李灿成立成都泉源堂大药房连锁股份有限公司，进入医药零售领域。两年间，泉源堂在四川成都及蒲江地区开下17家门店，销售收入超过了2 000万元。2014年，泉源堂计划进入医药电商领域。泉源堂之所以选择在彼时进入医药电商领域，是基于行业风向和原有业务基础，并期望通过电商这个高速发展的新渠道成长为全国性品牌，成为全国老百姓真正的"身边大药房"。从零开始，泉源堂很快在天猫、京东开设旗舰店，仓储、物流体系亦稳步搭建。到2015年1月，泉源堂已实现月销售额过百万，几个月时间，泉源堂成为两大平台医药类上升最快的店铺。

（二）坚守品牌运营，泉源堂成功的秘诀

2015年是泉源堂最重要的"事业上升期"。这一年，泉源堂电商业务得到了长足发展，电商收入从不足百万上升至七千多万元，营业收入占比从2%上升至75%以上，泉源堂全面转型为"医药零售+互联网"的创新型公司。泉源堂之所以在2015年能有高速成长的最重要原因是坚守品牌运营战略。

泉源堂一开始走的就是品牌运营的路线，建立了专门的药师团队、运营团队，在运营思路上与爆款、流量的打法有所区别。泉源堂陆续组建了100多人的药师团队、20多人的执业药师团队；按病种分成了专科运营队伍，为用户提供了所有药品的咨询、随访和健康管理服务。例如，用户3点钟在平台买了一个饭后服用的药，那么泉源堂的回访团队可能会在6点给他打电话，提醒服药及相关用药注意事项。正是这一系列的品牌运营，让泉源堂短期内创造了用户口碑。同时，泉源堂也非常注重线上线下的结合。泉源堂线上的库存量品类丰富，同时依托线下的众多门店做服务，用户在线下找不到的药物可以去线上，线上线下有非常好的协同效应。泉源堂纯线上的复购率是35%，线上线下结合的复购率是50%以上，基本上用户在体验一次泉源堂的服务之后，就会再次进入泉源堂线下药店或网上药店。

2016年，泉源堂延续了前一年的高速增长：5月，成为成都市食药监局批复的"互联网远程处方"试点单位；9月，第一家DTP药房顺利落地，拓展了院外销售新渠道；同月，泉源堂子公司泉依健康发布第一款互联网保险产品"糖保宝"，这是当时国内唯一一款糖尿病患者可投保的商业保险，泉源堂PBM业务正式落地；11月，完成资产重组，形成"医药零售+医药批发"的协同布局。

（三）互联网医药创新平台，未来零售的布局

从泉源堂自身看，多业务协同、规模效应、线上线下打通将成为未来发展的核心优势。线下药房、医药电商、医药流通、保险服务、健康管理是泉源堂目前布局的核心，以此形成"互联网+医药"的创新平台。泉源堂成立"云医药事业部"，发展智慧药房，专注提升传统药店的互联网及O2O属性。泉源堂还通过与互联网医疗机构合作，打通与医院的数据接口，配合互联网医院的药品配送，使患者享受到更方便快捷的全流程诊疗、处方、用药咨询、药品配送、保险理赔等服务。另外泉源堂也与腾讯腾爱医生、微医、富顿科技等达成合作，将优质的药事服务能力与这些公司的医疗服务能力进行充分嫁接。

泉源堂在正确的时间以正确的方式切入，并以高效的运营、精细的管理和需求导向性的服务获得用户认可和市场口碑，快速发展，在"互联网＋医药"创新试验田中占有了一席之地。未来，泉源堂或将巩固已有优势，围绕医药核心布局，做优服务，做大市场。

　　讨论：
1. 分析泉源堂在医药电商领域成功的关键原因。
2. 你从本案例中受到什么启发？

实 训

实训一 医药市场营销环境分析

【实训目的】

让学生利用各种信息渠道，通过对某一个医药企业的市场营销环境进行分析，帮助学生深刻理解医药市场营销环境中的因素对医药企业市场营销活动的意义，学会分析医药市场营销环境，从而使企业在变化的市场中取得好的经济和社会效益。

【实训内容】

1. 实训背景　医药营销人员在从事营销活动前，必须要先了解医药市场营销环境。医药产品的生产、销售也都离不开特定的营销环境。所以，对医药市场营销环境进行分析，深刻理解通过市场环境分析能避免威胁或发现机会，以及医药市场营销环境的各种影响因素对企业发展的影响，对于同学们今后在医药行业工作是非常有帮助的。

请同学们以某一医药企业为背景，分析其宏观、微观营销环境，并撰写分析报告。

2. 实训步骤

（1）学生6~8人分为一组，选一名组长，分成若干组。

（2）组内人员讨论及查阅相关资料确定医药企业。

（3）由组长分配任务：组内成员查阅资料、上网搜索确定医药企业的宏观环境和微观环境资料。

（4）根据所查阅资料，整理医药企业的医药市场营销宏观和微观环境，并撰写分析报告，制作汇报幻灯片。

（5）各小组进行汇报展示。

（6）师生对每组汇报情况进行评价。

（7）师生交流总结。

【实训提示】

1. 某一医药企业的选择方法有以下几种。①自己熟悉的医药企业；②你所在城市的知名医药企业；③上网搜索知名的医药企业。

2. 对于医药企业的市场营销宏观和微观环境中的每一个因素，都要逐条进行分析，并逐条进行提炼，总结出增强竞争力的措施和方法，以此增强学生对每一个医药市场营销环境的影响因素的理解和运用。

3. 实训过程要调动小组内每一位同学的积极性，分工合作。

【实训评价】

1. 对实训内容从准备工作到现场汇报情况，全面进行评价。

2. 体现多元评价：学生自评（30%）、小组互评（30%）、教师进行评价（40%）。

3. 成绩由三部分按照百分比相加组成。

医药市场营销环境分析实训评分表

班级_____　　　姓名_____　　　学号_____

考核内容	评分要求	分值	得分
准备工作	搜索医药企业的医药市场影响环境资料是否俱全	10	
	准备工作是否充分，对搜集的资料进行整理、幻灯片是否制作等	20	
现场汇报情况	仪容仪表、言谈举止符合要求	10	
	小组汇报的现场情况是否流畅、声音洪亮、表述清楚	20	
	对搜集到的医药市场营销环境进行分类整理及归类正确	30	
	小组的分工、配合和组织是否到位	10	

实训二　药店消费者购买行为分析

【实训目的】

通过在药店观察消费者的购买过程，培养学生观察医药消费者购买行为的能力，了解医药消费者的购买决策内容和购买决策过程，学会分析消费者的购买行为类型及影响消费者购买行为的主要因素，能够通过分析选择正确的营销策略和销售技巧。

【实训内容】

1. 实训背景　在医药营销竞争激烈的市场环境下，药店经营已进入微利时代，药店要在激烈的市场竞争中生存与发展，提高市场竞争力，就必须以消费者为核心，认真研究和分析消费者的购买行为，了解消费者、细分消费者，并为其提供差异性服务，最大限度满足消费者的需求，从而使消费者在购买商品、接受服务的过程中有满意感，使药店在销售竞争中处于不败之地。

2. 实训步骤

（1）对学生进行分组，并选出各组组长。

（2）每组同学利用课余时间进入一家药店，观察一名消费者的购买过程。

（3）记录所观察消费者的基本情况（如年龄、民族、性别、职业等），购买时间、购买行为以及店员的销售行为，可自行利用各种辅助工具帮助记录。

（4）整理素材，对该消费者的购买决策内容、购买决策过程、购买行为类型、影响消费者购买行为的主要因素以及店员采用的营销策略和销售技巧进行分析，形成报告。

（5）以组为单位进行课堂汇报。

（6）师生交流总结。

【实训提示】

1. 在药店进行观察的过程中，由于人的感觉器官具有一定的局限性，可借助各种现代化的仪器和手段，如借助照相机、录音机设备等来辅助观察，能达到比较好的观察效果。

2. 在观察过程中，要密切注意各种细节，详细做好观察记录，不遗漏偶然事件，也不要对观察的购买过程进行控制或干扰。

3. 在药店观察到的购买过程可能是销售成功的也有可能是销售失败的，要根据观察和分析的结果进行评价。例如，店员是否针对不同消费者的购买行为类型采取了相应的营销策略，你觉得影响销售成败的主要因素有哪些，如果你是店员你会采取什么样的营销方式促成销售的成功等。

【实训评价】

1. 是否完整记录消费者的购买决策内容及购买决策过程。（30分）

2. 对消费者的购买行为类型分析是否正确。（20分）

3. 对影响消费者购买行为的主要因素分析是否正确。（25分）

4. 是否能够通过分析选择正确的营销策略和销售技巧。（25分）

实训三　药店消费者需求的市场调查

【实训目的】

通过对药店消费者需求的实地调查，让学生学会市场调查的基本流程，初步学会简单的调查过程，能够通过调查的结果为药店的经营提出建议。

【实训内容】

1. 实训背景　近年来，居民保健意识逐渐增强，药店数量急剧增加，药店之间的竞争越来越激烈。随着我国医疗体系的不断完善，社区医院和基层医疗机构的密度不断加大，社区医院报销比例提高，很多老年人更乐于去社区医院买药。再加上互联网平台的快速发展，人们买药的渠道有了更多选择。随着经济的发展，居民的购买力增强，消费者的需求也日益多元化，消费者选择药品的标准由注重价格转向注重疗效、质量、功能和感性印象，由注重物质发展到注重时间、空间、服务和附加价值。药店面对的将是更为挑剔、有更高服务要求的消费者。在这种大环境下，如何经营好一家药店，满足消费者多元化的需求以提高药店竞争力，是很多药店面临的问题。请同学们对附近的药店消费者进行实地调查并提出有效措施供药店经营者参考。

2. 实训步骤

（1）教师布置案例，全体讨论确定要调查的目标。

（2）学生6~8人分为一组，每组选一名组长，分组进行讨论、分析、策划。

（3）制订详细的调查方案，包括设计访谈提纲或调查问卷，实施调查的方法，调查对象的选择，调查时间安排等。

（4）整理分析收集的信息，撰写调查报告。

（5）各组派代表阐述本次调查的方案、结果及建议。

（6）师生交流总结。

【实训提示】

调查内容和问卷设计注意考虑以下几个方面。

1. 在社区医院和医药电商的夹击下，药店的优势在于能体验产品，带给人视觉感受，可以随时随地购买药品，得到更专业的药学服务。

2. 零售药店向大健康转型是大势所趋，药店的经营品种除了药品，还可以提供医疗器械、保健品、健康食品、美容护理产品以及其他医疗服务；也可以走向社区，为消费者提供义诊、健康宣传等服务，提高药店的社会效益。

3. 提高药店从业人员的综合服务能力。我国的执业药师数量偏少，且大多不在销售一线，不能为消费者提供最佳的用药指导。药店应提高员工的销售素质和专业素质，能站在患者的角度为其推荐合适的药品。

【实训评价】

1. 调查方案的设计是否全面合理。（20分）

2. 调查问卷的设计是否全面合理。（20分）

3. 调查报告的内容和结果分析是否科学实用。（20分）

4. 小组代表讲述时是否语言清晰有条理，声音洪亮，举止大方，时间把握合理。（20分）

5. 小组成员是否能热情参与，有团队精神和协作意识。（20分）

实训四　医药产品在细分后目标市场中的定位分析

【实训目的】

通过本次实训，使学生掌握如何选择合适的市场细分因素和方法，对医药产品进行市场细分；学会通过市场细分寻找目标市场机会，并给予产品定位。

【实训内容】

1. 实训背景　咳嗽为呼吸系统疾病的常见症状，发病率高。咳嗽主要是因呼吸系统出现异常而引起的症状，也是人体自我保护性的一种体现。因为一般呼吸道正常也会分泌出废物，一旦遇到分泌物无法正常排出体外时，就会引起呼吸道出现不适而致咳嗽。一般轻微的咳嗽可自我痊愈，但咳嗽往往连绵不断，严重影响人的作息、生活和工作，更重要的是，咳嗽长期不愈会对气管、支气管及肺部造成伤害，严重的可诱发哮喘，后果严重。综合国内各地的研究报道，成人慢性咳嗽患病率为2.0%～28.3%，以30～40岁年龄段最多且男女比例接近，可见止咳化痰类药物较大的市场容量。

咳嗽通常分成两大类，第一类是因呼吸道不畅顺而咳嗽，第二类是因呼吸道无法正常排出痰，而致痰遗留在呼吸道阻碍其正常工作所发生的不适。一般第二类疾病都用止咳化痰的药物进行控制。这种家庭常购买用作备用的药物在零售市场中确占优势，随着消费者对身体保健意识日益提高，该药物的零售市场也随之扩大，从而有效地促进药物走向更好的未来，也可以从实质上保障消费者的身体健康。

2021年，止咳化痰药销量的前十品牌分别是京都念慈菴、葵花药业、太极药业、三九999、仁和药业、广药白云山、神奇制药、百灵鸟、香雪和特一止咳宝片。

京都念慈菴生产的蜜炼川贝枇杷膏和枇杷润喉糖等中药系列产品，具有清热宣肺、化痰止咳的功效。因其止咳化痰历史悠久、没有成瘾性、口感良好、易服用、吸收好受到民众的普遍肯定。作为止咳化痰中成药品牌的佼佼者，其在止咳化痰用药市场占有率方面可谓一枝独秀。

葵花药业推出"小葵花"品牌，在儿童止咳药市场上，销售规模、产品数量、规模单品均是遥遥领先，领跑行业同类药品。小儿肺热咳喘口服液（颗粒）作为葵花药业重磅黄金单品，2017年首次进入国家《医保目录》，2018年起连续3年成为国家卫生健康委员会《流行性感冒诊疗方案》推荐的儿童用中成药。

急支糖浆是太极集团生产的拳头产品，将消炎、止咳、祛痰3种疗效相结合，用于治疗急慢性支气管炎、感冒、咳嗽等呼吸道疾病，满足了消费者喜欢中成药和口服液的需求，并凭其低价营销策略及品质迅速走俏低端市场。

广药白云山生产的咳特灵是一种中西药复方制剂，主要成分为小叶榕提取物和马来酸氯苯那敏。因为在止咳化痰的同时还具有抗过敏作用，消除患者感冒等引起的呼吸道过敏症状而受到欢迎。

在咳嗽药市场上，西药也占据了一定的份额。虽然大部分消费者对西药的副作用有一定的忧虑，但是其疗效迅速、服用方便的优势比较突出，再加上较为强劲的广告宣传攻势，也使其赢得了部分消费者的认可。其代表品牌主要有盐酸氨溴索口服溶液、咳特灵、小儿愈美那敏溶液珮等。

2. 实训步骤

（1）学生6~8人分为一组，每组选出一名组长，分成若干组。

（2）针对止咳化痰药，让学生按小组从上述品牌药中任选一种进行调研，查找资料，并分析，讨论以下问题。

1）该类产品是如何进行市场细分的？每个产品所占市场份额是多少？

2）产品所对应的消费者是哪些群体？

3）每个产品的市场定位是什么？

（3）各组选派代表汇报陈述，提交分析报告。

（4）师生交流，教师点评。

【实训提示】

1. 当前针对止咳化痰药的产品很丰富，企业在宣传上、营销策略上做足功课，处处留心皆学问。

2. 可以到药店或者医药企业的营销人员处获取更多更全面的信息。

3. 同学们要开动脑筋，学会思考，培养营销人的创新性思维。

【实训评价】

1. 对小组团队组织协调能力作出评价。（20分）

2. 对调查到的信息是否真实可靠作出评价。（20分）

3. 对止咳化痰药目前的市场细分和目标定位的分析情况作出评价。（40分）

4. 对提出的改进方案作出评价。（20分）

实训五　医药产品生命周期的分析及包装策略的运用演练

【实训目的】

通过本次实训，使学生能简单地进行产品市场生命周期的判断，认识到药品包装的营销功能。

【实训内容】

1. 实训方案　选择市场上现有的某种药品，要求学生分析其现所处生命周期阶段，阐述出该阶段的特点和可制订的营销策略；通过产品的包装的色彩、文字和图案的展示，分析该药品包装的特点，概括其相应的包装策略。

2. 实训步骤

（1）将全班同学进行分组，6~8人分为一组，选出一名组长，以小组为单位进行训练。

（2）课前布置实训项目，由学生自己去收集本小组拟定实训的药品或药盒，并查阅相关资料。

（3）学生分组应讨论的问题：①判断本组所定药品所处的市场生命周期阶段，并制订出合理的产品生命周期营销策略；②阐述出国家有关法律规定对药品包装的有关条款及规定；③针对药品的包装，分析其包装的特点，以及该药品运用了哪些包装策略。

（4）制作PPT，派代表进行小组汇报。

（5）学生根据其他小组汇报，可自由阐述自己的观点，教师点评并总结。

【实训提示】

1. 需跟踪学生课前准备的情况，以防出现材料未准备充分，而影响实训效果的呈现。

2. 实训过程中要有分工，充分调动大家的积极性，发挥团队的力量。

【实训评价】

1. 判断该药品现在所处的市场生命周期阶段是否准确，制订的产品生命周期营销策略是否合理。（30分）

2. 能分析出该药品的包装策略并认识其营销功能。（30分）

3. PPT内容是否准确、层次是否分明、布局是否合理、图案、字体是否简洁大方。（20分）

4. 小组代表汇报时语言是否条理清晰，具有感染力，仪表仪态是否大方。（20分）

实训六　医药产品定价方法演练

【实训目的】

通过本次实训，让学生理解药品定价目标不同，运用定价方法和策略就会不同，学会各种定价方法。

【实训内容】

1. 实训背景

题目一：某医药企业的固定成本为400万元，生产某种药品的变动成本为120万元，企业预期达到的利润率为15%，假定药品的销售量会达到50万件，求该药品的单价为多少？

题目二：某药厂的固定成本为300万元，单位变动成本为15元，企业的目标利润额为500万元，预计销售该药品40万盒，求该药品的单价定位多少？

题目三：某药厂的固定成本为200万元，单位产品的变动成本为每盒10元，如果企业接到5 000盒的订单，企业的保本价格是多少？

题目四：某药厂的固定成本为200万元，单位产品的变动成本为每盒10元，若接到20 000盒订单，企业的保本价格是多少？如果市场上同类产品的药价为100元，批发商对于该产品的报价为100元，试问该企业能否接受100元的报价？

题目五：市场上阿奇霉素的价格如下。A品牌售价35元；B品牌售价32元；C品牌售价30元。D厂家通过技术更新，降低了产品的成本，该厂的阿奇霉素的成本价为15元，试问D厂可以售价多少？说出该定价的目标和方法是什么？

2. 实训步骤

（1）布置任务：将学生分为若干组，每组4~6人，组内进行分工，接受任务，小组成员在组长的组织下进行本章节知识点的回顾，总结药品定价的方法、定价的因素和定价目标，结合营销组合中的其他要素、顾客需求、竞争、政策法律等因素，要求分析全面、正确做好实训准备。

（2）熟读案例：熟悉背景资料，根据调查结果并结合所学知识进行分析。

（3）根据调查、分析的结果，各小组成员共同讨论并制订出本小组的定价策略，要求科学。

（4）所有学生填写实训报告，要求书写规范、认真、准确。

（5）班级组织交流，每个小组由代表阐述本小组的实施过程及制定的价格策略。由教师与学生对各小组的实施情况及制定的价格策略进行评估打分，教师进行点评。

【实训提示】

1. 按小组由组长分配各自的成员在规定的时间内完成市场调研。

2. 人员的分工合理。根据调查、分析的结果，由各小组成员共同讨论制订本小组的定价策略，要求科学、合理，并撰写实训报告。

3. 药品定价的注意事项。

（1）无论是企业自己新研发的药品，还是老牌药品经过重新包装后上市，在推向市场前首先考虑的问题是该类产品的市场份额应如何确认，有了同品类市场份额这一重要数据后，还要进一步地考虑问题，如目前同类产品有多少？同一种产品又有多少？这些产品的价格是怎样制定的？特别是第一品牌到目前为止的市场份额有多大，价格又是怎样的，采取什么样的营销手段等。根据这些，结合自身产品、营销人员素质等各方面的情况，来制定上市产品的价格。

（2）是否投放广告决定产品价格。广告加终端是营销成功的两个重要因素，广告也是成就品牌的重要因素。而随着媒体数量的增多，刊登价格年年高幅增长，广告费用也越来越高，对一个投放广告的产品来说，广告在营销费用中所占的比重是最大的，而广告投入又需要持续性和大手笔，从而给营销带来了巨大的风险，因此，如果是需要靠广告才能够拉动市场的产品，而企业又有实力投放较大的广告费用，在产品上市前，企业应将价格制定得比同类产品略高一点，以防广告在投放过程中因利润跟不上而断档。

（3）以产品的市场前景制定价格。应以发展的眼光对产品制定价格，如对产品的未来市场开发有信心、有良好的前景预测，在制定价格时可以充分留出利润空间，以支持产品的进一步升级。反之，则可制定较低的价格，以价格优势快速冲击和抢占市场，待市场成熟后再做进一步的价格调整。

【实训评价】实训考核的内容及标准（100分）

1. 题目一、二、三、四要求指出运用哪种定价方法、定价公式和计算步骤。

2. 题目五要求根据不同的定价目标和定价方法可以指定多种价格，每种价格要指出定价目标是什么、考虑哪些定价因素、该种定价运用什么方法，写出计算公式和计算步骤。

3. 实验报告书写标准。

实训七　为某医药企业的新药品进行定价

【实训目的】

通过本次实训，使学生们能掌握影响药品价格的因素，会正确运用新产品定价方法和策略。

【实训内容】

1. 实训背景　我们的客户是一家大型制药公司，最近在测试一种治疗某种病症时偶然研制出了一款全新药品，效果是可以使头发恢复到青年时期的一头浓密，使用这种药品的患者可以在3个月之内成功生长出15岁少年般浓密的头发。但是为了保证头发的浓密，需要每天服用这种名为IPP2的新药。现在要我们估计这种新药的市场规模，为此药品制订一个合理的定价策略，来让我们获得可观的利润。市面上有两款药物是我们的竞争对手，一个是平均可以用一个月标价为60元的外用液，另一个是平均可以用一个月标价为50元的药片。我们产品的疗效是他们的3倍，生发更浓密、更快速。在拥有一个好的产品的前提下，该企业面临的挑战是：如何迅速有效地在目标对象中建立知名度，在竞争激烈的市场上成功上市，占有一定的市场份额。那么如何为自己的产品制订一个合适的价格策略呢？

2. 实训步骤

（1）布置任务：将学生分为若干组，每组4~6人，组内进行分工，接受任务，小组成员在组长的组织下进行市场调研，对下列因素的调查与分析。例如，产品的成本、企业的目标、营销组合中的其他要素、顾客需求、竞争、政策法律等因素，要求分析全面、正确，做好实训准备。

（2）熟读案例：熟悉背景资料，根据调查结果并结合所学知识进行分析。

（3）根据调查、分析的结果，各小组成员共同讨论并制订出本小组的定价策略，要求科学。

（4）所有学生填写实训报告，要求书写规范、认真、准确。

（5）班级组织交流，每个小组由代表阐述本小组的实施过程及制订的价格策略。由教师与学生对各小组的实施情况及制订的价格策略进行评估打分，教师进行点评。

【实训提示】

1. 按小组由组长分配各自的成员在规定的时间内完成市场调研。

2. 人员的分工合理。根据调查，分析的结果，由各小组成员共同讨论制订本小组的定价策略，要求科学、合理，并撰写实训报告。

3. 以实地调查为主配合在图书馆、互联网查找资料相结合得出相关资料。

【实训评价】实训考核的内容及标准（100分）

1. 合理确定产品的成本。（10分）

2. 有明确的企业目标。（10分）

3. 能正确分析营销组合中的其他要素。（10分）

4. 能正确分析顾客需求。（10分）

5. 能正确分析竞争。（10分）

6. 能正确掌握相关的政策法律。（10分）

7. 选择合适的定价方法。（15分）

8. 运用一定的定价策略，而且运用合理、科学。（15分）

9. 实训报告填写要规范、认真、准确。（10分）

实训八 医药产品分销渠道设计演练

【实训目的】

通过对某种医药产品分销渠道的设计，让学生能掌握分销渠道的基本类型，渠道设计方案的评价与渠道成员的选择。

【实训内容】

1. 实训背景 复方板蓝根颗粒属于OTC中成药，成分主要是板蓝根和大青叶，主要是有凉血解毒清热的作用。功能主治为清热解毒、凉血利咽；用于肺胃热盛所致的咽喉肿痛、口咽干燥，急性扁桃体炎见上述证候者。复方板蓝根颗粒在中药类抗感冒药中的市场份额大约为3%，与其所占市场份额大致相等的有双黄连口服液、感冒清热颗粒、抗病毒口服液等。在全国市场范围来看，华东、华北、华南、西南、西北五大市场需求大致相当。近5年板蓝根大市场销售总额波动较大，总体呈下降趋势，相比较于5年前，下降了5%左右。在我国居民对药品等消费习惯已经形成：只要不是重大疾病，消费者更愿意自我判断、自主购买，同时随着预防保健知识等增长，居民对预防意识逐步提高。

A制药公司成立于2000年，位于西南中心城市成都，注册资金1 000万元，现有员工300余名，公司主要产品包括小柴胡颗粒、板蓝根颗粒、黄连上清丸等30余个品种，年产能20余万件。公司与四川当地的医学院校、研究院开展产学研合作，研发出20余款拥有自主知识产权等产品。目前，公司与四川当地一家医药公司合作，由其独家代理包括板蓝根在内的部分产品的销售，覆盖西南、西北的大部分省（自治区、直辖市），对华南、华北、华东等地区还未涉足。

根据公司今年的战略规划，将大力开拓分销渠道以促进公司板蓝根销量的提高，增加市场占有率，同时为后期公司新产品的推出奠定渠道基础。假如你是公司市场总监，请您为公司提交一份可行的渠道建设方案。

2. 实训步骤

（1）教师布置案例，全体讨论确定此次实训活动的目标。

（2）学生每8~10人组成小组，分组进行讨论、分析、策划。

（3）撰写渠道建设方案。方案中要结合案例实际，力求切实可行。

（4）小组派代表阐述本组策划方案。

（5）学生讨论交流，教师点评。

【实训提示】

1. 设计渠道方案前，应仔细全面的分析影响渠道选择的各项因素，确保方案更加切实可行，且符合企业利益。

2. 方案中应包含对渠道成员的管理规划，确保渠道成员最终能完成营销目标。

3. 重点在详细阐述设计过程，而非结果。

【实训评价】

1. 对背景资料分析完整，方案设计符合案例实际。（30分）

2. 渠道设计合理，分析过程翔实，有理论支撑。（30分）

3. 小组代表讲述时语言清晰有条理，声音洪亮，举止大方，使用专业术语，时间把握合理。（20分）

4. 小组成员自始至终能热情参与，有团队精神和协作意识。（20分）

实训九 医药产品促销演练

【实训目的】

通过策划整体的促销活动，让学生能掌握促销组合策略的制订方法，能结合企业背景资料分析，制订简单的促销活动方案，学习促销的技巧。

【实训内容】

1. 实训背景 网络热词"996"一直热度不断。熬夜加班、生活节奏快已成都市人群日常新常态。饮食不规律、工作压力大导致肠道菌群紊乱，腹胀、腹泻、便秘等症状似乎已成都市新"肠"态。基于对肠道日常调理重要性的深刻洞察，在5月29日"世界肠道健康日"前夕，某制药企业联合权威媒体人民网，开展了一波关于肠道问题的视频科普，唤醒社会大众对肠道日常调理的认知和重视，也进而形成一定的"压力共鸣"。

这种既新颖又富有创意的线上传播，很准确地抓住了现代人的痛点，科普视频迅速引起大范围传播，极大增强了用户与品牌之间的黏性，不断刷新品牌的好感度。

"世界肠道健康日"当天（5月29日），人民网携手此药企共同发布了"人民网·利活肠道健康中国行"公益活动。人民电视直播也将线上观众带到启动仪式现场，通过视频直播和瀑布流图片等动静结合的形式，把一手资讯全程同步释放给线上全国各地的观众，在药企节日营销这块可谓开创先河！

整波"529肠道健康日"营销中，成功之处就是大胆突破传统只见促销降价信息的固化模式。通过多种形式联合促销，得到了消费者的信任，迅速建立起新品牌的知名度与美誉度。通过记住一场活动，获得一场不错的体验，从而产生对一个品牌的好感，让消费者想到"肠道日常调理"就联想到某牌乳酸菌素片，最终收获的就是一群购买铁粉。

如今，80后、90后已成为医药产品消费的主力人群之一，与有病买药的刚需不同，他们所期待接受的健康教育与健康服务，更多是通过日常生活中的累积，以获取更高生活品质，这种需求反映在医药消费上，就是健康升级和意识升级。

致力于国人胃肠健康的该制药企业正是这样敏锐地洞察消费者需求，不断提前布局、影响消费者的使用习惯，牢牢占领消费者心智和认知，这才是瞬息万变的营销战场中不变的制胜法宝。

假如你是该企业销售部的促销人员，你将如何模拟策划"乳酸菌素片"的促销活动？请根据所学的促销组合知识，结合市场实际，设计一份促销活动方案。

2. 实训步骤

（1）教师布置案例，熟悉背景资料，了解企业产品特点，促销策略应用等信息。

（2）全体讨论分析该企业的促销策略。

（3）策划一个新的广告文案。要求策划内容紧扣背景资料，能灵活运用相关知识，有创新意识。

（4）广告模拟。按班级人数将学生以6~8人分为一组，组成情境模拟小组，每组有一个负责人，模拟制作广告并进行情境模拟。

（5）上门推销模拟。5人为一组进行模拟竞赛。

（6）处理异议模拟。

（7）销售促进模拟。学生分别扮演柜台销售人员、不同类型的顾客，10人为一组。

（8）小组派代表阐述本组策划方案。

（9）学生讨论交流，教师点评，激励与评分。

【实训提示】

1. 广告文案、模拟制作等步骤的完成必须将大量工作以任务的方式放到课后完成，不能完全依赖课堂时间。

2. 广告创意过程中鼓励各小组采用头脑风暴法，头脑风暴法强调组织者不否定别人，允许各抒己见，充分表达、完善、补充别人的创意，真正达到启迪思维，形成思维风暴。

3. 促销主题的创意就是给消费者一个下定决心购买该产品的理由。一个独特的口号，能刺激消费者加深记忆度或者引起共鸣，增加好感。

4. 促销费用预算包括促销品、现场布置、演示、销售人员激励以及媒体公关宣传等费用。

5. 促销策划方案的可执行性关系到促销效果的实现，因此制订时要充分细化促销活动步骤和内容，确保区域内各个参与销售的人员都能理解和执行。

【实训评价】

1. 对背景资料分析完整，方案设计体现专业知识，符合国家法律法规要求，书写规范，格式正确，内容全面。（30分）

2. 促销方式合理恰当，在案例背景下具有实施的可行性和创新性。（30分）

3. 小组代表讲述时语言清晰有条理，声音洪亮，举止大方，使用专业术语，时间把握合理。（20分）

4. 小组成员自始至终能热情参与，有团队精神和协作意识。（20分）

实训十　销售终端拜访技巧

【实训目的】

通过让学生对某处方药或非处方药市场特点的分析，模拟医药代表到医院或药店进行日常拜访，让学生掌握如何制订销售终端拜访计划书，熟悉产品介绍的流程，锻炼信息收集能力和语言组织表达能力。

【实训内容】

1. 实训背景

模拟医师办公室，模拟药房，处方药及其宣传资料，OTC药品实物。

2. 实训步骤

（1）全班同学分为若干组，6~8名同学为一组。在教师指导下，共同协商选择每个实训小组的实训药品和拜访对象。

（2）教师安排实训任务，提出实训目的和要求。选择处方药的小组，思考进行医院拜访的准备工作和介绍内容；选择非处方药的小组，思考进行药店拜访的准备工作和介绍内容。

（3）小组内轮流扮演角色进行练习。以小组为单位，整理分析报告，内容包括拜访计划书，拜访实施过程的用语，在拜访过程中合理运用所学到的拜访技巧。

（4）每小组选出代表进行模拟拜访展示。教师扮演医师或药店导购，每小组代表向教师介绍产品。

（5）完成拜访工作总结。

【实训提示】

1. 同学们相互介绍药品过程中，应该重点把握如何拉近客户的距离，用语应简练。

2. 实训过程要调动小组每一位同学的积极性，分工合作。

3. 教师对学生的表现以及存在的问题进行总结，提出合理化建议。

【实训评价】

1. 每个实训小组提交一份某药品的市场特点分析报告和拜访终端的资料收集报告。分析完整，内容全面，符合实际，用词专业，书写规范。（20分）

2. 每位同学制订并提交拜访计划书。有具体目标，谈话大纲和流程。（20分）

3. 模拟实施拜访计划，言语行为符合规范，合理运用拜访技巧。（40分）

4. 每位同学完成的拜访工作总结。（20分）

参考文献

1. 傅书勇，孙淑军.医药渠道与促销管理.北京：清华大学出版社，2012.
2. 汤少梁.药品市场营销学.北京：人民卫生出版社，2012.
3. 卢友志.医药代表速成精品手册.3版.北京：中华工商联合出版社，2013.
4. 周光理.医药市场营销案例与实训.北京：化学工业出版社，2012.
5. 赵欣，孙兴力.药品市场营销技术.北京：化学工业出版社，2021.
6. 王顺庆.医药市场营销技术.北京：人民卫生出版社，2015.
7. 王峰.药品市场营销技术.北京：高等教育出版社，2014.
8. 罗臻，刘永忠.医药市场营销学.北京：清华大学出版社，2018.
9. 马翠兰，卢延颖.医药市场营销技术.2版.北京：科学出版社，2021.
10. 杨文章.药品市场营销学.2版.北京：中国医药科技出版社，2019.
11. 袁静.医药市场营销技术.北京：科学出版社，2015.
12. 张丽.药品市场营销学.3版.北京：人民卫生出版社，2018.
13. 王浩，刘小东.医药新零售.北京：电子工业出版社，2021.
14. 动脉网蛋壳研究院，考拉看看.医药电商新零售：抓住医药流通千亿市场.北京：中华工商联合出版社，2019.
15. 甘湘宁，杨元娟.医药市场营销实务.2版.北京：中国医药科技出版社，2013.
16. 严振.药品市场营销技术.3版.北京：化学工业出版社，2014.

医药市场营销技术课程标准

（供药剂、药物制剂技术专业用）

一、课程任务

医药市场营销技术是中等卫生职业教育药剂专业一门重要的专业（技能）课程。本课程的主要内容是在当代市场经济条件下，医药生产经营者要根据顾客的需求，制订营销策略，组织市场营销活动，以便使医药企业能很好地搞好生产和营销工作。本课程的任务是让学生掌握基本的医药营销技术，熟悉其基本理论和方法，具备一定的营销能力，为从事医药商品营销的岗位奠定良好的基础。本课程的先修课程包括药事法规、医药商品基础等，同步和后续课程包括医药电子商务技术、药店零售与服务技术、药物制剂基础等。

二、课程目标

（一）知识目标

1. 掌握医药市场营销的基本理论知识。

2. 掌握医药市场调查的基本流程和问卷设计的基本流程。

3. 掌握医药市场的市场细分和目标市场的基本理论知识。

4. 掌握医药产品生命周期的4个阶段及其营销策略的应用。

5. 熟悉医药产品营销的基本因素，包括宏观环境因素及微观环境因素。

6. 了解医药终端市场营销的建设、管理及其发展。

（二）技能目标

1. 熟练掌握药品市场营销的基本方法和技能。

2. 具备较好的沟通能力和药品营销的基本技能。

3. 学会药学专业知识与医药市场营销技术相结合的方法。

（三）职业素质和态度目标

1. 具有良好的职业道德，为大众健康服务的精神和安全用药的责任感。

2. 具有法规意识、质量意识、安全意识、强烈的责任心，工作细心。

3. 具有团队合作精神，勇于吃苦耐劳的良好品德。

4. 具有救死扶伤、爱岗敬业、乐于奉献、精益求精的职业素质。

三、教学时间分配

教学内容	学时		
	理论	实践	合计
一、绪论	4		4
二、医药市场营销环境	4	2	6
三、医药市场购买者行为分析	4	2	6
四、医药市场调查	4	4	8
五、医药市场细分、目标市场和定位	4	2	6
六、医药产品产品策略	4	2	6
七、医药产品价格策略	4	4	8
八、医药产品分销渠道策略	4	2	6
九、医药产品促销策略	6	4	10
十、医药终端市场营销	4	2	6
十一、医药市场网络营销	4		4
机动	2		2
合计	48	24	72

四、课程内容与要求

单元	教学内容	教学要求	教学活动（参考）	学时（参考）	
				理论	实践
	第一篇　医药市场营销技术的基本理论				
第一章 绪论	第一节　市场与医药市场		课堂讲授	4	
	一、市场		多媒体演示		
	（一）市场的含义	了解	案例教学		
	（二）市场的构成	熟悉	同步测试		
	（三）市场的类型与特征	熟悉			
	二、医药市场				
	（一）医药市场的含义	掌握			
	（二）医药市场的特点	掌握			
	（三）医药市场的分类	了解			

单元	教学内容	教学要求	教学活动（参考）	学时（参考）理论	实践
第一章 绪论	第二节　市场营销与医药市场营销				
	一、市场营销	掌握			
	二、医药市场营销				
	（一）医药市场营销的含义	掌握			
	（二）医药市场营销的特点	掌握			
	（三）医药市场营销的研究内容	熟悉			
	（四）医药市场营销的学习方法	熟悉			
	第三节　医药市场营销观念	了解			
	一、传统营销观念				
	生产导向的市场营销观念				
	二、现代营销观念				
	三、营销观念的新进展				
	（一）整合营销观念				
	（二）整体营销观念				
	（三）关系营销观念				
	（四）事件营销观念				
	（五）绿色营销观念				
	（六）学术营销				
	（七）网络营销观念				
第二章 医药市场营销环境	第一节　概述		课堂讲授	4	
	一、医药市场营销环境的概念及特点	熟悉	多媒体演示		
	（一）医药市场营销环境的概念		复习与提问		
	（二）医药市场营销环境的特点		案例教学		
	二、医药市场营销环境的分类	掌握	同步测试		
	第二节　医药市场营销的宏观环境	熟悉			
	一、人口环境				
	（一）人口数量和增长率				
	（二）人口地理分布和区间流动				
	（三）人口自然构成和社会构成				

单元	教学内容	教学要求	教学活动（参考）	学时（参考） 理论 实践
第二章 医药市场营销环境	二、经济环境			
	（一）消费者收入水平			
	（二）消费者支出模式和消费结构			
	（三）消费者的储蓄和信贷能力			
	三、政治法律环境			
	（一）政治环境			
	（二）法律环境			
	四、科学技术环境			
	五、自然环境			
	六、社会文化环境			
	（一）价值观念			
	（二）宗教信仰			
	（三）风俗习惯			
	（四）审美观			
	第三节 医药市场营销的微观环境	熟悉		
	一、医药企业内部环境			
	（一）医药企业的经营目标			
	（二）医药企业生产经营能力			
	（三）医药企业财务状况			
	（四）医药企业经营管理水平			
	二、医药供应商			
	三、医药营销中介			
	四、竞争者			
	五、顾客			
	六、公众			
	实训一 医药市场营销环境分析	熟练掌握	案例分析	2

单元	教学内容	教学要求	教学活动（参考）	学时（参考）	
				理论	实践
第三章 医药市场购买者行为分析	第一节　医药消费者购买行为分析		课堂讲授	4	
	一、医药消费者市场的概念及特点	了解	多媒体演示		
	二、医药消费者购买行为的类型	掌握	复习与提问		
	（一）习惯型		案例教学		
	（二）理智型		同步测试		
	（三）经济型				
	（四）冲动型				
	（五）疑虑型				
	（六）感情型				
	（七）躲闪型				
	三、影响医药消费者购买行为的主要因素	掌握			
	（一）文化因素				
	（二）相关群体因素				
	（三）家庭因素				
	（四）个人因素				
	（五）心理因素				
	（六）产品因素				
	四、医药消费者购买决策内容	掌握			
	（一）购买什么（what）				
	（二）何时购买（when）				
	（三）何地购买（where）				
	（四）何人购买（who）				
	（五）如何购买（how）				
	（六）为何购买（why）				
	五、医药消费者购买决策过程	掌握			
	（一）确认需要				

单元	教学内容	教学要求	教学活动（参考）	学时（参考）理论 实践
	（二）收集信息			
	（三）产品评估			
	（四）购买决策			
	（五）购后行为			
	第二节　医药组织市场购买行为分析			
	一、医药组织市场的概念及类型	掌握		
	（一）生产者市场			
	（二）中间商市场			
	（三）非营利组织市场			
第三章　医药市场购买者行为分析	（四）政府市场			
	二、医药组织市场的特点	了解		
	三、影响医药组织购买行为的因素	熟悉		
	（一）环境因素			
	（二）组织因素			
	（三）人际因素			
	（四）个人因素			
	四、医药组织购买行为的参与者	熟悉		
	（一）使用者			
	（二）影响者			
	（三）决策者			
	（四）批准者			
	（五）采购者			
	五、医药组织的购买行为	熟悉		
	（一）医药生产者市场购买行为			
	（二）医药中间商市场购买行为			
	实训二　药店消费者购买行为分析	熟练掌握	技能实践	2

单元	教学内容	教学要求	教学活动（参考）	学时（参考） 理论	学时（参考） 实践
第四章 医药市场调查	第一节　概述			4	
	一、医药市场调查的概念与作用	熟悉			
	（一）医药市场调查的概念				
	（二）医药市场调查的作用		课堂讲授		
	二、医药市场调查的类型	掌握	多媒体演示		
	（一）根据市场调查的性质和目的分类		复习与提问		
	（二）根据市场调查对象的范围分类		案例教学		
	（三）根据市场调查的时间分类		同步测试		
	（四）根据资料的来源分类				
	三、医药市场调查的内容	熟悉			
	第二节　医药市场调查的方法及工作流程	熟悉			
	一、医药市场调查的方法				
	二、医药市场调查的工作流程				
	第三节　医药市场调查问卷的设计				
	一、调查问卷的概念及结构	掌握			
	二、调查问卷的设计原则	掌握			
	三、调查问卷的常用题型	掌握			
	四、调查问卷的设计流程	掌握			
	（一）确定调查目的				
	（二）确定信息搜集方法				
	（三）确定问题的类型				
	（四）决定问题的措辞				
	（五）确定问题的排列顺序				
	（六）评估问卷				
	（七）预调查与修改				
	（八）定稿与印刷				
	五、调查问卷设计的注意事项	熟悉			

单元	教学内容	教学要求	教学活动（参考）	学时（参考） 理论	学时（参考） 实践
第四章 医药市场调查	第四节　医药市场调查报告	了解			
	一、医药市场调查报告的主体结构				
	二、撰写调查报告的要求				
	实训三　药店消费者需求的市场调查	熟练掌握	技能实践		4
第五章 医药市场细分、目标市场和定位	第一节　医药市场细分		课堂讲授	4	
	一、医药市场细分的概念	了解	多媒体演示		
	二、医药市场细分的作用	了解	复习与提问		
	三、医药市场细分的原则和依据	熟悉	案例教学		
	（一）医药市场细分的原则		同步测试		
	（二）医药市场细分的依据				
	四、医药市场细分的方法和步骤	掌握			
	（一）医药市场细分的方法				
	（二）医药市场细分的步骤				
	第二节　医药目标市场				
	一、医药目标市场的概念	了解			
	二、医药目标市场选择的模式	掌握			
	（一）市场集中化				
	（二）产品专业化				
	（三）市场专业化				
	（四）选择专门化				
	（五）全面涵盖市场				
	三、医药目标市场选择的策略	掌握			
	（一）无差异性营销策略				
	（二）差异性营销策略				

单元	教学内容	教学要求	教学活动（参考）	学时（参考）	
				理论	实践
第五章 医药市场细分、目标市场和定位	（三）集中性营销策略				
	四、影响医药目标市场策略选择的因素	熟悉			
	（一）企业资源				
	（二）医药产品同质性				
	（三）市场差异性				
	（四）产品生命周期				
	（五）竞争者市场策略				
	第三节　医药市场定位				
	一、医药市场定位的概念	了解			
	二、医药市场定位的方法	熟悉			
	（一）药品属性定位				
	（二）顾客利益定位				
	（三）使用者定位				
	（四）综合定位				
	三、医药市场定位的策略	熟悉			
	（一）避强定位				
	（二）迎头定位				
	（三）创新定位				
	（四）重新定位				
	实训四　医药产品在细分后目标市场中的定位分析	熟练掌握	案例分析		2
第二篇　医药市场营销技术的基本策略					
第六章 医药产品产品策略	第一节　医药产品整体概念	熟悉	课堂讲授	4	
	一、产品整体概念		多媒体演示		
	二、医药产品整体概念的含义		复习与提问		
	第二节　医药产品生命周期策略	掌握	案例教学		
	一、医药产品生命周期的概念		同步测试		
	二、医药产品生命周期各阶段的特点				
	（一）导入期				

单元	教学内容	教学要求	教学活动（参考）	学时（参考） 理论	实践
	（二）成长期				
	（三）成熟期				
	（四）衰退期				
	三、医药产品生命周期各阶段的营销策略				
	（一）导入期的营销策略				
	（二）成长期的策略				
	（三）成熟期的策略				
	（四）衰退期的营销策略				
	第三节 医药产品组合策略				
第六章 医药产品产品策略	一、医药产品组合及其相关概念	掌握			
	（一）产品项目				
	（二）产品线				
	（三）产品组合				
	（四）产品组合的变化因素				
	二、医药产品组合策略的类型	熟悉			
	（一）扩大产品组合策略				
	（二）缩减产品组合策略				
	（三）产品线延伸策略				
	第四节 医药产品品牌策略				
	一、品牌的内涵	了解			
	（一）品牌的含义				
	（二）品牌的构成				
	（三）品牌与商标				
	二、品牌的作用	了解			
	（一）品牌对消费者的作用				
	（二）品牌对企业的作用				
	三、医药产品品牌策略的类型	掌握			
	（一）品牌化策略				

单元	教学内容	教学要求	教学活动（参考）	学时（参考）理论	实践
第六章 医药产品产品策略	（二）品牌归属策略				
	（三）品牌名称策略				
	（四）品牌延伸策略				
	（五）更换品牌策略				
	（六）品牌特许策略				
	第五节　医药产品包装策略				
	一、包装的概念	掌握			
	二、包装的作用	了解			
	（一）保护商品、方便运输				
	（二）美化商品				
	（三）促进销售				
	（四）增加利润				
	三、医药产品包装的分类	掌握			
	（一）内包装				
	（二）中包装				
	（三）外包装				
	四、医药产品包装策略的类型	掌握			
	（一）类似包装策略				
	（二）组合包装策略				
	（三）再使用包装策略				
	（四）附赠包装策略				
	（五）改变包装策略				
	（六）绿色包装策略				
	（七）等级包装策略				
	实训五　医药产品生命周期的分析及包装策略的运用演练	熟练掌握	案例分析		2

单元	教学内容	教学要求	教学活动（参考）	学时（参考）理论	实践
第七章　医药产品价格策略	第一节　概述		课堂讲授	4	
	一、医药产品价格体系	掌握	多媒体演示		
	（一）医药产品出厂价		复习与提问		
	（二）批发价		案例教学		
	（三）零售价		同步测试		
	二、医药产品价格构成	掌握			
	（一）生产成本				
	（二）流通费用				
	（三）税金				
	（四）利润				
	三、我国医药产品的定价方式	了解			
	四、影响医药产品价格的因素	掌握			
	（一）生产成本				
	（二）市场供求状况				
	（三）国家政策和法律法规				
	（四）定价目标				
	（五）竞争因素				
	（六）其他因素				
	第二节　医药产品定价方法	熟悉			
	一、成本导向定价法				
	（一）成本加成定价法				
	（二）盈亏平衡定价法				
	（三）目标收益定价法				
	（四）边际贡献定价法				
	二、需求导向定价法				
	（一）理解价值定价法				
	（二）需求差别定价法				
	（三）逆向定价法				

单元	教学内容	教学要求	教学活动（参考）	学时（参考） 理论	实践
第七章　医药产品价格策略	三、竞争导向定价法 （一）随行就市定价法 （二）竞争价格定价法 （三）密封投标定价法 第三节　医药产品定价策略 一、新产品定价策略 （一）撇脂定价策略 （二）渗透定价策略 （三）满意定价策略 二、折扣让价策略 （一）数量折扣策略 （二）付现折扣策略 （三）季节折扣策略 （四）交易折扣 三、差别定价策略 （一）不同顾客不同价格策略 （二）不同用途不同价格策略 （三）不同部位不同价格策略 四、心理定价策略 （一）零数或尾数定价策略 （二）整数定价策略 （三）声望定价策略 （四）招徕定价策略 （五）习惯定价策略 五、药品组合定价策略 （一）对有互补关系的药品的定价策略 （二）对有替代关系的药品的定价策略 （三）药品分组定价	熟悉 熟悉 熟悉 熟悉 熟悉			

单元	教学内容	教学要求	教学活动（参考）	学时（参考）理论	学时（参考）实践
第七章 医药产品价格策略	六、医药产品价格调整策略	熟悉			
	（一）提高药品价格的策略				
	（二）药品降价策略				
	实训六 医药产品定价方法演练	熟练掌握	案例分析		2
	实训七 为某医药企业的新药品进行定价	熟练掌握	案例分析		2
第八章 医药产品分销渠道策略	第一节 概述		课堂讲授	4	
	一、医药产品分销渠道的概念	熟悉	多媒体演示		
	二、医药产品分销渠道的特点与作用		复习与提问		
	（一）医药产品分销渠道的特点	了解	案例教学		
	（二）医药产品分销渠道的作用	熟悉	同步测试		
	三、医药产品分销渠道的类型	掌握			
	四、医药产品分销渠道模式	掌握			
	（一）医药生产企业—消费者				
	（二）医药生产企业—医院药房或社会零售药店—消费者				
	（三）医药生产企业—批发商—医院药房或社会零售药店—消费者				
	（四）医药生产企业—代理商—医院药房或社会零售药店—消费者				
	（五）医药生产企业—代理商—批发商—医院药房或社会零售药店—消费者				
	五、我国医药产品分销渠道的现状及发展趋势	了解			
	（一）医药产品分销渠道的现状				
	（二）医药产品分销渠道的发展趋势				

单元	教学内容	教学要求	教学活动（参考）	学时（参考）	
				理论	实践
第八章 医药产品分销渠道策略	第二节　医药产品分销渠道的选择				
	一、影响医药产品分销渠道的主要因素	掌握			
	（一）医药产品因素				
	（二）市场因素				
	（三）生产企业本身的因素				
	（四）其他因素				
	二、医药产品分销渠道的选择流程	熟悉			
	（一）分销渠道方案的设计				
	（二）分销渠道方案的评价				
	第三节　医药产品分销渠道的管理				
	一、医药产品分销渠道成员的选择	了解			
	（一）经营资质				
	（二）现有销售网络覆盖面				
	（三）硬件实力				
	（四）软件实力				
	（五）目标一致性				
	二、分销渠道成员培训	了解			
	三、分销渠道成员激励	了解			
	（一）直接激励				
	（二）间接激励				
	四、分销渠道冲突与窜货管理	熟悉			
	（一）医药产品分销渠道冲突				
	（二）渠道冲突的解决办法				
	（三）窜货管理				
	五、分销渠道成员的评估与调整	了解			
	（一）评估营销渠道客户				
	（二）调整营销渠道成员				
	实训八　医药产品分销渠道设计演练	熟练掌握	案例分析		2

单元	教学内容	教学要求	教学活动（参考）	学时（参考） 理论	学时（参考） 实践
第九章 医药产品促销策略	第一节 医药产品促销与促销组合	熟悉		6	
	一、医药产品促销				
	（一）医药产品促销的概念		课堂讲授		
	（二）医药产品促销的作用		多媒体演示		
	二、医药产品促销组合及影响因素		复习与提问		
	（一）医药产品促销组合的含义		案例教学		
	（二）影响医药产品促销组合的因素		同步测试		
	第二节 医药产品广告				
	一、医药产品广告的概念及特点	掌握			
	（一）医药产品广告的概念				
	（二）医药产品广告的作用				
	（三）医药产品广告的特点				
	二、医药产品广告媒体及其选择	掌握			
	（一）广告媒体的种类及特点				
	（二）影响广告媒体选择的因素				
	三、医药产品广告的原则	熟悉			
	四、医药产品广告的管理	熟悉			
	第三节 医药企业公共关系				
	一、医药企业公共关系的概念与特点	掌握			
	（一）医药企业公共关系的概念				
	（二）医药企业公共关系的特点				
	二、医药企业公共关系的类型与作用	熟悉			
	（一）医药企业公共关系的类型				
	（二）医药企业公共关系的作用				
	第四节 医药产品营业推广				
	一、医药产品营业推广概念与特点	掌握			
	（一）医药产品营业推广的概念				
	（二）医药产品营业推广的特点				

单元	教学内容	教学要求	教学活动（参考）	学时（参考）理论	实践
	二、医药产品营业推广的目标与方式	熟悉			
	（一）对消费者的营业推广方式				
	（二）对中间商的营业推广方式				
	（三）对销售人员的营业推广方式				
	（四）对医院的营业推广方式				
	三、医药产品营业推广方案的制订与实施	了解			
	（一）制订营业推广方案				
	（二）医药产品营业推广的实施过程				
	第五节　医药产品人员推销				
第九章　医药产品促销策略	一、医药产品人员推销的概念与特点	掌握			
	（一）人员推销的概念				
	（二）人员推销的特点				
	二、医药产品推销人员的素质和能力要求	熟悉			
	（一）推销员的素质要求				
	（二）推销员的能力要求				
	三、医药产品人员推销的方式与步骤	了解			
	（一）人员推销的方式				
	（二）人员推销的过程				
	四、医药产品推销人员的管理	了解			
	（一）医药产品推销人员的选择				
	（二）医药产品推销人员的培训				
	（三）医药产品推销人员的报酬				
	（四）医药产品推销人员的考核				
	实训九　医药产品促销演练	熟练掌握	案例分析		4

单元	教学内容	教学要求	教学活动（参考）	学时（参考）理论	实践
	第三篇　医药市场营销技术的岗位运用				
第十章　医药终端市场营销	第一节　概述		课堂讲授	4	
	一、终端市场的概念和意义	了解	多媒体演示		
	（一）终端市场的含义		复习与提问		
	（二）医药销售终端的意义		案例教学		
	二、医药产品终端市场分类	熟悉	同步测试		
	（一）医院终端医药市场				
	（二）药店终端医药市场				
	（三）第三终端医药市场				
	第二节　医院终端医药市场				
	一、医院客户类型分析	掌握			
	（一）医院领导决策层				
	（二）药事管理委员会				
	（三）药剂科				
	（四）临床科室				
	（五）医疗器械或设备科				
	（六）医务科				
	二、医院医药营销的特点	熟悉			
	三、医院医药营销的模式	掌握			
	（一）医院医药市场营销一般程序				
	（二）医院医药营销方法技巧				
	第三节　药店终端医药市场				
	一、药店终端营销的概念与特点	掌握			
	（一）药店终端营销的概念				
	（二）药店终端市场的分类				
	（三）药店终端市场营销的特点				
	二、药店终端市场建设与管理	熟悉			
	（一）药店终端市场建设				

单元	教学内容	教学要求	教学活动（参考）	学时（参考）	
				理论	实践
第十章 医药终端市场营销	（二）药店终端市场管理维护				
	三、药店终端市场促销	熟悉			
	四、药店终端营销服务技巧	了解			
	（一）准备工作				
	（二）营销服务流程				
	五、药店终端市场的发展趋势	了解			
	（一）经营模式趋向规模化连锁店				
	（二）医药分家为药店终端营销带来机遇和挑战				
	（三）多元化经营发展，药店转型升级				
	（四）专业化定位的药店将发展壮大				
	（五）发展专业的、快捷周到的药学服务				
	（六）线上线下结合的新型互联网药店				
	第四节　第三终端医药市场				
	一、概述	了解			
	（一）第三终端市场的概念				
	（二）第三终端市场的特点				
	（三）第三终端市场的发展趋势				
	二、第三终端医药市场的建设与管理	熟悉			
	（一）做好产品组合				
	（二）做好企业和产品的宣传推广工作				
	（三）做好终端的客情工作				
	三、第三终端医药市场的营销模式	熟悉			
	（一）依靠当地经销商力量销售				
	（二）教育培训学术推广模式				
	（三）人员和广告促销				
	（四）第三终端数据库营销				
	实训十　销售终端拜访技巧	熟练掌握	技能实践		2

单元	教学内容	教学要求	教学活动（参考）	学时（参考）	
				理论	实践
第十一章 医药市场网络营销	第一节 医药市场网络营销的概述		课堂讲授	4	
	一、网络营销的概念和特点	掌握	多媒体演示		
	（一）网络营销的概念		复习与提问		
	（二）网络营销的特点		案例教学		
	二、医药市场网络营销的内容与发展	熟悉	同步测试		
	（一）传统零售药店面临的挑战和不足				
	（二）医药电商的发展历程				
	第二节 医药市场网络营销的运行及管理				
	一、医药市场网络营销的运行				
	（一）医药市场网络营销的方法	掌握			
	（二）医药企业网络营销模式	熟悉			
	（三）网络营销对医药市场的作用	熟悉			
	二、医药市场网络营销的相关法规和政策	熟悉			
	（一）医药行业主要法律法规及政策意见				
	（二）相关法规政策对医药网络营销的影响				
	第三节 医药市场网络营销的现状及趋势	了解			
	一、医药市场网络营销的发展现状				
	二、医药市场网络营销面临的困境				
	（一）医保的开放				
	（二）医疗服务场景的线上化				
	（三）互联网发展红利的见顶				
	三、医药市场网络营销未来发展的趋势				
	（一）强化供应链是医药电商存活的生命线				
	（二）构建差异化是医药电商发展的源动力				

五、课程标准说明

（一）教学安排

本课程标准主要供中等卫生职业教育药剂专业、制药技术应用专业教学使用，总学时为72学时，其中理论教学48学时，实践教学24学时，4学分。

（二）教学要求

1. 本课程标准对理论部分教学要求分为掌握、熟悉、了解3个层次。掌握是对基本知识、基本理论有较深刻的认识，并能综合、灵活地运用所学的知识解决实际问题；熟悉是能够领会概念、原理的基本含义，解释现象；了解是对基本知识、基本理论能有一定的认识，能够记忆所学的知识要点。

2. 本课程标准重点突出以岗位胜任力为导向的教学理念，在实践技能方面分为熟练掌握和学会2个层次。熟练掌握是能独立、规范地解决医药营销的实际问题，完成医药市场营销的具体操作。学会是在教师的指导下能初步实施药品营销的基本策略。

（三）教学建议

1. 本课程标准立足培养符合国家发展需要的现代化卫生职业人才，体现"五个对接"的职业教育理念，课堂讲授融合数字教学资源，采用PPT、视频、微课等多种教学方式，增加学生的感性认识，提高课堂教学效果。

2. 本课程标准依据药学岗位的工作任务、职业能力要求，强化理论实践一体化，突出"做中学、做中教"的职业教育特色，根据培养目标、教学内容和学生的学习特点以及职业资格考核要求，提倡案例教学、任务教学、角色扮演、情境教学等方法，利用校内外实训基地，将学生的自主学习、合作学习和教师引导教学等教学组织形式有机结合。

3. 实训技能实践教学注重培养学生的基本操作技能，提高学生实际动手能力和分析问题、解决问题及独立工作的能力。

4. 学生的知识水平和能力水平，可通过随堂检测、作业、实验报告、目标检测、操作技能考核和考试等多种形式综合考评，使学生更好地适应职业岗位培养的需要。